U0165514

暴力犯罪解析

侯崇文 著

五南圖書出版公司 印行

前言與叮嚀

　　本書《暴力犯罪解析》談驚悚、令人怵目驚心、毛骨悚然的暴力。事實上，這是一個暴力充斥的社會，恐嚇、威脅、打架、殺人、家暴、虐待、強姦、霸凌、自殺等，天天發生，世界各地都一樣。

　　加州大學 Berkeley 校區兩位教授，Franklin Zimring 與 Gordon Hawkins（1997）寫了《犯罪不是問題》（*Crime Is Not the Problem*）一書，他們提醒犯罪學家暨治安政策者，傳統上用犯罪率、犯罪數量來衡量治安是錯誤的，暴力死亡才應該是我們要特別關切者，因為暴力死亡涉及更大的問題，社會大眾的害怕感、共同道德意識的衝擊，以及涉及槍枝濫用或是毒品交易問題等，對治安衝擊層面更大。

　　古典犯罪學家，英國哲學家 Hobbes 對暴力的體會最為深刻，在他的名著《利維坦》（*Leviathan*）提及人類在沒有法律與規範下之暴力與害怕的生活狀況（Hobbes, 1651）：

> 　　……更壞的是，我們人類生活在持續的害怕與暴力死亡的危險之中，人的生命將會是孤獨、貧窮、骯髒、粗魯，也是短暫的。

　　Hobbes 說這樣的生活狀況為自然狀況（State of Nature），是人類彼此永久的戰爭，是人類生活在暴力、持續害怕、沒有道德、沒有文化的社會情境。

　　的確，沒有人願意過著自然狀況的日子，只是社會上暴力流血事件是日日發生，我們無不擔心暴力威脅。就以 2021 年歲末的短短幾週為例，

台灣就發生多起震驚社會的暴力事件。首先，一對情侶，女方還是留學美國名校碩士，兩人聯手殺害在國小擔任警衛的父親並棄屍。接著，一位女性立法委員在飯店內遭男友毆打、家暴，且同日遭監禁、失去行動自由，此外她也被迫寫下不實自白書。此案因受害人是立法委員，引起社會高度迴響，也使家暴問題浮上檯面，是很多人、很多家庭的夢魘。

同樣於 2021 年底，統一超商發生一起殺人事件，肇因為一位消費者沒戴口罩，不滿店員規勸而引起！殺人者還是一位知名 3D 紙雕藝術工作者，他創設一家藝文公司，小有名氣，然其作品被批評涉及抄襲，他心情不佳，遇上店員指責，憤怒而殺人。

這次暴力事件後，台灣所有便利商店門口都貼出如下公告：

即日起，對於未配戴口罩入店之顧客，將不再強制進行宣導與提醒。

暴力是人類生活的一部分，自有人類以來就有；只是，不同時代有不同的暴力方式。在古老的奴隸社會，身體懲罰最為普遍，也最為殘酷，在中世紀時代，人們身體遭受到較多形式的暴力威脅，包括：戰爭、暴力比武大會、權力與土地爭奪的死亡與對抗。另外，被釘死在十字架也十分普遍，這是極端暴力的懲罰方式。

當代暴力並沒有減少，殘暴的斬首、殺人分屍等仍看得見。另外，當代暴力方式也趨向多樣化與細膩化，家暴、情感虐待、經濟虐待，甚至孤立個人的關係霸凌等，不勝枚舉，存在於社會各角落。再者，當代暴力也與古代一樣，有權者利用國家機器對抗個別的個人或族群，這類事件在很多國家存在著且持續進行中；而暴力也有民眾集體對國家進行攻擊者，美國 2021 年 1 月 6 日大批共和黨川普總統的支持者對美國國會進行攻擊

耶穌被釘十字架，義大利藝術家 Giotto（約 1267～1337）的作品。

的暴力事件就是個例子。

　　犯罪分析往往從分類開始，其中，暴力分類有用行為本質定義者，例如：殺人、性侵、自殺等；採關係定義者，例如：戀童、家暴、情殺、親密關係暴力等；犯罪學者也有以情境作為分類者，例如：宗教暴力、急診室暴力、校園霸凌、監獄暴力、砂石車殺人等；有些犯罪學者則興趣於國家或組織作為機器而帶來之暴力，例如：國家暴力、恐怖主義。不過，這裡筆者無意突顯暴力分類的重要性，本書僅就社會上幾個較為顯著的暴力議題加以介紹。

　　本書嘗試用社會學角度分析暴力，主要在於挑戰部分犯罪學者的論點──視暴力是人性的反應或人類理性的選擇，一方傷害另一方在於報復或取得財物。筆者不接受這種生物本性的解釋，太過於簡單，更忽略人類行為受到社會性因素影響的重要性！

　　社會學的解釋強調人類行為，不管是正常行為，抑或是暴力、偏差，皆受到社會事實的影響。社會事實的概念寫於 Durkheim（1895,

Durkheim 在《社會學研究法》中強調社會事實影響犯罪。

2013）的《社會學研究法》（*The Rules of Sociological Method*），為
Durkheim 的方法學（Methodology），家庭、學校、文化、宗教、政治與
法律制度等都是社會事實，左右人類行為；人在社會結構中的經歷、生命
歷程、社會適應等，也是影響人類行為的社會事實；至於經濟不平等、階
級不平等、社區解組、迷亂等，更是催化暴力的社會事實。

　　暴力事件中，我們也經常看到權力的使用。中國把軍機開進台灣的
航空識別區，蘇聯軍隊進入烏克蘭，都是利用大國強權威脅小國。家暴亦
然，一些父親利用其權力，暴力威脅、控制家人。這時我們看到暴力是得
到控制很有效的工具。相同道理，台灣立法院打群架也是很明顯的例子，
其目的在於使政治團體取得議會更大的控制權或協商權，也難怪立法院打
群架從不間斷。法國哲學家傅柯（Foucault, 1975）說，暴力是權力的發動
機，對擁有權力者而言，利用暴力讓人民害怕、順從，進而奪取權力，控
制人民，並執行統治者的意志。毫無疑問地，暴力是一個擁有權力者合法
化其掌控權的工具。

法國哲學家傅柯說，暴力是權力的發動機（來源：Creative Commons Attribution）。

　　除社會學論點外，本書也介紹反社會人格，以及思覺失調的暴力犯罪解釋。我們看到，一些殺人犯罪者無法習得社會規範，他們攻擊的行為往往不經思索，他們對自己的犯罪行為也不具任何悔意，這些症狀都屬病態人格特質，也是俗稱的反社會人格。

　　筆者曾親身經歷思覺失調症者的暴力；在擔任嘉義市副市長時，一位婦女手持大榔頭，衝進市長涂醒哲辦公室，猛砸桌子，嚇得我們都不敢動。事後得知該婦人患有躁鬱症，而請其家人帶回。思覺失調現被視為一種病症，皆由精神科醫生診斷與治療，然此疾病有些時候會出現暴力，值得我們探討。

　　本書由暴力犯罪的社會學開始，也介紹為何犯罪？為何不犯罪？以進一步詮譯筆者的犯罪學觀點，接下來介紹反社會人格，以及思覺失調的暴力解釋，作為這門課的理論基礎。

　　本書暴力主題如下：黑幫少年的迷亂與暴力、認識校園霸凌、殺人暴力的類型與解釋、黑幫的暴力與地盤、自殺與迷亂、性拒絕的強姦、親密關係的家庭暴力、情殺、以神為名的宗教暴力、攻擊每個人的恐怖主義，以及衝突學派的國家暴力等。

　　本書定稿不久，國際間發生以色列、哈瑪斯（Hamas）衝突，震驚世

界。控制迦薩走廊（Gaza Strip）的巴勒斯坦組織哈瑪斯以火箭砲攻擊以色列，造成超過 1,300 名民眾當場死亡。這是一次恐怖主義活動，筆者認為本書必須有所介紹，以讓讀者認識錯綜複雜的以色列、巴勒斯坦衝突，以及恐怖主義出現的政治經濟背景，這部分新增於第十三章。

在此特別要感謝台北大學犯罪學研究所兩位教授——周愫嫻、林育聖，能與他們共事、推動犯罪學發展是我的榮幸，同時我也有幸與他們一起參與研究計畫，大家蒐集資料、分析、呈現研究結果，收穫甚多，研究部分成果納入本書章節中；其中 2000 年與周愫嫻共同主持內政部性侵害案件偵察心理描繪技術運用，我們分析性侵害者的反社會人格，並建構性侵害的犯罪模式。此外，自 2012 年起，與周愫嫻、林育聖共同主持教育部「防制校園霸凌理論與實務研討會」及「防制校園霸凌個案處遇作為工作坊」等工作，逐年分析校園霸凌個案，我們設立「橄欖枝中心」，導入「和解圈」修復式的概念，作為預防校園霸凌的策略，這些成果寫於第五章。

《暴力犯罪解析》適合社會學系的學生，他們會想要認識社會學如何解釋暴力犯罪；這一本書也適合心理學系的學生，我們看到很多的暴力犯罪是人格失常的反應，也和思覺失調有關；這本書同時也適合社會工作學系的學生，可以認識暴力，尤其是家暴、情殺，或者是校園霸凌等，社會工作如何幫助因人際互動所帶來的各種衝突與傷害。當然，這本書更適合犯罪學系的學生，因為暴力犯罪是犯罪學領域一個很核心的議題，是所有學生需要認識的課題。

當然，一些父母，如果想要了解如何預防暴力，了解小孩如何避免被傷害，尤其是避免在學校遭受霸凌，這本書可以提供部分的答案。而父母如果自己想要遠離家暴，避免受到親密關係或朋友的傷害，或者避免受到宗教暴力或恐怖主義攻擊等，或許這本書可以提供一些務實的做法。

　　本書許多暴力犯罪論文出現於犯罪學相關的期刊，修讀的人必須上學校網站搜尋、閱讀，主要是寄望讀者認識暴力犯罪的研究方法與發現的解釋及批判，更寄望能從中激發自己對暴力犯罪研究的興趣。

　　本書引用不少台灣及國際上發生過的暴力事件，資料來源為報紙、電視新聞暨維基百科，筆者僅在於呈現給讀者認識歷史犯罪事件，一些情況下，筆者會給予簡單的社會學觀察或分析，只是筆者無意進行嚴謹的歷史分析，故未做任何學術格式引註，期望讀者了解！

　　感謝台北大學犯罪學研究所選修我暴力犯罪這門課的學生，讓我能下定決心完成這些章節，也感謝學生在寫作過程中給了我諸多寶貴意見，尤其他們多數是治安工作者，提供實務的觀點，讓我的《暴力犯罪解析》沒有脫離社會現實。

　　最後，感謝我的家人，太太程玲玲教授，我生病以後，她一直陪著我，照顧我，也讓我得以順利完成本書！也要感謝我的小孫女，她在我生病時出生，陪伴我走過人生最艱難的日子，我自己則是看著她成長的驚喜，最近透過 Skype 視訊時，她總是要告訴我許多她的新發現、她的進步！也要謝謝兒子和媳婦，我生病打亂他們的讀書計畫，幸好他們逐漸安定下來，媳婦完成了南加大碩士學位，兒子也在 UCLA 建築系博士班進入最後階段，要結束他多年 TA 的苦日子！

侯崇文

2023 年 10 月

參考書目

Durkheim, Emile (1895, 2013). *The Rules of Sociological Method: And Selected Texts on Sociology and Its Method*, translated by W. D. Halls. Free Press.

Foucault, Michel (1975). *Discipline and Punishment*. Pantheon Books.

Hobbes, Thomas (1651). *Leviathan*. Oxford University Press.

Zimring, F. & Hawkins, G. (1997). *Crime Is Not the Problem: Lethal Violence in America*. Oxford University Press.

目　錄

第一章
暴力犯罪的社會學解釋

犯罪學和社會學一脈相承

美國犯罪學的成長與社會學，兩者一脈相連，要脫離關係很難，尤其犯罪與青少年犯罪是社會學一開始所探討的議題，且在理論上從區域環境解組與貧窮結構等社會學因素切入而奠定基礎。可以說，犯罪學的發展從未放棄社會學，後來犯罪學更突破理論典範競爭的迷思，走向多元理論發展與理論整合，使犯罪學開花結果，逐漸建立自己的科學領域。毫無疑問地，犯罪學發展的成果乃學者們堅定從社會學的思想尋找犯罪問題答案，也是學者們對於社會秩序長期思考的結晶。

不過台灣犯罪學的發展似乎不同於美國，台灣犯罪學缺少社會學理論的傳承，這是很可惜的。犯罪學在台灣的發展一開始就是以西方成熟的犯罪學作為基礎，欠缺了社會學社會結構、符號互動意義、階級與地位，以及社會秩序如何維持等問題的思考，這是台灣犯罪學發展的一個負數。

我們知道近代社會學的出現是對法國大革命（1789）與英國工業革命（1814）的反省，當時實證學派學者們嘗試用科學方法研究物理世界或社會現象。犯罪學也與社會學一樣，是實證科學的產物，同樣是對社會問題的反省，也是以科學方法觀察犯罪現象、歸類犯罪現象、尋找科學的知識。

兩個革命是社會學思想的源頭

對研究社會學的人來說，兩個革命（Two Revolutions）——工業革命（Industrial Revolution）與法國大革命（French Revolution），是相當具有意義的。它象徵著老社會秩序的破產，是舊社會的結束，也象徵著一個嶄新的社會的形成與出現（Nisbet, 1966）。

在兩個革命的時代，人的工作本質發生變化，以及由於這種工作本質所帶來的新的思維，都是過去所從沒有的。不止如此，兩個革命也快速地衝擊了家庭生活，尤其是家庭的親子關係；此外，兩個革命也衝擊到傳統的農村結構，人們對於農村生活及農村土地的情感有了新的轉變；再者，兩個革命也影響到社會的階級結構、宗教信仰與政治型態。

總之，兩個革命使得社會的權力、財富與地位結構發生巨大變化，人的觀念、想法也是過去所沒有的，尤其，過去高度凝聚力的社會正出現解放，一個嶄新的社會型態與社會秩序本質正在形成。

毫無疑問地，19 世紀的政治歷史是人類重新整合的歷史，不管是思想上，或者是社會制度上，人們要看到自己社區品質的改變，要看到國家權力結構的改變，也要看到人的社會地位的改變；可以說，兩個革命都涉及到整個物質資源的再分配以及西方社會發展方向，這是 19 世紀最具有意義的社會變遷。

的確，當工業革命發生時，蒸汽火車帶來人口與物資的移動，都市出現，工廠大幅增加，西方世界已經發現這樣的變化對英國社會所造成的衝擊與改變，這包括：個人主義興起與經濟主義整合力量形成，此外這種變遷也造成社會角色與人們的地位與權威結構的變化。相信，由於學者們親自目睹到這時代的變遷與發展情勢，並對於這樣的改變做了深刻的省思，也因此 Durkheim、Marx 或者 Weber 等人關注到嶄新社會秩序建立與發展

蒸汽火車帶來人口與物資的移動是工業革命的推力（攝影不詳）。

的問題，而這些學者對時代深刻的體認也影響我們今天看犯罪問題。

　　然而，如此多的社會變遷中，社會新的分工、工人全新的工作環境與工作角色應該是最讓社會學者關心的課題了，也是工業革命的一個重大影響。的確，工業革命帶給工人新的工作角色與工作情境，但大家可以看出來，工人地位明顯遭到降級，尤其，傳統上來自中世紀的教會，或者鄉村、家庭的保護，現在都沒有了，而工人的職業內容變得相當呆板，工作環境有些時候更是毫無人性可言。基本上，新的社會秩序帶來令人震撼的生活特性，也成為今日社會問題出現的原因。

　　另外，財產出現了轉移，新興階級出現；這裡乃是指階級發生了巨大的變化，傳統上有地位、有財富的人，轉移到那些擁有資本、被稱為資本家，以及擁有生產工具的人，工廠老闆、生意人等角色取代過去地主，成為新興階級。

　　當然，人口增加也是推動工業革命的一股重要力量。隨著 18 世紀歐洲人口快速增加，勞動力充足使資本家可以致力投資改良生產技術及發明新機器，這也是推動了工業革命展開的力道。只是，新興的資本家和工人階級之間的對立，成為新社會階級特色，衝擊著犯罪學者的省思。

　　接下來談法國大革命。法國大革命是個相當不一樣的革命，不同於

美國的革命。我們知道，美國革命的意義只有侷限在脫離英國的殖民地而已，法國大革命則是一個驚濤駭浪的革命，襲捲整個歐洲甚至全世界，它使歐洲的道德原則受到嚴重衝擊，各種意識型態團體出現，以及平民政治力量興起，這些現象都是過去歷史上從未出現過的。

　　先談談意識型態方面的革命。法國大革命時代的口號是：「不自由，毋寧死」，及「自由、平等、博愛」，這些讓很多的民眾相當地激動，也鼓舞加入革命運動。其中，最為重要者為 1789 年 8 月 26 日法國國民議會通過的《人權宣言》（*Declaration of the Rights of Man*），共 17 條，因篇幅關係，只列其中重要幾條：

第 1 條：「在權利方面，人們生來是而且始終是自由平等的。」
宣告人生下來就擁有自由與平等的人權。
第 2 條：「這些權利就是自由、財產、安全和反抗壓迫。」
第 8 條：「法律只應規定確實和明顯必要的刑罰，而且除非根據在犯法前已經通過並且公布的法律而合法地受到科處，任何人

1789 年 7 月 14 日巴士底監獄暴動與省長 M. de Launay 被捕（畫家不詳）。

均不應遭受刑罰。」這裡我們看到法律上罪刑法定原則。另外，無罪推定原則也寫於第9條：「所有人直到被宣告有罪之前，都應被推定為無罪。」

第10條：「意見的發表只要不干擾法律所規定的公共秩序。」這條宣告了言論自由、宗教自由和人身不可侵犯的權利。

第12條：「人權的保障需要有武裝的力量；因此，這種力量是為了全體的利益……而設立的」。人民與政府訂立契約，為保障多數人的權益，並允許國家使用武力。

第17條：「財產是神聖不可侵犯權利」。宣告財產權不可侵犯。

《人權宣言》否定君權神授的傳統思想，打破封建等級制度，這思想帶給人民巨大的熱情，他們看到希望，進而發動群眾參與反封建抗爭。

另外，法國大革命也成就社會政治權力變化與轉移。在革命前，法國的居民被分成三個等級：第一等級，天主教高級教士；第二等級，封建貴族；以及第三等級，資產階級、農民、無產者及除第一第二等級外之其他階層等。這是封建等級制度，第一、第二等級是特權階級，第三等級則是無權的被統治階級。本來這三個等級擁有相等權力，各以等級為單位參與表決；但第三等級經常受到第一與第二等級的壓抑，可說沒有政治權力。

直到1789年5月5日三級會議在凡爾賽由國王召開，天主教教士、貴族和第三等級參與。第三等級代表強烈不滿，並於同年6月17日自行宣布組成他們自己的會議，稱為「國民會議」，意義是代表全體國民行事。國民會議後來又因為要起草憲法，而又改名「制憲會議」。國王路易十六在為穩定政局的情況下被迫讓步，承認制憲會議的合法化，並且同意表決權按代表數計算。

第三等級民眾的抗爭讓他們取得政治權力，制憲議會通過《人權

宣言》，人數眾多的平民階級取得政治權力，這是歐洲歷史上從沒發生過的。

　　總而言之，1814年有了工業革命，在短短時間內造成人口遷移、都市興起，社會分工亦出現大改變，衝擊家庭結構與職業結構，並伴隨著暴力與犯罪。1789年有了法國大革命，這是思想的革命、世俗的理性化、人權抬頭、道德意識型態走向多元等，此意識型態的出現帶給人民巨大的熱情，成為反封建抗爭的動力，並導致後來封建破產，民主社會出現。

　　而對犯罪學來說，社會分工的革命是和犯罪學結構論有關，思想革命則是和犯罪學社會過程論有關，前者強調人的生存與適應，關係著「人為何要犯罪？」的問題；後者則強調人類意識型態，關係著「人何以不犯罪？」的力量。的確，兩個革命給了社會學者，同時也給了犯罪學者探索人類犯罪問題許多的學術資產。

古典社會學者為犯罪學奠基

　　古典社會學者Marx（1986）、Weber（1904, 1930）、Durkheim（1895, 2013）的學術智慧留給我們許多知識資產，更為犯罪學理論奠基，他們對當今犯罪問題的了解功不可沒。

Karl Marx（來源：荷蘭國際社會歷史機構；John Mayal 攝影）。

　　三位古典學者都是批判理論家，他們對他們所生活的時代提出論點並做出批判；事實上，他們這種批判的精神正是我們讀社會科學的人的基本學術態度。

　　所謂批判，是指你心裡想的並不必然是你所認為正確的，批判就是要告訴你真正正確的東西。

　　這三位古典學者認為你的想法可能是不對的，都需要一個批判性檢驗，例如，Marx 的批判：他提出了唯物論，他說，只要你告訴我你的階級，我就可以告訴你，你的想法是什麼。這樣的論點是很具批判性的，因為在當時是理性主義與人類自由意志的時代，人類自己有自己的想法，人類自己決定自己的命運，這是自啟蒙以來被讚揚的價值；但 Marx 卻說，不是人類自己來決定我們的想法、我們的命運，而是由人類的生存方式來決定，我們的命運也不是我們自己可以掌握的。

　　Durkheim 也具有批判性！Durkheim 是一位偉大的社會學家，他提出社會事實的研究方法，以及強調結構對於犯罪事實的影響。Durkheim 的犯罪學理論是巨觀與結構的，犯罪被視為一種社會分工、社會結構面的變遷與規範破產的問題。Durkheim 嘗試使犯罪學重心脫離以個人作為分析

強調社會事實探討的 Durkheim（攝影不詳）。

的心理學或生物學取向；誠然 Durkheim 的社會事實了解不同於他所處時代的主流想法。

　　Weber 同樣具批判性。他提出了解的社會學（Verstehen Sociology），他要讓大家看到行動者對其行為所給予的主觀詮釋在人類行為上的重要性；如此，Weber 給了犯罪學一個重要學術資產，也是一個很強烈的訊息，他告訴我們，當犯罪者對其行動賦予了反社會的意義，這會成為犯罪的動機與語言，而當人們給了他們行動正向的意義，則成為不犯罪的關鍵因素。因此行動者自己對於其行動所賦予的意義對於犯罪學探討是很有價值的。

　　Weber 幫助你了解你的想法的源頭，也讓你了解你自己是自己的守門人，你自己的意識決定了你自己的命運。Marx 則說，人類在社會上所提供的勞力方式決定了人類的歷史，也決定了人類的社會關係、社會型態及人類的想法。Durkheim 比較實際，他回到社會事實面，認為人類建構的制度在於整合人類社會並建立社會秩序，人類與他們生活環境內涵、道德規範、各種的制度等的關係，則攸關適應和犯罪的問題，更明白地說，人類必須和社會情境、社會制度、社會事實整合，才不至於出現迷亂，帶來

強調行動者意識決定自己命運的 Weber（來源：Ernst Gottmann 攝影）。

暴力、偏差。

　　毫無疑問地，Marx、Weber 和 Durkheim 三位批判與獨特的論點、智慧是社會學重要資產，為後來犯罪學發展奠基。侯崇文（2019）曾在《犯罪學──社會學觀點》的序言中這樣表述：「……犯罪學的三個典範，功能論、衝突論、互動論，或稱為結構論、衝突論、過程論，分別由古典社會三位學者，Durkheim、Marx 和 Weber 等撐起來，他們的思想是犯罪學家建構一個全方位探討與了解的基礎，我們也必須回到他們的思想來發展犯罪學理論。」今天，暴力犯罪的了解也是一樣，我們也必須回到古典社會學者 Marx、Weber 和 Durkheim 等三人的思想，來建構並發展暴力行為理論。

歐洲犯罪學實證學派的典範

　　19 世紀犯罪學實證學派出現，科學家強調用客觀、經驗與實驗的科學方法探索人類社會，科學家應該在現實世界中找尋問題答案，其中，義大利犯罪學者暨醫生──Cesare Lombroso（1835～1909），是歐洲實證犯罪學的代表人物，也被稱為犯罪學之父。

　　Lombroso（1972）檢驗犯罪人、精神失常人的身體好幾年，後來提出生來犯罪（Born Criminal）的理論，強調犯罪與人類遺傳有關，犯罪是身體退化到原始人的結果，稱之為祖型重現（Atavism）。

　　當然，我們現代科學並不接受 Lombroso 生來犯罪的概念，但他用科學的方法測量犯罪人的身體結構，也用比較研究法比較犯罪人與一般人在身體上的差異，他也嘗試建立一個能放諸四海而皆準的犯罪學理論。這些是 Lombroso 的批判，也是他在科學上的貢獻，毫無疑問地，Lombroso 為實證犯罪學留下不朽典範。

　　除了義大利外，在歐洲的英國，學者們也致力於犯罪區位分布問

Lombroso 描述的犯罪人他稱為祖型重現（來源：Lombroso, 1972）。

題，尤其強調犯罪與人們生活環境有關，這觀點在 1830 至 1860 年間相當盛行。當然，學者的論點與當時發生的工業革命及快速興起的都市有關，新社會的變遷帶來犯罪問題。英國的學者在地圖上畫下一個個點，代表犯罪發生數量，這樣的探索方式是科學的，也是具實證與理論性的，都成為犯罪學研究典範。

以上是歐洲的學者用理性與科學的態度探討犯罪問題，也提出各種犯罪解釋及預防犯罪的可行策略，這些都為犯罪學後來在美國的興起鋪路、奠基，犯罪學發展至此（約 19 世紀末）也進入犯罪社會學時代。

芝加哥學派開啓了犯罪社會學的討論

芝加哥社會學系成立於 1892 年，是美國第一個社會學系，影響犯罪學研究深遠，尤其芝加哥大學社會學系學者負有清教徒使命感，他們對於

都市地區生活環境惡化、社會控制力消失，以及犯罪、罪惡等問題感到憂心忡忡，他們認真思考為何有犯罪問題，以及如何解決犯罪問題。

　　芝加哥大學社會學系有多位重要學者，也是先驅者：William Thomas 於 1923 年寫了《適應困難的女孩》（*The Unadjusted Girl, with Cases and Standpoint for Behavior Analysis*）；Frederic Thrasher 於 1927 年寫了《幫派：芝加哥 1,313 個幫派研究》（*The Gang: A Study of 1,313 Gangs in Chicago*）；Shaw、McKay 於 1942 年寫了《不良少年區域》（*Juvenile Delinquency and Urban Areas*）；以及 Robert Park、McKenzie 與 Burgess 於 1925 年寫的《城市》（*The City*）。

　　這些學者都研究芝加哥的都市問題，尤其是青少年犯罪問題。他們提出許多重要犯罪學概念，主要有：同心圓理論（Concentric Zone Theory）、過渡區（Zone in Transition）、社會解組理論（Social Disorganization Theory）等，開啟犯罪社會學理論發展；也是犯罪學重要資產。

　　芝加哥學派學者中，Park 是最為重要與關鍵的人物，他提出都市區位學理論，強調都市環境有如自然界，受達爾文進化論之影響，人們在都

芝加哥學派靈魂人物 Robert Park（攝影不詳）。

市生活中必須面對不斷的競爭與挑戰，這種優勝劣敗的結果影響到都市區位及其社會控制力型態，稱之為自然區（Natural Areas），乃指特定的人文經濟集中在特定的地區，而環境惡化、解組之區位亦造成犯罪與不良少年問題。

後來，美國犯罪學出現三個相當明顯的理論，差別接觸理論（Differential Association Theory）、社會結構與迷亂（Social Structure and Anomie），以及文化衝突理論（Culture Conflict Theory），分別由 Edwin Sutherland（1939）、Robert Merton（1968），以及 Thorsten Sellin（1938）等三人領銜，對於犯罪問題的了解從社會層面深入討論，對後來的犯罪學有深遠的影響，尤其這些學者來自中產階級，他們務實的生活態度看到了資本主義抬頭帶來的問題，以及都市移民與族群衝突的問題等為三個理論出現的時代背景，這也成為犯罪社會學的學者們嘗試要建立社會秩序所共同努力的方向。

衝突學派在抗議的年代下出現

美國的犯罪學另一個較為重要的發展階段發生在 1970 年代，這是個抗議與動盪的年代，美國國內反戰浪潮達高點，政治上，人民對政府不信任，以及青少年的抽大麻、迷失與墮落，這些因素促成了衝突學派犯罪學（Conflict Criminology）的興起。

衝突學派學者以 Karl Marx 的哲學思考系統為基礎，他們從人類歷史生存的過程中探討犯罪問題何以發生，其中，他們批判資本主義社會，認為那是犯罪問題最為主要的來源，也有學者強調政治過程本身充滿暴力色彩，是不折不扣的犯罪。

本書於「前言與叮嚀」中提及的著名法國哲學家暨批判學者傅柯，1975 年寫了《規訓與懲罰》（*Discipline and Punishment*），這是一本對監

獄的歷史意義與潮流的批判。傅柯提及犯罪學古典學派學者邊沁的圓形監獄（Panopticon Prison），監獄中間有個塔，可以監視受刑人的一舉一動，但受刑人卻無從得知他們是否被監看。邊沁認為這是他最聰明的設計，一來可節省管理人力成本，二來，受刑人可得到教化。但傅柯對邊沁進行了批判，重新燃起大家對古典犯罪學的關注，更將犯罪學衝突學派帶到高峰。

　　依據傅柯的批判哲學，人類的認知往往是歷史力量的結果，沒什麼科學或是經驗基礎。人類的知識、認知一直以來都是被特定人所刻意製造出來的。

　　傅柯指出，過去殘酷的懲罰，今日轉換成無形的監控，用更多、更細膩的方式監視著每一個犯罪人，這轉變並非出於人道考量，而是在於達成有權力者的政治控制目的。傅柯更指出，今天人們在監獄中，受刑人完全被監控，並且不斷地反覆、強化自己是犯罪的人、不正常的人，做著各種矯正工作，懺悔、自我省察，以確立犯罪者的自我意識。

　　傅柯強調，圓形監獄是對受刑人特別的設計，讓他們隨時受到觀

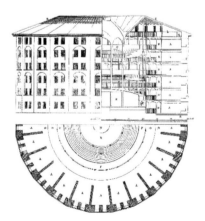

圖為1791年英國建築師Wiley Reveley依邊沁圓形監獄構想所畫，傅柯做了批判。

察，但是受刑人自己卻不知道他們是否被觀察，這造成受刑人自我規訓的
內化。對傅柯來說，圓形監獄不只是一棟建築物，更是整個社會彼此監視
的狀態，在於達成人民害怕、規訓與順從的社會化目的。

除衝突學派外，犯罪學標籤理論（Labeling Theory）也同樣帶有強烈
的批判色彩，強調社會上擁有權力的人及有身分、地位的人為「道德事業
家」（Moral Entrepreneurs）（Becker, 1963），他們往往給予犯罪的人負
面印記，包括：標籤、降級、強化犯罪者的自我形象，這對犯罪的人產生
生涯上無法挽救的影響。

為何犯罪？為何不犯罪？

為何犯罪？為何不犯罪？這是犯罪學兩個經典的問題，屬美國科
學哲學家 Thomas Kuhn（1962）在其《科學革命結構》（*The Structure of
Scientific Revolutions*）的理論典範（Theoretical Paradigms），他們是競爭
抑或是整合的關係，也是筆者嘗試要回答的問題。

「為何犯罪？」乃是以 Durkheim、Merton 的迷亂理論作為基礎，基
本上是從進化論、適者生存的角度，討論人類在結構適應的過程中導致犯
罪的原因；至於「為何不犯罪？」乃是以 Weber 的主觀詮釋作為基礎，
基本上是從社會化的角度，討論人類在互動過程中學習到好的自我，成為
「為何不犯罪？」的力量。

「人為何犯罪？」及「人為何不犯罪？」的問題，兩者都是犯罪學關
心的課題，犯罪學家必須奠基於這兩個議題之上，方能充分了解犯罪何以
發生，抑或是不發生的原因，當然這也包括暴力犯罪。

讀犯罪學的都知道美國亞利桑那大學 Travis Hirschi（1969）的社會控
制理論（Social Control Theory），他要我們學犯罪學的人不要去研究人為
何犯罪的課題，他的理由很簡單，因為人人都會犯罪。他說，我們都是

要犯罪學家研究為何不犯罪的 Travis Hirschi。

動物，因此很自然地，我們所有人都可能犯法（Hirschi, 1969: 31）。所以如果我們拿掉文明的外衣，我們很快會發現，所有的人都有動物的犯罪衝動。據此，Hirschi（1969）要我們研究：「為何他們不犯罪？」（Why don't they do it?）的問題。

　　我們也知道，實證學派一開始就在探討「人為何犯罪？」的問題。Lombroso 從生物學進化論的角度回答問題之，提出祖型重現的理論，這點前面已經有介紹。其後，美國芝加哥社會學者也和歐洲學者一樣，從進化論看犯罪問題，稱為社會進化論，強調人類在都市社會的適應，關係著人的犯罪行為；他們認為，適應力差的人居住在過渡的自然區，靠近城市商業中心，但卻是在社會與地理區上最為惡化、社會控制力最脆弱、犯罪問題也是最多的地方。

　　人們在社會中的生活與適應很重要，關係到他們犯罪的問題。的確，很多人很辛苦、很努力，他們從困境中走出自己的路。他們出淤泥而不染，沒有犯罪，這些人值得我們敬佩；但是，社會上也有很多人，他們在人生的奮鬥過程中失敗了，後來，他們沒有太多的選擇，他們被迫去犯罪，尤其那些家境貧困、父母離異、又沒人照顧的小孩，他們很容易在街

頭遊蕩，加以，他們往往沒有足夠的經濟來源，便開始偷東西，更容易加入犯罪團體，做些更嚴重犯罪的事情！總之，這些人犯罪一定是有他們辛酸的、不為人知的理由。

古典社會學者 Durkheim 說，犯罪源於社會事實，和迷亂的社會情境有關，尤其與社會整合與分工程度成反比的關係，整合程度低的社會情境，犯罪率比較高。美國社會學者 Robert Merton（1968）說，社會結構自身並非令人滿意，社會結構有其缺陷，尤其是當一些社會成員，例如：貧窮者、某些少數的族群，他們從各種的媒體上學到成功與賺錢的重要性；而同時他們卻也親身經歷到要用合法方法來達到成功，對他們來說竟然是如此地困難，在這種情境下，很容易出現迷亂，此為犯罪的先決條件。

不管如何，社會結構的適應是犯罪學很重要的課題，任何一位讀犯罪學的人都應該要能深刻體會。

講到「為什麼人不去犯罪？」，最為著名的學者是 Hirschi（1969），這位學者在前面提及，他說青少年用「好的自我」、「好的社會鍵」來拒絕犯罪以及種種犯罪誘惑，這也回答了「為何不犯罪？」的問題。

另外，「為什麼人不去犯罪？」，犯罪學差別接觸論知名社會學者 Edwin Sutherland 告訴我們，當一個人定義（Define），即接受違反法律的價值超過了遵守法律，人就會走上犯罪的道路；同理，當一個人定義遵守法律的價值超過了違反法律，就可抵擋犯罪誘惑（Sutherland & Cressey, 1974）。

還有一位筆者很喜歡的社會學者——Walter Reckless，他和他的同事（Dinitz、Murray）（1957）論及，內部的牽制（Inner Containment）是一個人，尤其是低社會地位家庭的小孩，用來拒絕犯罪最為重要的力量。內部牽制包括有：自我控制力、強的本我、發展完整的超我、高度的挫折容忍度、拒絕誘惑的能力、高度的責任感、目標導向、有發現替

代滿足的能力，以及減少緊張的能力。Reckless 等人的理論稱為抑制理論（Containment Theory），他們為 Hirschi 的社會控制論建立基礎。

從上面幾位犯罪學者的觀點，「為什麼人不去犯罪？」與行為者自己對於各種事物所賦予的意義（Meanings）有關，這正是德國社會學者 Weber 的行動論，行動者對於事物給予的意義至為關鍵，而就犯罪學來說，給予正面的、好的意義，便有了拒絕犯罪的力量。

顯然，「為何不犯罪？」，這是因為人們除賦予犯罪負面的意義以外，更用正面態度面對人生，而這種意義與態度往往來自社會化。

筆者從 Durkheim、Merton 的進化論、結構適應論，談「人為何犯罪？」的問題。筆者又從 Weber 的行動論，以及 Hirschi 的社會控制、社會化、符號互動理論等，談「人為何不犯罪？」的問題。筆者認為，兩個問題都同等重要，不能只有重視「為何犯罪？」的問題，或者只有重視「為何不犯罪？」的問題。

下述「我的犯罪學想像」也建立於上述「為何犯罪？」與「為何不犯罪？」的理論典範思考上。

我的犯罪學想像

多數社會科學家相信，暴力源於社會本身，人與社會環境的互動是導致暴力發生的原因，這和解釋偏差或違法行為是相同的，如此，社會學的犯罪解釋自然是回到社會重要元素，例如：結構不平等、權力、社會角色與分工、社會意識、文化與社會規範等。

侯崇文（2019）在《犯罪學——社會學觀點》一書中對人類行為，不管是正常的，或者是偏差、犯罪的，做了如下解釋：稱之為犯罪學想像，是建立在上述社會學學術傳統之上，而如此的犯罪學想像是很具批判性的，因為在當時並沒有犯罪學家喜歡從社會學討論犯罪。

筆者的犯罪學想像簡要說明如下，共八點，或稱為原則：

第一，犯罪行為受到犯罪者對於各種事物所賦予的主觀詮釋（Subjective Interpretative）影響；非犯罪行為也受到人們對於各種事物所賦予的主觀詮釋影響。主觀詮釋是 Weber 的社會學概念，強調行為者給予各種事務的意義。

第二，犯罪行為也與人類參與社會過程中的競爭與適應有關，而犯罪往往是人和環境未能整合，出現 Durkheim 的挫折、迷亂（Anomie）結果，暴力犯罪亦同。

第三，犯罪者對於社會事實或事物的解釋源於社會化，以及社會反應（Social Reactions）。

第四，社會化來源甚多，皆和人與人、人與環境互動有關，其中家庭最為重要；此外，一個整合、有共同情感、凝聚力高的環境也有助於社會化。

第五，負面反應的標籤可以對一個人造成負面影響，其中如果我們對於犯罪或偏差者否定、拒絕、排斥、隔離，這些都等於是社會給了他們犯罪或偏差角色與身分的定義，這將對他們造成關鍵性的影響。

第六，人類社會適應情形也關係著人對於社會事實或事物的看法，適應佳者、人與團體整合者會帶來正向的自我概念；適應不佳者、人與團體出現迷亂情境者則會帶來負向自我概念。

第七，導致犯罪的行為發展過程和導致人類遵守法律過程具有相同的機制，皆和人與環境、人與人的互動過程及結果有關。

第八，人性，人類的基本需要，不管是偏差、犯罪的人，或者是沒有偏差、犯罪的人，都是相同的。

筆者的社會學想像強調，人類行為機制都是相同的，因此這解釋模式可以解釋正常的人類行為，同時也可以解釋暴力犯罪或者其他的偏差

行為。

　　從上述八個原則，犯罪學主要理論包括：Durkheim 迷亂論、芝加哥學派區位解組理論、蘇哲蘭差別接觸論、缺陷社會化、社會反應的標籤與排斥、隔離等，都是筆者探討暴力的重要理論。

　　筆者的犯罪學想像嘗試要回答人類社會結構適應的問題，挫敗與迷亂所帶來犯罪的問題；筆者的犯罪學想像同時也要回答人類因為接觸、溝通、互動、社會反應等所帶來偏差自我的問題；這是犯罪甚至是暴力更重要的先決要件。

結論

　　本章討論暴力的社會學解釋，是社會事實、社會情境，也是人在生產結構上的位置，以及人如何詮釋這個他們自己生活的世界，皆說明如前述。

　　筆者提出自己的犯罪學看法，認為導致犯罪、反社會行為甚至暴力行為的機制，和導致不犯罪、守法行為，其機制是相同的，都和人類社會適應情形、人類的社區生活內涵，以及人類被對待的情況有關；此外，人類對於這些事物，如何賦予這些事物特有的意義，這是很重要的，會影響到他們的行為，以及他們的社會關係；如此，很顯然地，犯罪是一種態度與主觀詮釋的問題，左右犯罪或不犯罪。

　　本章開始時討論兩個革命——工業革命與法國革命，作為社會學思考與分析的開始，前者是社會分工的變化、人類適應的新挑戰，更是社區結構的大變動、迷亂與犯罪；後者則是人類觀念和思想的改變，更是社會變遷的新力量，而對犯罪學來說，這些自我的觀念則左右著一些人走向犯罪與暴力之路。

　　本章同時介紹古典社會學家 Marx、Weber、Durkheim 的學術智慧與

資產，以及他們的學術批判，他們都是犯罪學的奠基人物；本章也介紹歐洲實證學派的典範，而犯罪學的發展隨後進入美國，此時也進入了犯罪社會學時代。

　　暴力的解釋還有兩章（第二章、第三章），反社會人格與思覺失調的暴力，都是認識暴力的重要理論。

參考書目

侯崇文（2019）。犯罪學——社會學探討。三民書局。

Becker, Howard S. (1963). *Outsiders*. Free Press.

Durkheim, Emile (1895, 2013). *The Rules of Sociological Method: And Selected Texts on Sociology and Its Method*, translated by W. D. Halls. Free Press.

Foucault, Michel (1975). *Discipline and Punishment*. Pantheon Books.

Hirschi, Travis (1969). *Causes of Delinquency*. University of California Press.

Kuhn, Thomas (1962). *The Structure of Scientific Revolutions*. University of Chicago Press.

Lombroso-Ferrero, G. (1972). *Criminal Man: According to the Classification of Cesare Lombroso*. Patterson Smith.

Marx, Karl (1986). *Karl Marx: A Reader*, edited by Jon Elster. Cambridge University Press.

Merton, Robert (1968). *Social Theory and Social Structure*, rev. ed. Free Press.

Nisbet, Robert (1966). *The Sociological Tradition*. Basic Books.

Park, R. E., Burgess, E. W., & McKenzie, R. D. (1925). *The City*. University of Chicago Press.

Reckless, Walter C., Dinitz, Simon, & Murray, Ellen (1957). "'Good Boy' in a High Delinquency Area," *Journal of Criminal Law, Criminology and Police*

Science, 48: 18-25.

Shaw, C. R. & Henry, D. M. (1942). *Juvenile Delinquency and Urban Areas*. University of Chicago Press.

Sutherland, E. & Cressey, D. (1974). *Criminology*, 9th ed. Lippincott.

Thomas, William (1923). *The Unadjusted Girl, with Cases and Standpoint for Behavior Analysis*. Little, Brown.

Thrasher, Frederic (1927). *The Gang: A Study of 1,313 Gangs in Chicago*. University of Chicago Press.

Weber, Max (1904, 1930). *The Protestant Ethic and the Spirit of Capitalism*, translated by T. Parsons. The Citadel Press.

第二章

暴力者的反社會人格特質

前言

美國加州 Fresno State University 的教授 Eric Hickey（1991）曾就殺人犯、暴力犯的心理特性進行分析，他說，許多暴力犯罪者由於過去不愉快的創傷及壓力或者重大變故，而發生暴力殺人行為。此外，Hickey 也說，有些殺人犯是因在其成長過程中無法習得社會規範及良好的超自我，以至於無法控制本我衝動。另外，他說殺人犯罪者具有下列症狀：攻擊危險、行為不經思考、對自己的犯罪行為不具悔意、沒有情感的感應性等。Hickey 說的這些症狀都屬心理病態人格特質，也是俗稱的反社會人格；多數暴力犯罪者擁有明顯的反社會人格特質。

本章要討論反社會人格的定義、反社會人格特質的建構與測量、解析 Robert D. Hare（1991）的病態人格測量。另外，本章也介紹美國反社會人格學者的學術論述，包括醫師 Samuel Yochelson 與臨床心理師 Stanton Samenow 的《犯罪人格》（*The Criminal Personality*），以及心理學者 Hervey Cleckley 著名的《理性的面具》（*The Mask of Sanity*），有關反社會人格特質的發現；台灣方面也介紹沈勝昂教授的反社會人格形成原因（主要是社會性原因）。

人格的定義

通常我們說的「性格」，是一個人獨特的特質，也表示這個人的人格。除了性格以外，其他的術語，如「氣質」、「個性」，也是人格之表

示。人格有正常的，如積極、樂觀、進取；人格也有病態的，如殘暴、沒良心、好欺騙，所以人格特質是多元的、有正常的、也有病態的。只是今日，人格往往是指那些具有強烈的、引人注目的，甚至是偏差、暴力，而非常態者也是我們讀社會科學者感到興趣之特質。

　　心理學是研究個人的心靈、人格與行為的科學，和社會學有一些基本的差異，心理學強調人生物性本能、慾望等的重要，並以之作為了解人內心世界、人格及行為；社會學則是一門研究社會現象、社會事實的科學，強調社會層面的分工、文化、制度等對人類行為的影響，自然也影響人類的態度、價值觀。

　　什麼是人格？人格乃指一個人的社會技巧，例如，我們說某個人樂觀、平易近人。人格是一個人非常清楚的特質、心理或者個性。人格為一個人所擁有且相當穩定。另外，人格特質通常很多元，反社會人格只是其中的一種。人格有強、有弱，可說具有連續性的特性。

　　「反社會人格」乃是異常的人格，一個人的人格特質怪異，有別於社會風俗習慣與道德標準，有時則是暴力或是違反法律的。

　　由於反社會人格是不正常、失序、病態的，因此在精神醫學上被稱為反社會人格障礙（Antisocial Personality Disorder），並成為一種精神疾病，醫學上用 ASPD 表示之，列於《心理疾病診療與統計手冊》（*Diagnostics and Statistical Manual of Mental Disorders*, DSM-5）之中。

　　以下我們先看 Sigmund Freud 如何看人格、建構人格、分析人格。

Freud 的人格理論

　　人格理論的基礎來自奧地利心理學大師 Sigmund Freud（1856～1939）。Freud 的理論在學術界已有許多的討論，筆者僅介紹一些基本概念，欲深入研究者可以參考他的著作，都有中文翻譯，西文可參考 1999

手上拿著雪茄的心理分析大師 Sigmund Freud（來源：Max Halberstadt 攝影）。

年出版的《Freud 完整的心理學作品標準版》（*The Standard Edition of the Complete Psychological Works of Sigmund Freud*），對他的心理分析理論有較完整的討論。

　　Freud 的理論從人格開始，他稱之為 Psyche。Freud（1999）提出人格結構的概念，分為三個主要部分：本我（Id）、自我（Ego）、超我（Superego）。

人格結構

　　本我是一種本能，人一出生的時候就有的，它是人格的起源。本我有兩個：性（Sex）與攻擊（Aggression），他們是人類行為的原動力。本我包含有盲目的、不理性的及本能的慾望與動機，通常會要求立刻得到滿足，因此如果你覺得好、你喜歡，本我會要求你立刻就去做，立刻得到滿足。Freud 認為，本我是反社會、沒有規範、沒有約束的；因此假如本我不接受管制，這將會毀滅一個人。

　　至於自我，它自本我發展出來，屬於解決問題的人格層面。自我通常會依照「現實的原則」（Reality Principle）做事，「現實的原則」是，人們生活適應時會碰到各種問題，無法逃避也必須面對，例如，我們想要買支 iPhone 手機，非常地想要擁有一支，但自我這時會告訴你，等長大、有了工作之後再買，自我會延遲一些行為，直到一個行為較為適合的時間點。本我有許多野性要求，而外在世界則有種種的社會控制，自我扮演著本我與外在世界協調者的角色。

　　超我指的是個人良心，負責是非、對錯，以及羞恥感與罪惡感。超我代表著道德規範與社會價值，父母、學校及其他社會制度是超我的內涵。超我的功用在於防止自我隨意地擴張，超我來自小孩與世界互動關係的產物，通常是人們自己學習來的。

　　依據 Freud（1999）的理論，一位心理健康的人，他人格的三個層面：本我、自我與超我，是共同存在的，它們彼此之間和諧相處，沒有衝突；相反地，當這三個層面的人格發生衝突，這一個人便出現適應上的困難，較有可能出現偏差行為或從事犯罪行為。

　　總而言之，反社會人格主要來自本我、自我與超我之間的衝突、不和諧。

Freud 人格三個意識層面

　　Freud 拿著雪茄，坐在他著名的沙發旁，治療他的病人，採的就是精神分析（Psychoanalytic Theory），這也是他的研究方法，又可稱為自由聯想（Free Association）。

　　Freud（1999）的精神分析強調心理的三個層面，包括：意識（Conscious）、前意識（Preconscious）、潛意識（Unconscious）等。

　　前面提及的本我、自我與超我屬於人格結構層面，而自我是個人

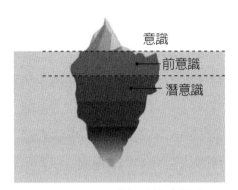

意識

前意識

潛意識

圖 2-1　Freud 人格的地誌模式

特質、個性、樣子的反映，是我們可以看到、觀察到的。如何區分人格與意識？多數心理學者用人格的地誌模式（Topographical Models of Personality）呈現；人格像是一座在海洋上漂浮的巨大冰山，意識則反映於高高低低的地誌。其中，水平線上的為意識層面，也是人格，是人的特質與個性的樣子，至於水平之下，淺水部分屬於前意識，更為廣大的深水部分屬於潛意識，如圖 2-1。

Freud 人格的地誌模式

　　「意識」是人們所知道經驗層面的東西，藉著「意識」，人們知道他們在哪裡或者他們在做什麼。前面提及，「意識」是人格、人的特質與個性的樣子。只是依據 Freud（1999）的理論，人類的「意識」猶如海洋上巨大冰山的尖端，「意識」只是人類人格很小很小的一部分而已。至於「前意識」與「潛意識」，他們都影響人類行為，只是通常我們不知道或者不刻意去回憶而已。

　　「前意識」是人們透過回憶便可以取得的，透過回憶，人們知道他們自己過去的想法或者感受，如此，「前意識」是人類記憶力與已經被遺忘

的閘門。至於「潛意識」，它代表心理生活的各種層面，它曾經是人們現實生活的一部分（人們生活的經歷），更正確地說，是過去人們「意識」的一部分，但後來因為時間的因素，也因為人的成長而被遺忘了。

不過，「潛意識」仍儲存了我們所有的生活，只是我們不易開啟「潛意識」的資料而已。有些心理分析師更認為「潛意識」需要求助於專家方能開啟，而潛意識也是問題行為的源頭，一些人自殘、易衝動、偷竊、偷窺，都因潛意識作祟的緣故，但他們意識層面是不知道的。

Freud 暴力與犯罪行為的人格解釋

前述 Freud 的人格理論如何被用來解釋暴力與犯罪？筆者找出五種解釋，如下：

1. 暴力與犯罪是一種自我與超我衝突無法解決的結果。當本我與超我之間發生了衝突，例如：本我會要求立即的滿足，超我則會說對不起不可以，這時便產生衝突與焦慮（Anxiety）。Freud 認為，幾乎每一個人都會利用偏差的行為，也稱之為防禦機制（Defense Mechanism），來保護自己，降低焦慮或罪惡感。

2. 暴力與偏差行為是潛意識裡不愉快經驗的結果。如果小時候有不愉快的經驗，後來忘掉，但潛意識裡卻有著強烈的焦慮或罪惡感（如男孩的戀母情節），這時偏差行為出現，在於減輕焦慮，或用接受懲罰的方式來減輕罪惡感。台灣一位女醫師經常開車撞人，後來發現是小時候被父母認為成績太差，沒有未來，這個潛意識在特別的情境出現，控制不了自己而出現撞人的結果。

3. 暴力與偏差行為是缺陷超我的結果。小孩沒有發展出健康的超我，他們用本我做事，這將會升高他們犯罪的慾望。缺陷的超我使少年無法脫離早期的「快樂原則」的行為模式，他們沒有內化成人世界的「實用

原則」，他們的行為無法達到社會的期望。

4. 暴力與犯罪是過度社會化的結果。過度社會化是超我過度發展，強烈地把本我壓制下來，讓本我的趨力與慾望無法得到抒解，其結果會導致超我強烈的反彈，並造成自我的焦慮或者罪惡感。然而，自我很清楚地知道，犯罪之後懲罰將隨之而來，而人們為了減少罪惡感，自我可能帶領這個人去犯罪，有些時候更為了確信能遭到懲罰以減少罪惡感，自我往往無意識地留下一些犯罪證據，讓警方可以破案，將他逮捕，即有些人殺人犯罪在於讓警方逮捕，以減少他們的罪惡感。

5. 暴力與偏差行為是尋求替代性滿足的結果。當人格發展無法得到滿足，驅力無法通過釋放，進而帶來了焦慮與緊張，很多時候人們會尋找替代性的滿足方式來減輕壓力，例如：逃避人際交往或沉迷網路。發生於台北捷運板南線殺人案主嫌鄭捷說：「我從小學時就想自殺，不過沒有勇氣，只好透過殺人被判死刑，才能結束我這痛苦的一生。」

反社會人格的社會行為定義

　　學術界，實務界有許多反社會人格的名詞，其中最常被使用者為社會病態（Sociopathy）、心理病態（Psychopath）、人格失常（Personality Disorder）、精神病態性人格卑劣（Psychopathic Inferiority）、悖德狂（Moral Insanity）、悖德低能（Moral Imbecility）。許多人喜歡用反社會人格（Antisocial Personality），這算是通俗的名詞，容易懂也容易溝通。

皮沙爾特的「悖德狂」

　　英國醫生暨人類學家皮沙爾特（James Prichard），是最早提出反社會人格的學者。1835 年，他寫了《精神失常及影響心靈失序的論述》（*A Treatise on Insanity and Other Disorders Affecting the Mind*），提出心靈失序

最早提出反社會人格的英國醫生 James Prichard（1786〜1848）（來源：D. J.
Cummingham）。

（Disorder of Mind）的概念，他特別以「悖德狂」作為醫學上的名稱，為
一個人心理上、情感上發狂、失序的狀態。皮沙爾特把社會上道德發狂變
成醫學概念，也是科學研究概念，導致後來他進行個案研究分析，以及提
出「悖德狂」理論。

　　依據皮沙爾特的論點，「悖德狂」在本能慾望、興趣、嗜好、性
情、脾氣、道德修養等方面出現異常。皮沙爾特也說，「悖德狂」的人
沒有道德感或者沒有情感，有很長犯罪史及司法方面問題，有攻擊行為
（Antagonize），具衝動性，要控制別人，對於他們的暴力行為沒有罪惡
感，也不會責備自己的良心。

　　皮沙爾特的「悖德狂」顯示行為偏離正軌性，不遵守社會規範，有著
獨特與奇怪的生活習慣，加上擁有一個很令人頭痛與任性的脾氣，缺乏社
會情感，以及厭惡原先他所愛的親人。

　　皮沙爾特使用的「悖德狂」後來逐漸被「反社會人格」所代替。

缺陷人格的反應

　　反社會人格、缺陷人格（Defected Personality），都是指人格失序（Personality Disorder）的特性，都和社會化有關，通常是指未能內化社會上的價值與規範者，這些人的社會化不完全，或者說他們的社會化失敗，人格中的超我部分受傷，或者無法發揮效能，是缺陷人格的反映。缺陷人格者的行為容易受到本能的影響，衝動、魯莽、自我中心、挫折容忍度低，他們不在意別人的感受。另外，他們也有欺騙行為並經常伴隨著犯罪、偏差。

　　遭受誘惑時，通常缺陷人格者缺少自我控制；犯罪時，完全沒有罪惡感，也沒有同情心。在剛開始時，只是逃學、蹺課或者破壞，後來持續地犯罪，也偷、搶、強姦、打架、殺人，成為習慣性的犯罪者。

　　缺陷人格還有其他的特性，包括：IQ 差不多，沒有特別高；他們的大腦通常不能理解情感，不過他們很擅長利用情感控制別人；他們說的話沒有一句是可以相信的；他們會為說謊而說謊，當你手上拿著證據，他們還可以對你睜眼說瞎話；他們毫無同情心，也毫無忠誠度；他們非常自戀，自己永遠第一，甚至他們幫助別人的最終目的永遠是自己；他們絕大多數對生活沒有長遠的規劃，尤其在犯罪時，他們也不會事先計畫或考量犯罪後果。

　　反社會人格是一個嚴重心理疾病，然其行為面則反映出無情、無罪惡感、衝動易怒、違反法律，並出現破壞、敵意與暴力行為等主要特性。此外，反社會人格經常表現出不尊重別人、違反他人人權，且態度是具有敵意、不友善。再者，反社會人格的行為通常是故意的，並且是出於自己的意願。

　　以下是筆者自己經歷的例子。

　　我曾經參加社區會議，正在與一位反社會人格失序
（Antisocial Personality Disorder），或者精神病態（Psychopath）
的人對話，會議的人有進有出，我眼睛稍微向他們飄了一下，
那個人就突然發瘋，大聲地敲桌子說，你在跟我講話，你的眼
睛只能對著我看，你再亂飄，我就敲斷你的腦袋。

　　這就是反社會人格特性，一個精神病態的特性，很自我，也要掌控他
周邊的人或周邊的環境。
　　以下槍擊要犯林來福也是反社會人格的例子。

　　1959 年生於嘉義市的十大槍擊要犯林來福，在 1980 年代曾
殺死 24 條人命，他動輒拿槍殺人，十分冷血，有一次對著路邊
賣香腸的老闆拿刀殺人，原因只是林自己身邊沒有帶錢，老闆
拒絕他的賒帳。

　　背負 20 多條人命的林來福有典型的反社會人格型態，沒有罪惡感、
冷血、挫折容忍度低、不在意別人的感受。
　　反社會人格和犯罪行為往往有關，偷竊、破壞、吸毒、家暴、殺人
等犯罪者，身上往往有反社會人格特質，而暴力犯罪者的反社會人格更為
明顯。反社會人格者生活雜亂無序，在社會傳統上的教育、婚姻、家庭關
係、工作等也很少成功。

Robert D. Hare 的反社會人格建構與測量

　　Robert D. Hare 為反社會人格研究法建構（Construct）的概念由四
個面向（Dimensions）構成，包括：情感（Affective）、反社會行為

（Antisocial）、人際關係（Interpersonal）、生活方式（Life Style）等。建構是心理學特殊用語，等同社會科學研究法的變項，用於科學研究上。面向就是研究法上的因素（Factor），是由可以觀察的現象構成。舉個簡單的例子，托福成績是個建構，閱讀測驗、聽力測驗、口說測驗，以及寫作測驗等共四個面向，即因素構成，四個測驗都可以透過考試得知。

　　社會科學的測量通常採用五點量表，由受測者填答，然而 Hare（1991）的反社會人格是醫學上的診斷方法，稱為心理異常檢核，分數是由專家判定，而非一般社會科學的測量由被測的當事人自行填答決定。Hare 的心理異常檢核表共計有 20 個題目，每一題由醫學專家獨立打分數，分為：0、1、2 分。

　　依據反社會人格建構的四面向設計，題目如下：

1. 善於與人進行表面的交際（Glib and Superficial）（人際關係因素）
2. 喜歡誇大自己的能力（Grandiose and Self-Worth）（人際關係因素）
3. 常需要新刺激、喜新厭舊（Stimulation Seeking）（生活方式因素）
4. 慣性撒謊（Pathological Lying）（人際關係因素）
5. 善於操縱別人（人際關係因素）
6. 缺乏罪惡感（Callous Lack Empathy）（情感因素）
7. 無法表達自己的感情（情感因素）
8. 缺乏同理心（情感因素）
9. 常常為別人而活，且將別人的幫助視為理所當然的生活方式（生活方式因素）
10. 無法控制自己的行為（Poor Behavioral Control）（反社會行為因素）
11. 性關係複雜（生活方式因素）
12. 早期的問題行為（Earlier Behavior Problem）（反社會行為因素）
13. 生活不踏實，缺乏人生目標（Lack of Realistic Goal）（生活方式因素）

14. 易於衝動（Impulsivity）（生活方式因素）

15. 缺乏責任感（Irresponsible）（生活方式因素）

16. 不能為自己的行為負責（Fail to Accept Responsibility）（情感因素）

17. 有多次短暫的婚姻紀錄（生活方式因素）

18. 青少年犯罪前科（Juvenile Delinquency）（反社會行為因素）

19. 曾違反假釋規定或逃獄（反社會行為因素）

20. 犯罪種類多樣化（Criminal Versatility）（反社會行為因素）

題意說明

因為篇幅緣故，這裡只舉第 1 題善於與人進行表面的交際為例做說明。

第 1 題是指該個案具有不實的、表面化之個性。他通常會表現得能言善道、健談而靈巧、談話風趣、反應靈敏，有編假成真之本事，處處吃香，很會表現自己，討人喜歡，大家都認為他老練而圓滑，似乎每方面都懂，甚至會使用專門名詞和術語讓人印象深刻，通常細問下會發現皆為表面知識。

第 1 題評分根據：除書面檔案資料之外，評估本題時，當盡可能以訪談為基礎。訪談中，評估其人格類型，表面上，他友善合作且無話不說，但他所提供之資料通常沒什麼用。一般而言，他的答話技巧是先回答問題，但最後一定偏離主題，讓人錯以為他已經回答了問題，事實上，可能完全言不及義。整個訪談中，他會顯得很自在、完全不緊張、不害羞。訪談中，常讓人弄不清誰是主導者，談到他的過去時（如童年、學校生活、旅行經驗），他會言不及義，讓人猜不透。他看似很有學問，試圖表現某方面很精通，如社會學、精神學、醫學、心理學、哲學、詩歌、文學、藝術、法律。他也非常關心訪談者對他的印象，常質問對方覺得自己做得如

何？還會想看訪談者之筆記。有時訪談者可以允許他適度地偏離主題，因為上述之特徵在非結構訪談形式下進行更優於結構嚴謹之訪談。

在個案的官方或機構檔案中，找出一些諸如「很會講話」、「天生能言善道」等評語。若檔案中有一些矛盾的評語，則可以提醒評估者之評估意見可能為個人偏見所致。

個案極度表面化但不討喜之表現，使一些評估者難以計分。例如，某些受刑人表現了明顯的「男子漢」或「難纏」的樣子，這種個案通常可以算為 1 分；若此人表現得誠懇、率直、害羞、保守或不成熟、沒什麼能力者，則以 0 分計。

計分標準

2 分：個案大部分行為都符合本題描述之內容。1 分：個案某些部分符合，但很多例外或存疑無法計為 2 分者；或是訪談印象和書面檔案資料不一致，無法確定應計為 2 分或 0 分者。0 分：個案未出現符合本題描述之行為；或其特質剛好和本題描述相反者。

簡言之：2 分＝是，具有反社會人格特質；1 分＝可能是／某些部分是；0 分＝不是，表示不具有反社會人格的特質。

依據 Hare 心理異常檢核的計算方式，每個人在反社會人格特質的分數從最低 0 分到 40 分最高，雖然不同社會有不同的門檻，但一般而言，分數在 25 或 30 分以上者，都屬反社會人格。

前述 Hare 心理異常檢核之概念與計算，請見侯崇文、周愫嫻、吳建昌等（2000）的研究。

反社會人格的兩個案例

Milwaukee 食人魔案

　　Jeffrey Dahmer（1960 年 5 月 21 日～1994 年 11 月 28 日），生於 Wisconsin 的 Milwaukee，被稱為 Milwaukee 食人魔（Cannibal），是一位系列殺人犯，性折磨（Molesting）並分屍（Cannibalizing），受害人至少 17 位，多數為黑人、男性與小孩，做案時間在 1978 至 1991 年之間。他的殘忍行為在於保存人身體部位，通常是骨骼的全部或一部分。被捕之後，他被判終身監禁，後來在服刑期間被一名聲稱受到上天感召的囚犯殺死。他的故事已被拍成好幾部電影，最近則是 2022 年 Netflix 的影集《食人魔達默》（*Dahmer-Monster: The Jeffrey Dahmer Story*）。

　　Jeffrey Dahmer 有一個快樂童年，父親是一名化學家，他行為的問題開始於 13 歲，惡化於 18 歲。在大學時，他有酗酒問題。

　　1989 年，受害人 Konerak Sinthasomphone（1976 年 12 月 1 日生），寮國人，男生，年幼時隨父母移民至美國，他在 Dahmer 的公寓裡遭注射藥劑，失去知覺與自主能力，之後被調戲、性折磨。有位鄰居看到而呼叫

1991 年 7 月 22 日 Jeffrey Dahmer 遭 Milwaukee 警局逮捕（來源：Milwaukee 警局）。

警察，但 Dahmer 對員警說對方是他男友，他們只是吵架，警察後來僅帶走 Konerak 離開現場。1991 年 5 月，Konerak 再度遭到 Dahmer 攻擊，並被殺害、分屍。Konerak 是 Dahmer 年紀最小的受害人，當時年僅 15 歲。

更早之前，1988 年，Konerak 的哥哥 Somsack 亦曾遭到 Dahmer 的性攻擊，Somsack 幸運地逃出。警方後來逮捕 Dahmer，並將他起訴，法院判他八年有期徒刑，但服刑一年後即獲得工作假釋（Work Release），只須晚上回到監獄，白天則可外出工作。顯然，Dahmer 是在假釋期間殺害 Konerak 的。

根據維基百科，Dahmer 在殺害 Konerak 之前，已殺害至少四位未成年及一位成年男性，只是從未被發現。早在 1978 年，Dahmer 於 18 歲時，他殺了一名和他約會的 19 歲男子 Steven Hicks，之後將屍體裝於皮箱內，帶回至其祖母住處，他在那裡和屍體發生性行為，並支解屍體，多數丟入垃圾桶，也從沒被發覺；其後，Dahmer 加速其殺人行為，多數受害人是同性戀者、黑人。他通常是在酒吧找對象，讓他們大醉，在受害人無意識後強姦，折磨至死。他也拍受害人的照片以為留念，他同時保留受害人身體上的部分，如頭顱、生殖器等，其餘則丟棄。Dahmer 挑選那些不被家庭特別在意的人，以降低被發現的風險。當在他和法律擦肩而過的同時，他的犯罪程度快速上升，殺人與折磨受害人越來越頻繁，同時也支解受害人身體，但這時他不再做殘酷的屠夫，而是進行化學處理。

Dahmer 於 1991 年 7 月 22 日遭警方逮捕，他犯罪期間從 1978 年開始直到被捕為止，總共受害人至少 17 位，犯罪地點主要在 Ohio 與 Wisconsin 兩州。

Dahmer 被捕是因為一位黑人男孩在公共場所被發現手腕有手拷，這位男孩幸運地逃離 Dahmer 住處，他告訴警方受害經過，警方也即刻採取拘捕動作，並從 Dahmer 住處發現更多受害人及他們的身體部位。1992 年

Dahmer 被判刑 15 個連續終生監禁；1994 年 Dahmer 在監獄中被另一位受刑人殺死。

　　Dahmer 有許多反社會行為特質，包括：酗酒、生活雜亂、沒有任何有效率的生活方式；他冷血，並有操縱他人的本性；他完全沒有同情心，沒有罪惡感，完全無法尊重他人的權利。在受電視訪問時，他也表現出沒有任何情感反應，他殺人只在於滿足自己性的需要。也有學者認為 Dahmer 的潛意識有問題，他的暴力是對受害人的憤怒，殺人是他對同性戀愛與恨矛盾心理的結果（Ambivalent Homosexuality）（Jentzen, et al., 1994）。

白曉燕案主嫌：陳進興

　　陳進興（1958 年 1 月 1 日～1999 年 10 月 6 日）生於台北縣三重市（今新北市三重區），1997 年間與林春生、高天民一起犯下白曉燕綁架殺人命案，被害者為知名藝人白冰冰之女，此案為台灣有史以來最重大刑案之一，逃亡期間亦犯下多件強姦殺人刑案，震撼社會。此案死亡人：白曉燕、醫師方保芳、妻子張昌碧、護士鄭文喻、警員曹立民，共犯林春生被亂槍打死，高天民舉槍自盡。1999 年 10 月 6 日陳進興遭槍決伏法。

　　陳進興母親於 18 歲時與一位自南部北上打工的何姓男子交往，之後同居，不久後即懷有陳進興，但何某另結新歡，拋棄陳進興之母，陳進興母親離開何姓男子後，租屋於三重市並生下陳進興，其母隨即把陳進興交由其外祖母撫養。

　　陳進興幼年搬遷萬華，隨著外祖母居住。1964 年，他就讀萬華區西門國民小學，雖然課業尚可，但時常犯下偷竊、欺凌等事件，也因此其外祖母與母親商量搬遷事宜，希望換個環境。1969 年，陳進興的母親將兒子戶籍遷入其幫傭住處。

1970 年，陳進興 12 歲讀中學時，在校數度觸犯校規，一年後即輟學，其母這時與從事建築泥水工作的王姓男子交往，其繼父為改變陳進興性格，讓他到寺廟當美工學徒。1972 年，14 歲的陳進興在一次跟隨其繼父工作時偷竊電熱器，少年法庭判其交付保護管束。然陳進興於保護管束期間仍數度違反保護管束規定，後來被少年法庭裁定感化教育。1973 年 10 月，陳進興在三重市持刀刺傷國中同學，原因是「看對方不順眼」，被判處有期徒刑二個月。18 歲那年，陳進興侵入民宅強盜，被判十五年徒刑，進了監獄。1979 年 8 月，陳進興企圖逃獄，加重判刑一年。1988 年，陳進興出獄，這一年，他 30 歲，而這一年，陳進興外祖母病逝，繼父也生病，沒多久繼父也去世，他這時沒太多依靠。

陳進興出獄後找了在獄中認識的林春生，以及兒時玩伴高天民，想要做一番事業。三人在三重天台大樓開設大型電玩店，但卻恰好遇上政府大力掃蕩電玩，三人投資血本無歸。其後，陳進興等三人鋌而走險，組成搶劫集團，騎著機車在路上隨機尋找獵物，或手持扁鑽或冰刀洗劫路人，進而犯下白曉燕綁票殺人案。

陳進興有特殊成長背景，來自破碎家庭，小時候沒有父親，且由外祖母帶大。另外，陳進興從少年時期起即有違反校規，甚至於犯罪的紀錄。就反社會人格特質來說，陳進興沒有法律與社會道德價值觀念，他冷酷、無情，犯罪手段凶殘，有性需要時就進入民宅強姦婦女，想立即得到滿足。

以下是台視記者和陳進興的對話，可以看出他的反社會人格特質。

台視問：前一陣子，發生了很多強暴案，哪些案子是你做的？

陳進興：有啦，但我沒給它記。

台視問：你為什麼要傷害無辜？

陳進興：我也知道這樣做很失禮，但這要怎麼說？可能是我用的
　　　　方法不對，另外也是有需要。

　　心理學家陳若璋（2010）說，陳進興在強暴時必須戴頭套，大多是體外射精，在強暴後會對受害者行禮如儀，會表示自己的身分：「我是陳進興」，這種性侵害的儀式化行為更看出陳進興的反社會人格特質，他完全沒有罪惡感，喜歡就做，成為他的生活方式；也因此，他犯罪不斷，還多次在被害人家人或男友面前強姦被害人。陳若璋（2010）強調，陳進興已超過犯罪學的反社會人格，是一位精神醫學上典型的性暴力攻擊者（Sexually Violent Predator, SVP），有性癖好，在壓力下就出現無法克制的強暴衝動，且極具危險性。

科學實證研究發現

　　前面提及，人格乃是指一個人的心理特質，這種特質相當穩定，可以從一個人與他們的互動中，或在特定的情境或環境下，有相當清楚的行為模式。社會技巧也是人格特質，例如：某個人樂觀、平易近人。人格特質屬個人所特有，犯罪學者認為，犯罪的人擁有的人格特質異於常人，且是犯罪或暴力的，而稱反社會人格。

　　我們了解，熱心、理想主義、悲觀、焦慮、暴躁等，這些都是人格特質，可以在人的身上找到，有的人在部分的人格特質上很明顯，有的人則較不明顯，但人們總是能夠在生活中把特有的人格特質呈現出來。

　　人格特質有很多層面，每個人所擁有的人格特質並不一樣，有的擁有的較多，有的較少，在程度上都有一些差別。往往也因為人與人彼此之間在人格特質上不同，因而產生了不同的社會關係、不同的社會團體、社區，甚至文化圈。

　　犯罪學研究指出，具有病態人格的犯罪者缺少自我控制的能力，面對一些誘惑時也沒有辦法克制自己，尤其當他們犯罪時更沒有任何的罪惡感或者同情心，他們冷酷無情，是冷血動物。

　　以下介紹幾個犯罪學研究，看學者們所描述的犯罪者的反社會人格。

Hervey Cleckley 的研究《理性的面具》（*The Mask of Sanity*）

　　Hervey Cleckley（1903～1984）是早期美國心理學者，1941 年出版《理性的面具》，是早年嘗試說明病態人格一些問題的專書。他說，變態往往表面上是正常的，但面具後面卻藏著心理失調、心理疾病的問題。《理性的面具》出版之後仍不停修訂，直到 1980 年代 Cleckley 過世為止。

　　Cleckley 指出病態人格存在的事實，他說，病態人格者在犯罪的時候沒有任何悔意，他們也沒有從犯罪中學到教訓、出現罪惡感而不想要再去犯罪、傷害無辜的人。Cleckley 更指出，這些人小時候會逃學，之後逐漸長大則會在街頭從事破壞性活動，長大後，這些人進一步偷、搶、強姦，甚至殺人。

美國心理學者 Hervey Cleckley 寫了《理性的面具》（攝影不詳）。

　　基本上，Cleckley 認為，病態人格者小時候的社會化是失敗、不完全的，這樣的結果影響到他們學習攻擊與暴力的態度與行為，尤其當他們生活在不愉快的情境下，他們更會用這種人格特質對付任何人。

　　在 Cleckley 過世後，最被後人懷念的是他針對他的一位女性病人所進行的個案研究，於 1954 年曾發表於期刊上；《夏娃的三個面貌》（*Three Faces of Eve*），是由 Corbett Thigpen 撰寫，他也是位精神科醫生（Thigpen & Cleckley, 1954）。這位女病人的故事後來被改編成一部電影，是一部多重人格的電影，一個人擁有三種明顯而對立的人格，一個是端莊的，另一個則是放縱的，都與幼年成長經歷有關，精神科醫生後來用心理分析術找到第三個人格，也是夏娃真正的自我。

　　Cleckley（1976）後來的研究也發現下面幾個反社會人格者的行為特徵：

1. 相貌與智力在中上，第一印象給人好感。

2. 不帶有精神分裂症的症狀，思想不紊亂，且不會有幻覺、幻想現象。

3. 不會有焦慮症與情感症症狀。

4. 對人、對事都無輕重緩急之分，也無責任感、義務感，所以在言行上無法取信於人。

5. 缺乏坦誠的氣質，給人虛偽的印象。

6. 知過不悔改，無羞恥心。

7. 表現出侵犯他人行為，事先卻無明確動機或是計畫，多是起於隱藏的衝動。

8. 缺乏是非善惡的判斷力，不能從失敗經驗中記取教訓。

9. 極端自我中心，不惜剝奪他人權利以滿足私慾，不顧他人感受，更不會對他人有所回報。

10. 情緒冷漠而變化少，不像一般人易受外來因素感動而有喜怒哀樂的

表情。

11. 缺乏領悟能力，學習能力不佳。

12. 不關心他人，卻強烈需求他人的專注與支持。

13. 常在幻想狀態下對他人表現做出惡作劇的行為。

14. 沒有顯著的自殺傾向。

15. 在兩性關係中，以自我滿足為出發考量，也從不付出真心或愛意。

16. 生活無目標、計畫，也無方向，一切活動都表現出一些自毀性行為。

Yochelson 與 Samenow 的研究《犯罪人的人格》（*The Criminal Personality*）

　　美國學者同時也都是醫生的 Samuel Yochelson（1906～1976）、Stanton E. Samenow（1941～2023），兩人合寫《犯罪人的人格》（1976），很細膩地說明了犯罪者如何看自己，以及他們生活的世界。Yochelson 醫生取得 Yale 大學心理學與醫學博士，於 1961 年起，他負責 Washington, D.C. St. Elizabeth 醫院「犯罪行為調查計畫」（Program for the Investigation of Criminal Behavior）。

　　Samenow 於 1970 至 1978 年間參與 Washington, D.C. St. Elizabeth 醫院「犯罪行為調查計畫」，他是負責研究的臨床心理師，並與 Yochelson 醫師合作，兩人後來共同出版《犯罪人的人格》。1978 年，Samenow 在 Virginia 州的 Alexandria 城開設私人診所。

　　Yochelson 與 Samenow 共同致力於探討犯罪者內心的世界，以及他們的世界觀。在《犯罪人的人格》一書中，他們認為，犯罪人的人格確實異於常人；通常犯罪的人在自由意志下選擇犯罪，他們理性，知道自己在做什麼。他們也指出，犯罪的人認為他們是社會的受害者，他們受害的程度遠比他們的受害人還要高。據此，Yochelson 與 Samenow 認為犯罪矯治沒

有任何價值，唯一的辦法是改變他們的心理，以及他們對於自己、對於這個世界的看法。

　　Yochelson 與 Samenow 的研究以青少年為主，他們找出下列三種病態人格：

1. 衝動的、反社會人格的不良少年（Impulsive Delinquency）。這些少年無法忍受挫折，也無法延遲享受。由於他們在成長的過程中未能處理或者克服本我追求享樂的慾望，破壞了超我，也造成不佳的超我。這些人中，太過於自我的行為，用本能做事，擁有「未能社會化的攻擊」，「太自我中心」，有的更是病態、反社會。

2. 神經官能失常的不良少年（Neurotic Delinquency）。犯罪者有神經、腦部失常的困擾，屬於精神官能症的問題。神經官能失常是一種疾病，焦慮被認為是最明顯的身體症狀，也會出現強迫症、恐懼症，以及突然的暴力、非理性的犯罪。

3. 病症的不良少年（Symptomatic Delinquency）。犯罪者有控制不了自己，而迫使人去犯罪或自殺的問題。此概念來自 Freud 的心理分析學派，認為每一個人都必須面對人類天生就有的本能（Innate），主要是性的滿足與攻擊衝動。當人們無法用合法的方法達到滿足或解決人的心理需求，這時，這些未完成的需求將會被壓抑成為人的潛意識，有如火山，將來隨時可能爆發，迫使人去犯罪或自殺。我們看到社會上有一些人控制不了自己，需要到百貨公司順手牽羊，偷個東西來滿足自己，這是因為這些人有著無法控制的慾望，需要犯罪才能滿足潛藏在他們心理的挫折感。有病症的不良少年，他們也是一樣，犯罪是因為他們的本能曾經受到壓抑、否定；這時被壓抑的本能發展成為潛意識，當這些潛意識將來出現的時候，威力很強，犯罪、偏差，或者是自殘行為、戀物狂（Fetishism）、暴露狂（Exhibitionism）、偷窺狂

（Voyeurism）都是這樣的例子。

　　Yochelson 與 Samenow 的研究強調，犯罪是犯罪者錯誤認知的結果，任何的犯罪行為都是個人的決定，犯罪者通常有錯誤的認知，也否定他們的責任。Yochelson 與 Samenow 認為，要改變犯罪者的行為，唯一能做的就是改變他們的想法、觀念，此做法稱為認知治療法（Cognitive Therapy），是反社會行為的精神治療方法。

沈勝昂、周茜苓的反社會人格研究

　　中央警察大學沈勝昂教授與刑警周茜苓（2000）亦做了反社會性格的研究與解釋，資料為受刑人與一般人，他們指出，反社會人格的受刑人有三個主要特性：

1. 習慣性的犯罪行為：反社會性格者多發生在累犯中，早發性累犯之再犯率又比遲發性累犯為高，而且犯罪次數越多，再犯率越高，此與罪惡感及悔悟心有正面關係。

2. 矯治可能性低：由於反社會性格者多係早期身心之負面因素交互影響而成，根深蒂固的性格特質及個體無力與他人建立信任關係，此行為模式往往會抗拒任何改變，因此甚難矯治。

3. 犯罪行為難以預測：反社會性格者之人際關係互動，以能否滿足當前需求為首要原則，為了本身利益（尤其是近程利益），常能偽裝順應社會行為，又在毫無客觀的原因下突然出現反社會行為，高度顯示出不一致的行為模式，社會大眾及被害人難以預測，被害預防措施難以發生效果。

反社會人格如何出現？

西方許多研究指出，基因與胎兒期的因素在問題行為與情感發展上扮演很重要的角色，這在暴力者小孩時期就逐漸顯現出來（Johnson, et al., 2005; Livesley, et al., 1993）。

Johnson 等人強調，美國精神醫學協會（American Psychiatric Association）多年以來即指出，人格發展（Personality Development）主要發生在小孩與青春期，人格失調（Personality Disorder）則在早年時就已出現。他們也指出，人格失調者在小時候就出現虐待、疏忽、父母管教失當、沒有父母，或其他悲劇的生命事件。另外，他們亦指出，人格失調者在 15 歲以前就出現某些行為問題的症狀，像逃學、逃家、破壞財物、虐待動物，或是讓他人身心痛苦以自我滿足之行為。

Livesley 等人（1993）分析 175 對雙胞胎，發現基因加上環境的作用造成反社會人格問題。

反社會人格有基因、遺傳的因素，但也有環境因素，其中，小孩早年的成長、生活經驗，這是挫折因素，也是容易受害的因素。缺乏健全的家庭教育，父母沒有好好管教或其管教方式不一致，父母之中一個可能管教不當而未給予孩子很多機會學習和模仿，長期缺乏父母的愛、關心、照顧，或小時候曾受家暴、虐待等，都是反社會人格出現的原因。

不過，生物與社會性因素導致人格失序則很難區分。有學者認為，反社會人格的形成有生物性的因素，也有社會性的因素，兩者真正的影響力很難區分。家庭破裂、兒童被父母拋棄和受到忽視、從小缺乏父母親在生活上和情感上的照顧和愛護，是反社會型人格形成和發展的社會因素，但也影響小孩的生理發展與人格成長，尤其早年喪父、喪母或雙親離異，先天體質異常，有著惡劣的社會環境、家庭環境，以及不合理的社會制度的

影響，教育、就業碰到挫折，也間接導致生物神經系統的變化。

　　綜上，幼年生活未能在家庭保護下成長，尤其未能在父母的呵護與溫暖中成長，使得無法獲得人格健全發展的機會，這可能是形成反社會人格的主要原因，是社會性但也是生物性。

結論

　　以下是筆者對精神醫學反社會人格論點的疑慮。

　　第一，他們的解釋太過於模糊，操作性的定義太過於簡單，只有用20個題目作為診斷，且由醫生評估，從行為科學角度來說，信度、效度都有問題。

　　第二，精神科醫師與心理學家對於心理層面的評估似乎沒有共同標準。

　　第三，反社會人格的治療以醫學方式為之似乎最為普遍，必須由精神科醫師來做，只是效果如何則缺少科學評估。

　　第四，許多社會學家無法接受這樣的論點：「小孩的經驗便可以決定他們長大後的行為，社會化是貫穿一生的。」心理學者認為小孩個人的特性與犯罪有關，但社會學者認為許多小孩的問題為社會面問題所造成；更為重要的是，社會化持續不斷，一直到老年，這反映在人一生許許多多的變化。

　　第五，治療無效論。許多臨床研究指出，反社會型人格的治療通常沒有成效，因為患者缺乏良知或改變的慾望；但最近的研究則指出，反社會人格者透過環境因素的改變，有助於減緩反社會行為之惡化，據此，社會學家的社會化、社會參與，可以改變人的人格、認知、態度，相信這是幫助反社會人格者更為重要的工作。

　　總之，相信回到社會學，我們減少暴力犯罪的可能性不會是悲觀的。

參考書目

沈勝昂、周茜苓（2000）。反社會性格罪犯之測謊反應與道德認知發展的關係。**中央警察大學學報**，37：277-300。

侯崇文、周愫嫻、吳建昌等（2000）。**性侵害案件偵察心理描繪技術運用**。內政部性侵害防治委員會。

陳若璋（2010）。陳進興伏法後，我們學到了什麼？**女性電子報**，43。

Boeree, George (2002). *A Bio-Social Theory of Neurosis*, from the website of the Shippensburg University.

Cleckley, Hervey (1941). *The Mask of Sanity*. C. V. Mosby Company.

Cleckley, Hervey (1976). *The Mask of Sanity*, 5th ed. C. V. Mosby Company.

Freud, Sigmund (1999). *The Standard Edition of the Complete Psychological Works of Sigmund Freud, Vol. XIX*, translated from the German under the General Editorship of James Strachey. In collaboration with Anna Freud. Assisted by Alix Strachey and Alan Tyson, Vintage.

Gibbon, S., et al. (2020). "Psychological Interventions for Antisocial Personality Disorder," *Cochrane Database Syst Rev.*, 9(9): CD007668.

Hare, Robert (1991). *The Hare Psychopathy Checklist-Revised Manual*. Multi-Health Systems.

Hickey, Eric (1991). *Serial killers and Their Victims*. Brooks/Cole Publishing Co.

Jentzen, J., et al. (1994). "Destructive Hostility: The Jeffrey Dahmer Case. A Psychiatric and Forensic Study of a Serial Killer," *American Journal Forensic Medical Pathology*, 15(4): 283-294.

Johnson, J. G., McGeoch, P. G., Caskey, V. P., Abhary, S. G., Sneed, J. R., & Bornstein, R. F. (2005). "The Developmental Psychopathology of Personality Disorders," in B. L. Hankin & J. R. Z. Abela (Eds.), *Development of Psychopathology: A Vulnerability-Stress Perspective* (pp. 417-464). Sage Publications, Inc.

Livesley, W. J., Jang, K. L., Jackson, D. N., & Vernon, P. A. (1993). "Genetic and Environmental Contributions to Dimensions of Personality Disorder," *The American Journal of Psychiatry*, 150(12): 1826-1831.

Prichard, James Cowles (1835). *A Treatise on Insanity and Other Disorders Affecting the Mind*. Sherwood, Gilbert, and Piper.

Thigpen, Corbett & Cleckley, Hervey (1954). "The Three Faces of Eve," *Journal of Abnormal and Social Psychology*, 49: 135-151.

Tyrer, Peter (2009). *Nidotherapy: Harmonising the Environment with the Patient*. RCPsych Press.

第三章
思覺失調與暴力

拿掉精神失常者的腳鐐

　　1998 年，一位婦人帶著裝有硫酸的水桶，對北一女放學的學生潑灑，造成 19 名學生和一名路人灼傷，引起社會極大的震撼。她名叫何美能。法官後來判她無罪，法官認為，何美能的精神鑑定結果證實她罹患妄想症，她遭受男人迫害，在案發當時她心神喪失，因此地方法院法官依法判她無罪。

　　精神異狀有很多名詞，精神失常、精神分裂、思覺失調、思覺失序、心神喪失等都是，較常見的精神疾病是：精神分裂、幻想、憂鬱、妄想症（被害）、強迫症，有些問題是輕微、短暫的，有些則是嚴重、長久、一輩子的，有些甚至帶來對生命的威脅，例如：自殺或殺人。

　　如果要了解思覺失調，可以去參考台北市立聯合醫院松德院區（原市立療養院）網站（2014），找到「認識精神疾病」，對常見的精神疾病有十分清楚的解說。此外，由於思覺失調概念已十分普遍，許多醫院精神科醫師也樂於在網站中介紹分享，讀者可以很容易找到相關資料。

　　本章所介紹者，主要來自台灣精神科醫師的專業意見，部分則是筆者個人觀察心得。筆者曾在嘉義市政府服務，因為是公共服務的緣故，有機會看到幾個思覺失調個案。

　　有一天下午，都已過下班時間了，但一位民眾一直站在一個位置，孤獨一個人，筆者問一下，有什麼事，後來才知道，他已經等市長很多小

時，他拿著沒有人看得懂的東西，說要陳情，且這過去已經發生多次。這位先生患有精神分裂症。

2015 年 5 月 8 日，辦公室突然來了一位不速之客，說要找市長，但找不到而要找筆者，辦公室的人直接擋了下來，我沒有出去，但在旁邊聽，知道他要告警察，說警察不理會他。後來，辦公室的人告訴我，這個人經常在路上找到東西，多數是一些壞掉的雨傘，或者是不要的鞋子，就送到警局，在幾個月後，他要依據法律拿回他的東西，他認為警察 A 走了他的東西。很奇怪的一個人，這位先生患有被害妄想症，也是嘉義市政府經常出現的一位奇怪人物。

2016 年 4 月 25 日下午，一名 61 歲李姓婦人，手持 30 公分長的大榔頭，衝進嘉義市市長涂醒哲辦公室，她一進來就是一陣猛砸，嚇得員工不敢動，還好當場被制止，沒有造成人員受傷。事後婦人的女兒表示，母親長期情緒不穩，市府也同意不追究，並協助送醫。李姓婦人患有躁鬱症，且發作時會出現暴力。

台灣還有一個很著名的思覺失調人物劉淑貞，她是一位留美女博士。劉淑貞女士畢業於美國佛羅里達州立大學物理博士班，曾服務於台積電。她患有嚴重妄想症，自稱和美國四星上將、美國中情局頭子前中情局局長大衛・裴卓斯發生網路戀情，雖然她曾被騙走 4 萬美元，但她仍堅信這段戀情，還說：「對方為了我，他寧可冒險引發第三次世界大戰！」

她經常在臉書發表她的幻想，下面是一些她的留言：「對於行蹤未明的馬航 MH370 班機」，劉淑貞說：「這班機已經被他的男朋友大衛・裴卓斯挾持，整起事件都是美國中情局策劃的。」她的言論引起網友熱烈討論。（見劉淑貞臉書，2014-3-13）

「今天凌晨，聽到一陣歡呼聲，美國率領八國聯軍大勝中國大陸解放軍。」剛剛大衛・裴卓斯說：「Tai-tai! We started World War One, World

War Two and World War Three for this day!」（太太！我們開啟第一次世界大戰、第二次世界大戰、第三次世界大戰，為的是今天！）劉淑貞患有典型的妄想症。

　　約在 18 世紀的歐洲啟蒙時代，有一些人看起來相當愚蠢，或者看起來相當瘋癲，當時的人往往把這些人送到特定的，也是偏遠的地方，並用鐵鍊牢牢鎖住於牆壁上，這樣做是要讓這些人的親人看不到也想不到。可以說，過去的人很少想到要治療那些精神上有問題的人。其實，早年台灣也是一樣，這些看起來愚蠢與瘋癲的人，被家人關在郊外，白天偶爾會出來透透氣。

　　直到 1830 年，法國精神病醫師 Philippe Pinel 勇敢地將被關在 La Bicetre 庇護所的病人身上的腳鐐拿開，Pinel 認為這些被認為瘋子的人只是生病，他們是可以被治療的，這樣的動作在當時是很激進的，引起很多人的注意，人們也開始討論瘋癲者的心理、精神失常問題，以及其治療（Weiner, 1992）。

　　19 世紀末期，這是 Freudian 時代的開端，當代精神病治療與心理學

法國精神病醫師 Philippe Pinel 將庇護所的病人腳鐐拿開（來源：Bridgeman Art Library）。

已逐漸成熟，其理論與思想成為後來精神失常探討及其治療的主要依據。

Freud（1999）的心理分析在反社會人格中已提及，是治療及研究人格的方法，在此不再做說明。

本章要探討精神疾病問題，其類型、問題來源，以及和暴力的關係，最後則探討對於精神疾病犯罪者無罪、不罰的法律反應。

精神疾病

精神疾病的名詞很多，其英文為 Psychosis，乃是指心理上一種不正常狀態，是一種生物上的疾病，用來說明和現實脫節的一種心理情況。有精神疾病的人，他們人格改變、想法異常，有些時候會出現很怪異的行為，而且他們日常的社會互動很有問題。

「精神病」這名稱現在已改為「思覺失調」。主要因傳統的精神疾病是社會很根深蒂固的污名與標籤，而精神分裂症是一種疾病，不是犯罪行為，也不是病態行為，只要我們能理解疾病內容，以及疾病原因，我們可以治療它。的確，思覺失調一詞更具正面積極的意義。

在過去稱之為「精神分裂」（Schizophrenia），是指較為嚴重的精神疾病。精神分裂這詞現在已很少被使用。

精神分裂的英文是由三個字的名稱組合而來，Schizo ＋ phren ＋ ia，即是：精神＋分裂＋症。精神分裂這名詞在希臘原文中指的是「分裂的心靈」（Split Mind），所謂「分裂的心靈」指的是有精神分裂症的人與現實分隔、脫節，他們無法告訴你什麼是真，什麼是假，什麼是對，什麼是錯。

精神疾病有很多種，主要有：妄想、幻覺、胡言亂語、憂鬱、強迫症等。精神科醫師認為，個案通常於青少年時期出現初期病狀，約在成人時發病，這時的人際、職業、自我照顧功能等明顯已無法達到一般社會功能

期待。精神疾病通稱為思覺失調，包含許多類型的精神疾病。

　　台灣 100 年度思覺失調人數為 11 萬 3,183 人，105 年度為 15 萬 1,017 人，106 年度為 15 萬 2,110 人，107 年度為 15 萬 1,844 人，108 年度為 15 萬 3,476 人。男生略多於女生。用每年約 15 萬來算，台灣思覺失調發生率大約為 0.6%，略低於全世界盛行率的 1%。不過，就如所有犯罪統計都有犯罪黑數（Dark Figure of Crime）問題，思覺失調也有黑數，有些家屬自己處理家裡的精神疾病問題，他們不看醫生，不通報政府機關。如此，台灣思覺失調盛行率與世界其他國家相當。

思覺失調的分類

　　台灣醫學界對於精神疾病的分類十分細膩，主要有：1. 嚴重精神疾病；2. 輕型精神疾病；以及 3. 兒童、青少年常見的精神疾病等三大類。其中，嚴重精神疾病有：精神分裂病、情感性精神病（包括憂鬱症、躁鬱症）、妄想症以及器質性精神疾病等；輕型精神疾病常見的有：輕鬱症、焦慮症、強迫症、畏懼症、心身症、恐慌症等；至於兒童、青少年常見精神疾病問題則有：自閉症、過動症、學習障礙及情緒障礙等。

　　思覺失調的分類甚多，筆者這裡僅介紹幾個主要類型，讓筆者認識。

精神分裂症

　　精神分裂症是最為嚴重的精神疾病，主要行為面的特徵為思考、知覺、情感等多方面的障礙，他們的想法通常與社會現實情境明顯不同，也影響他們的日常生活。

　　我們常見到的症狀為現實感極差、不合邏輯的想法或者有奇怪的行為出現。他們平日也顯得退縮、沉默，很少跟別人來往；有些人則變得喜歡和別人爭辯，他們容易發脾氣，甚至出現攻擊性的行為。

　　精神病者經常有幻覺的症狀，其中又以「聽幻覺」最多見，雖然旁邊沒有人，但他們卻可以清楚聽到有人和他們對話，他們也會自言自語、有所反應。有些時候，他們甚至受到這些聽幻覺的控制，照著聽幻覺的指示行事，這也會變得非常危險。

　　生物上，精神分裂症是怎麼發生的？醫學界似乎相信是腦部出現問題所導致。我們知道頭腦主宰人類行為，腦內許多的神經細胞彼此並不是直接相連在一起，這時候就需要靠一些化學分子作為媒介，使神經細胞彼此可以互通訊息。

　　醫學界認為，精神分裂症是腦內神經細胞的連結處對於「多巴胺」這種化學分子的反應過度強烈所造成，成為精神分裂的生物學原因；也因此，如何阻斷「多巴胺」作用的化學物質，被認為可以治療妄想、幻覺或語無倫次等精神分裂症，這些物質也被醫學界視為抗精神疾病的藥物。

　　另外，醫學界認為，遺傳是精神分裂的重要原因，同一家族發生精神分裂症的機率很高。

　　社會事件也會造成精神疾病。社會學家認為重大事件和情境會導致心理疾病。例如課業壓力、畢不了業、聯考失敗，或者社會上發生重大社會運動事件，人們有較高的機會得到心理疾病。另外，社會學指出，貧窮、挫折及缺乏可用的資源，也會帶來精神疾病。1990 年代的強姦殺人犯吳忠財，據他母親說，他原就讀「中台護專」，因與同校護理系一位女同學感情破裂，之後精神狀態顯得非常不穩定，酒後更是陷入瘋狂狀態。

　　最後，精神分裂症的發病年齡一般來說約發生在 15 歲至 25 歲間，這是最常發病的年齡。發病初期通常有一些主要症狀，如：不想去工作、不想上學、不想交朋友，也不想跟朋友聯絡、談話。發病以後，行為會逐漸惡化，出現妄想、幻覺、語無倫次與乖異行為等思考與知覺性的障礙問題。

通常，在發病的初期，病人家屬通常不會察覺病人有什麼不對勁，直到病人出現嚴重行為問題，或是言談怪異，這時家人才開始注意到親人的狀況似乎不大對。

至於精神分裂症的患者，他們絕大部分不知道自己有什麼不對勁，這是因為患者主要病症是思考層面的，也因此患者無從判斷自己是否有異樣。至於精神分裂症發病以後，病人的情況會逐漸惡化；此時，他們多半需要接受住院治療，通常是精神科醫師的診治，這時精神分裂症患者開始知道自己有精神疾病的問題。

躁鬱症、憂鬱症

歷史上憂鬱症的記載很早就有，西元前四千年前的美索不達米亞文明（Mesopotamian）裡就出現有憂鬱症的圖案，在石板上面記載有憂鬱症的症狀。西元前 400 年，古希臘醫師、醫學之父希波克拉底（Hippocrates）就曾用癲狂（Mania）或憂鬱病（Melancholia），來描述情緒上失序的問題，他是第一位定義癲狂或憂鬱病是一種精神疾病的人。

台灣憂鬱症的盛行率很高，根據衛生福利部統計，2016 至 2018 年憂鬱症人數逐年成長，2016 年有 38 萬 3,350 人，2017 年有 39 萬 5,573 人，

古希臘醫學之父 Hippocrates（西元前 460 年～前 370 年）（雕塑家不詳）。

2018 年有 40 萬 1,059 人，約占台灣人口的 1.7%，顯然，憂鬱症是台灣重大的疾病，其影響自然也大。

人的情緒有時高、有時低，當情緒過高時即稱為躁，情緒過低時即稱為鬱。在醫學上，情緒過高稱為躁鬱症（Manic Episode），躁鬱症患者的行為會出現高度興奮或急躁易怒；另外，他們也顯得精力充沛、食慾好、性慾強；在思考方面，他們變得很快速，話也多，尤其他們喜歡吹噓、爭辯。

情緒低時稱為憂鬱症（Depressive Episode）。憂鬱則和躁鬱症相反，患者對任何事情表現出興趣缺缺，他們經常無法正常生活或工作，很多情況下，患者足不出戶，終日躺在床上，連電話也不接，他們隨時出現疲倦感，食慾不振，也有睡眠的困擾。另外，他們說話量變少，行動也逐漸緩慢；心理上，他們自尊低、自信心弱，也覺得自己無價值、無用，對未來沒有太多的期待。

此外，一些憂鬱症患者會有罪惡感，他們認為對不起別人，甚至對不起家人、全世界；可以說，他們出現對自己、對未來、對一切，全都是負面認知；這種情況下，患者可能會出現自殺的意念或自殺行為，一直想要結束自己的生命。

2014 年，中天電視知名主播史哲維自殺，他太太施明黎說他患有憂鬱症，他很少說話、睡不好、自我要求高、罪惡感，有定期到醫院就診，且已有一段時間。

憂鬱是一種極為普遍的情緒感受，是每個人從小到大都會有的經驗，很難避免；事實上，輕微的憂鬱反而可以幫助個人反省，進而調整自己，或有更佳表現。

憂鬱症有些時候可以從身體面或行為面觀察出來，例如胸悶、全身疼痛、食慾甚差，或是每日只睡幾小時。憂鬱症的人思考動作變得緩慢，有

些時候，憂鬱症者會有比較激動的行為，例如不停地尋找醫院要看病，這些都是憂鬱症常見的行為。

妄想症（Delusions）

　　妄想，乃是指怪異的想法，這種想法對於一位精神疾病者來說是真實的，但在現實世界裡它卻是虛假的，例如：妄想症者相信美國已經發動第三次世界大戰了，這對患者而言是完全真實的，他相信第三次世界已經開始了。「我要回嘉義的家！」事實上，嘉義的家很早以前就沒有了，這些都是妄想的例子，心裡想的在現實生活世界是不存在的東西！

　　妄想的形式有很多種，有些時候，妄想症患者會有一些不真實的害怕或是猜疑，覺得某人試圖要害死他。案例上，2014 年東吳大學學生殺人，這位學生的父親說，兒子常常有妄想，一直地說，什麼人要殺他，什麼人要欺負他，不讓他過好日子。

　　妄想也可能是以誇張或偉大的形式出現。妄想症患者會以為自己是總統、國王，或是首相之類的大人物，或者是救世主。內湖發生的小燈泡命案，殺女童的王景玉患有妄想症，他聲稱自己是三皇五帝中的「堯帝」及「四川皇帝」，警察逮捕他時，他還要求警察必須向他跪下。

　　妄想症的患者經常以為別人在講話的時候就是在講他的壞話；或者別人講話沒有看著他就是瞧不起他；有的患者以為處處有人要害他，要對他不利；多年前，筆者的一位學生，他每次回家總是要拿起抹布把家裡擦拭一遍，他患有被害妄想症。

　　妄想有幾個主要類型：

1. 情愛型：患者妄想別人愛上自己，通常是地位很高的人。劉淑貞妄想自己和美國四星上將、美國中情局頭子前中情局局長大衛‧裴卓斯發展網路戀情。

2. 誇大型：患者誇大自己價值、身分。殺人犯陳昆明說他是魔鬼之子，他有義務達成消滅人類的任務。

3. 嫉妒型：患者妄想自己家裡比別人富有，會經常和別人比較。

4. 被害型：妄想自己受到某種惡意的方式傷害。「有兩個人要綁架我！」、「我太太要殺我！」，這是典型的被害妄想症。2012 年蔡京京殺母案，蔡京京患有精神分裂人格，她說父親才是真正的撒旦，是殺母親的幕後黑手，她沒有殺人，她是受害者。

5. 身體寄生蟲型：妄想自己身體上面有小蟲。臨床醫生發現，他們的患者總是覺得身上有東西爬來爬去，這些蟲不但會在皮膚上爬行，還會鑽進入體血管中隨著血液跑遍全身。

幻覺（Hallucinations）

幻覺是一種對於東西或者事件假的認知，包括看到的、聽到的、聞到的、觸摸的及味覺的；也就是說，患者所看到的、聽到的、聞到的，其認知本身和實際上的情況有差異，例如，聽到了聲音，但事實是根本沒有這樣的聲音；所以，幻覺是一種不正確的認知，患者的認知脫離真實。

幻覺最常見者為幻聽，聽到一些聲音，聽到有人在說話，可能是一個人，也可能是好幾個人；有時候這個聲音會要人去做一些事情，有時甚至聲音要患者去殺人；然而，患者不斷聽到的聲音其實是不存在的。

2011 年 8 月，高雄市一名高中生寫了長達 30 多頁要殺害其父母親的計畫，後來他真的買刀行凶，幸好被父親制伏。清醒後，他對著父親說：「對不起！是我心中的那個人要殺你。」這個高中生聽到去殺他父母親的聲音是不真實的。他的父親後來說，希望兒子早日治療好後回家！

這位高中生所聽到的是一個不真實的東西，他是幻覺患者。

強迫症（Obsessive Compulsive Disorder）

強迫症醫學上通稱為 OCD，是臨床上常見的疾病，也是種慢性的疾病，且是失序的行為。通常，這種行為是一個人所無法控制但卻持續出現。例如：一個人出了門，又回來要關門，患者一直認為門沒關好，這就是強迫症；或者，患者不時出現：「家人會遭下毒的想法」，患者隨時感到懼怕，一進家裡就全家到處消毒一遍，這也是強迫症。

基本上，強迫症內容和下毒、家裡不安全有關，如，「上廁所後必須洗手十幾次，擔心有人會對你下毒」，或「出門後又回家多次看門關好了沒」，都是強迫症很常見的例子。

強迫症患者雖然自己覺得他們的想法是不對、無意義的，但他們自己卻無法阻止此一強迫性的想法，或者發展出足以控制這種錯誤思想的能力。強迫症的想法會經常、反覆地出現，他們會不停地檢查家裡的門，會頻繁地洗手，或隨時擔心家裡的瓦斯沒關。

恐慌症（Panic）

恐慌症的特徵是一種極度驚恐、害怕、憂鬱及不知所措。下述是一位被恐慌症纏身十三年者的臨床特徵，他是印尼棉蘭的陳泰川先生，他不敢出門、不敢下床、被完全的恐懼控制、生活功能盡失。他說：「連簡單的穿著都有障礙，行走困難、不敢上廁所、不能久坐、怕冷、怕坐車、依賴輪椅、怕人群，他恐慌症合併焦慮症，幾乎每天都像行屍走肉一樣。」（見 Yahoo 新聞，2013-4-27）另外，呼吸困難、心跳加快、不停流汗、無法專心思考等是恐慌症可能的反應。

醫學家對於恐慌症發生的原因仍不清楚，但多數相信與人體的自主神經系統有關，醫學家認為，自主神經系統受到身體與心理因素的影響，引起神經系統反應，導致恐慌症發作。

畏懼症（Phobia）

畏懼乃是指一種害怕（Fear），是病態的害怕，常人無法理解的害怕。畏懼症一定有對象，如特別的自然現象、打雷、地震等，或特別的生活情境，如害怕搭乘電梯、害怕搭乘飛機、害怕在公共場合人群聚集的地方等。有些人會懼怕高，有些人會怕水、怕蛇、怕老鼠等；有些人則會害怕黑暗，或害怕出現在空曠地方，這些都屬畏懼症。

精神醫生強調，畏懼症如果嚴重，則會影響患者自身的日常生活功能，同時可能會出現心悸、出汗、暈眩、發抖、呼吸困難等生理反應。

以上是思覺失調主要症狀簡單介紹，醫學上的區分更為細膩，例如再細分為：嚴重、中度、輕微等，也有更多類型症狀分類者，筆者在此僅對幾個主要疾病做說明，使讀者認識這個當代社會重新對待的精神疾病。

思覺失調與暴力？

思覺失調暴力乃是指思覺失調（Psychosis Homicide）患者的暴力或殺人行為。我們知道，全世界都有精神疾病，也都有暴力或殺人的行為，台灣自不例外，以下是近三十年來台灣發生過的思覺失調殺人案。

1990 年間，在台中市、南投縣連續侵入民宅，姦殺八名女子的吳忠財，因感情生變，喝酒後就陷入瘋狂狀態，家人說吳忠財瘋了。2003 年，陳昆明患有精神分裂症，出現自言自語和幻聽，因沒吃藥而出現嚴重幻聽，殺了 8 歲、9 歲的兩個姐妹；2010 年他再度殺人。2014 年，東吳大學一名男生，因為迷戀學姐，竟拿刀殺死學姐的父親。學姐說他完全不認識這位同學，連名字也不知道。男生的父親則說兒子患有精神疾病，常常幻想，一直說有人要殺他，有人要欺負他。另外，2016 年，內湖發生小燈泡命案，兇嫌是一位長期患有嚴重精神疾病的王景玉，經常語無倫次，不知所云。小燈泡是內湖區一名 4 歲女童，其母親是現任立法委員王

內湖發生小燈泡命案許多民眾到案發地點送鮮花慰問追悼（來源：玄史生攝影）。

婉諭。

　　2015 年台灣發生龔重安女童割喉案。龔重安說自己有幻聽，常覺得外界在刺探自己的隱私，覺得很沒有安全感，他聽到：「你真沒用，大家都在笑你！」只是法院並沒有認定他患有思覺失調症。合理的解釋是，他和家人甚至朋友沒有良好互動，他離家、孤獨生活，得不到社會支持，又沒有工作與未來，更在絕望那一刻控制不了自己的壓力而殺人。

　　思覺失調和暴力殺人有關？思覺失調者是不是暴力的人？他們是不是為社會帶來危險性？從台灣發生的案例觀之，答案是肯定的，但是學術界則有不同的看法。

　　著名加拿大流行病學家 Heather L. Stuart（2003）曾回顧心理疾病與暴力的關係，她做了如下的結論：暴力重要的決定因素是社會人口暨經濟因素，許多暴力思覺失調者來自低社會階層，這是他們暴力的原因。另外她指出，藥物濫用是思覺失調者暴力的重要決定因素；據此，她建議，藥物的使用與管理應該是思覺失調犯罪預防特別要留意的地方。她也呼籲，公共政策、公共衛生專家太重視精神疾病與暴力的關係，她完全反對這項論點，並強調精神疾病者才是社會的受害者；她認為，還是要回到社會內涵

本身，了解精神失調者與社會的互動與被對待方式，才能真正了解精神疾病者的暴力問題。

兩位美國精神科醫生 Marie Rueve 與 Randon Welton（2008）寫了心理疾病與暴力的文章，他們認為，心理疾病者的暴力是非常敏感的議題，很多人刻意將之連接在一起，強調心理疾病者等於暴力；如此，大家只是強化了對心理疾病的刻板印象而已。兩位學者反對這樣的做法，認為更應該探討心理疾病的原因、心理疾病者的管理與治療，以及過程中他們可能面對的危險因素，例如，藥物的使用管理與照顧問題，以及思覺失調者生活習性的問題，這些被認為是導致暴力的主要原因。總之，精神科醫師如果好好地從上述幾個角度思考，一定可以對社區、對病人、對病人的家庭做出很大貢獻！

前面提及，思覺失調症和殺人不能畫下等號，患者受幻覺、妄想、躁鬱等影響，但是導致殺人者並不常見，這是近代自心理分析學派興起後的看法，也是今日很多學者的看法。但 Côté 與 Hodgins（1992）曾分析在監獄內的 87 位殺人犯罪男性受刑人與 373 位非殺人犯罪的男性受刑人，透過訪問進行心理失常診斷，發現殺人犯罪者的心理失常值較非殺人者普遍，尤其在殺人之前心理失常情況更為明顯。

另外，Eronen、Tllhonen 與 Hakola（1996）曾探討精神分裂與殺人行為的關聯性，他們的研究資料來自於 1,423 位曾遭警方逮捕者，其中的 93 人屬於精神失常殺人；他們發現精神分裂者殺人的機率高於一般社會大眾人口 10 倍，且男生、女生都得到相同的結果；另外他們也發現，精神分裂未酗酒者殺人的機率是一般人口的 7 倍，至於精神分裂酗酒者殺人的機率則高達 17 倍。顯然，多數思覺失調者的殺人率高於一般人口，這具有統計顯著性的意義。

精神科醫生可能從醫學治療的角度看問題，認為心理疾病只要治療就

好，沒有什麼暴力的問題，然而筆者還是認為我們需要進行更多的科學實證研究，以確定思覺失調與暴力的真實關係，畢竟思覺失調如果和暴力有關，將涉及暴力甚至是殺人受害的問題。

當然筆者更相信，殺人是一個混合生物、社會心理與情境等眾多因素的複雜結果，然而，思覺失調和家庭背景、個人社會能力及社會互動方式等仍有相當程度的關係，相信社會學因素在思覺失調症者的暴力行為上仍扮演關鍵性的角色，這絕對是預防工作不可忽略之處。

不過，筆者還是要強調，我們仍要認真思考兩者之間存在著某種關係的可能性，以及提早進行犯罪預防工作；尤其，我們要監督思覺失調患者固定地進行醫學治療，依據醫生指示正常服藥，以避免造成不幸、危害他人。總之，此問題的探討對於治安預防工作有其意義與必要性。

思覺失調無罪論述

《刑法》第 271 條第 1 項明白規定：「殺人者，處死刑、無期徒刑或十年以上有期徒刑。」但《刑法》第 19 條第 1、2 項：「行為時因精神障礙或其他心智缺陷，致不能辨識其行為違法或欠缺依其辨識而行為之能力者，不罰。行為時因前項之原因，致其辨識行為違法或依其辨識而行為之能力，顯著減低者，得減輕其刑。」這是思覺失調無罪的法律依據。

簡單地說，患有精神疾病者，雖然他殺人、犯罪，但因為他生病了，他不須為他的行為負責，英文常有這樣一句話：「他是有罪，但他有精神疾病。」（He is guilty, but he is insane.）

思覺失調在台灣的法律必須要具備「不能辨識其行為違法」或「欠缺辨識能力」的條件，才能免除其刑或減輕其刑。

基本上，患者必須對於外界事物全然缺乏知覺理會及判斷作用，且在「事發時受到該疾病影響」，失去自己決定的能力者，才能免除法律責

任，而如果只是因為患有思覺失調，「被告是精神病患」，導致其辨識其行為違法能力較差，則仍須受到法律制裁。白話來說，不是拿一張醫院的診斷書，法官就會判無罪的！

第一個案例，2016 年 3 月，內湖小燈泡命案的兇嫌王景玉，一審法官認為，被告長期罹患精神疾病，引起幻聽妄想，依據《兩公約》不得對精障者判死，僅判他無期徒刑。但二審法官另附加刑後監護五年的處分，認為，王景玉殺女童，雖屬《兩公約》保護，但認為他犯案時僅辨識行為能力降低，法官依據《刑法》第 19 條減刑、判他無期徒刑外，也認定服刑之後仍需給予五年監護處分。

第二個案例，2018 年 5 月，患有精神疾病的賴男，覺得自己工作及人生不順遂都是妹妹害的，便持刀跑到其妹妹擔任護理師的牙醫診所，要找妹妹理論。診所負責人王冠中牙醫師為了保護員工，當場遭賴男殺害，診所內另兩名女護理師也被刺傷。台中地院審理賴男時，認定賴男犯罪時受到精神疾病影響，判無期徒刑。後來受害家屬要求上訴，但台中高分院仍認定賴男犯罪行為受到精神疾病影響，維持無期徒刑。

第三個案例，鐵路警察李承翰於執行公務時遭鄭再由刺死，嘉義地方法院認為被告「思覺失調」而判決無罪，並令入相當處所施以五年監護。只是後來引起地方人士高度不滿，高等法院台南分院審理時則改判有期徒刑十七年，刑滿後令入相當處所施以監護五年，高院顯然推翻地方法院思覺失調無罪的判決，也可以看出民眾對於思覺失調無罪的不滿，同時也看出法律對於思覺失調存在有許多見解上的差異而受到批評。其中，精神科醫師鑑定過程被質疑短短幾個小時的診斷過於草率；但醫師則認為，他們必須配合司法系統之時程與人力安排，診斷也只有那短短的幾個小時，他們也沒有辦法。

思覺失調無罪的論述出現在 19 世紀末期，那時也是 Freud 時代的開

端，現代心理學快速發展，科學家超越過去人類退化的論點，強調治療的可能性。19世紀當時對於心理疾病的關心，無疑地影響了西方的刑事司法體系，主要是改變了司法上對心理疾病的容忍與對待。

M'Naghten 原則

第一個判決的案子為 M'Naghten（發音為：McNaughton），是第一個對於心理上無能力的被告，刑事司法體系給予他們在刑法上合理化的態度。該判決的法律精神也被稱為「M'Naghten 原則」（M'Naghten Rule）。

時間回到 1843 年，英國人 Daniel M'Naghten 要暗殺首相羅伯・皮爾（Robert Peel），這起案子後來在上議院（House of Lords）討論時，議員們要求成立陪審團，由法官來考量是否接受被告精神異常無罪的請求。

後來上議院做成決議，同意允許被告提出犯罪當時因為生病而無法分辨是非對錯的辯護。精神失常、錯亂的被告必須在犯罪發生時有下列兩個情況：第一，要有心理疾病的問題；第二，犯罪之時分辨不出對或錯。

M'Naghten 的決議是法律上同意以心理缺失與疾病作為精神錯亂的原因，也得以免除犯罪行為法律責任的濫觴。

英國首相羅伯・皮爾爵士（Robert Peel）（來源不詳）。

　　美國約只有一半的州接受「M'Naghten 原則」作為思覺失調無罪的辯護。

不能抗拒的驅力測驗

　　M'Naghten 原則之後，許多美國的法院對於思覺失調無罪認定有不同做法，他們嘗試超越 M'Naghten 原則，強調法院應該允許被告可以提出其他各種支持精神錯亂的證據，其中，「不能抗拒的驅力測驗」（Irresistible Impulse Test, IIT）便是一個被允許的做法。

　　「不能抗拒的驅力測驗」來自美國精神科醫師 Isaac Ray（1838）的著作《精神失常醫療司法論述》（*A Treatise on the Medical Jurisprudence of Insanity*），他提出無法抗拒的犯罪內驅力概念，他認為，很多的犯罪個案，犯罪者是清醒並有知覺的，但是在犯罪的那一刻有一股無法抗拒的力量出現，讓他們做出犯罪的行為。依據 Ray 的主張，法院應該允許這種情況作為精神失常的證據，被告不必說明自己精神疾病的問題，而只需要證明犯罪當時他自己出現了無法控制的情緒，是一種無法抗拒的力量驅使被告犯罪。

精神科醫師 Isaac Ray（來源：美國國會圖書館；Mathew Benjamin Brady 攝影）。

Isaac Ray（1807～1881）是法醫精神醫學領域的創始人，其精神失常醫療司法論述具權威性，影響深遠。

美國有少數的州允許被告提出「不能抗拒的驅力測驗」作為精神失常證據。

Durham 原則

1871 年，發生於 New Hampshire 州，在 State v. Jones（1871）的案子上，該州完全拒絕了 M'Naghten 原則，大法官（Chief Justice）是 Charles Doe，他引用精神科醫師 Isaac Ray 的話表示，精神失常永遠不可能只有一個臨床的徵狀，他提出了身體全部的徵狀，而任何一個犯罪案例不可能只由一個徵狀所引起。

這是美國一個較新的概念，在 1871 年 State v. Jones 的判例裡，法院認為不能用單一個徵狀來認定精神失常，要用所有的徵狀來作為確定的證據。

到了 1954 年，在 New Hampshire 州的 Durham v. U.S 的判例上，該州正式確定了「Durham 原則」（Durham Rule），法院這樣說道：「任何被告如果他的犯罪行為是心理疾病或者心理缺陷的產物（Product），他不需要負起法律責任。」法院繼續說：「『Durham 原則』在於強調精神疾病是許多徵狀的產物，犯罪行為是一種心理疾病或心理缺陷的結果，被告可以不必為他們的行為負責。」因為強調心理疾病是多種因素的產物，所以在法庭上經常需要精神科醫師來辯護。

「Durham 原則」給了精神科醫師或心理專家太大的決定權，讓法官無法拒絕；另外很多情況下，不同的專家對於造成心理疾病的多種因素有不同的見解，有些人不認同一些徵狀會和心理疾病有關，這都帶給法院許多困擾，也是「Durham 原則」受人批評之處。

實質能力測驗原則

今日多數法院接受「實質能力測驗」（Substantial Capacity Test），「實質能力測驗」是現代版的 M'Naghten 原則，它並沒有修改原來最為主要的意涵。

這概念也來自精神科醫師 Isaac Ray，美國哥倫比亞特區法院認為，M'Naghten 原則並無法解釋心理的問題本質，另外，M'Naghten 原則只依據單一症狀，它不能運用於所有不同的情境；因此，1955 年美國法律機構（American Law Institute）提出了他們自己建議的精神疾病「刑罰法條標準」（Model Penal Code）版本，為「實質能力測驗」的概念，以回應各界對於精神疾病測驗版本太多的批評。後來，美國法律機構的版本也成為多數州精神疾病、思覺失調的法律依據。

「實質能力測驗」這樣說：「如果行為人的那一刻是心理疾病或者心理缺陷，導致缺少實質能力，無法理解他行為帶來的傷害，或者無法遵從法律上所要求要遵守的行為，不必為其犯罪行為負責。」（Model Penal Code § 4.01(1)）

最後，台灣有關思覺失調的法律條文只有幾行字：「不能辨識其行為違法」或「欠缺辨識能力」，法官則依據醫師診斷結果，再予決定犯罪者是否「不能辨識其行為違法」或「欠缺辨識能力」，以判決是否免除其刑或減輕其刑。

由於法官擁有判決絕對的權力，而法官彼此之間的見解也經常並不一致，導致法官在判決上出現過大落差，屢屢受到社會大眾與被害人的不滿與挑戰，質疑司法不公。

本章開始的何美能潑硫酸案，台灣地方法院原本的無罪判決，高等法院後來於 2003 年以重傷害罪改判處何美能有期徒刑六年，執行完畢後須再進入特定場所監護三年。相同地，前述鐵路警察李承翰遭思覺失調者鄭

再由刺死案，高等法院與最高法院也是否決地方法院無罪的判決。不同法院法官對思覺失調採取完全對立的判決立場，這顯示台灣法官對心神喪失的認知，仍存在著許多矛盾心理與不一致。

誠然，台灣思覺失調的法律處理還有許多討論空間。正面來看，台灣思覺失調研究仍在發展階段，更多法院案例與學術研究討論可以釐清精神失常問題，以幫助法官們做出更為公平、公正、合理與正義的判決，這對司法發展與學術發展會是很正面的。負面來看，思覺失調的行為在刑事責任上可以不罰，但社會大眾往往不願意真正去了解思覺失調不罰的法律目的與精神，而一味隨著大眾媒體起舞，這除干擾司法判決外，更傷害思覺失調弱勢族群於社會中所受到的不公平對待與歧視。

參考書目

台北市立聯合醫院松德院區（2014）。認識精神疾病。https://tpech.gov.taipei/mp109201/News.aspx?n=06EE68392B8499C0&sms=814A2ED29ED29D8E。

Côté, G. & Hodgins, S. (1992). "The Prevalence of Major Mental Disorders Among Homicide Offenders," *International Journal of Law and Psychiatry*, 15(1): 89-99.

Eronen, Markku, Tllhonen, Jarl, & Hakola, Panu (1996). "Schizophrenia and Homicidal Behavior," *Schizophrenia Bulletin*, 22(1): 83-89.

Ray, Isaac (1838). *A Treatise on the Medical Jurisprudence of Insanity.* Charles C. Little and James Brown.

Rueve, Marie E. & Welton, Randon (2008). "Violence and Mental Illness," *Psychiatry*, 5(5): 34.

Stuart, Heather (2003). "Violence and Mental Illness: An Overview," *World*

Psychiatry, 2(2): 121.

Weiner, Dora (1992). "Philippe Pinel's 'Memoir on Madness' of December 11, 1794: A Fundamental Text of Modern Psychiatry," *American Journal of Psychiatry*, 149(6): 725-732.

第四章

黑幫少年的迷亂與暴力

黑幫中，少年不可或缺

本章談黑幫中的少年，當然是談他們的暴力與犯罪。

台灣黑幫主要有竹聯、四海、天道盟，還有地方角頭的黑幫組織，例如：台北市中山區的牛埔幫、台北市松山區松聯幫，也有由宗教活動而衍生出的黑幫組織，例如：彰化員林鎮佑靈宮。這些黑幫都有他們自己的地盤以及事業，有的是合法的，更多是非法的。當然，黑幫也必須要有人，才能做事，鞏固地位與勢力，其中，青少年是黑幫組織不可或缺的。

發生於 2010 年 5 月底的翁奇楠命案，殺手廖國豪就是一位未滿 18 歲的青少年。翁奇楠曾有綁架、強盜殺人前科，是中部地方角頭，經營網路簽賭，並以「日月生物科技公司」作為掩護。後來，翁奇楠在自己的公司遭到廖國豪槍擊死亡。由於《少年事件處理法》規定，法院不得對犯罪少年處死刑，而如果被判無期徒刑，七年之後，該少年便可申請假釋，因此，黑道利用這法律，收買少年充當殺手，以最小的代價除掉仇家。廖國豪在犯罪動機上說，他因翁奇楠答應給他 400 萬元的殺人費，但翁奇楠不給，所以才會殺他（見蘋果日報，2010-8-27）。不管廖國豪殺人的真正動機如何，但少年參加黑幫，被黑幫利用去打架、殺人，這是非常典型的做法；很顯然地，黑幫中，少年不可或缺。

犯罪學家對廖國豪感興趣的還有：他為何成為黑幫少年？誠然，家庭與學校是讓廖國豪步上黑道最重要的因素；廖國豪來自有問題的家庭，父

親有毒品、竊盜前科，母親吸毒、欠債。父親入獄時，由他的祖父撫養，但祖父則經營有女子陪侍的卡拉 OK 店（見蘋果日報，2010-8-27）。

可以知道，廖國豪從小就沒有擁有一個完整與穩定的家庭，他的家庭環境非常複雜，他無法和一般人一樣成長；另外，在學校，廖國豪也一直是個邊緣人，他不喜歡學校，國中二年級時就開始蹺課，情況非常嚴重，必須讓老師做 20、30 次的家庭訪問，只是老師很遺憾地說，他很努力要幫助廖國豪，但還是「無法把小豪拉回來」（見蘋果日報，2010-8-27）。問題叢生的家庭，以及無法適應學校生活，這是廖國豪成為幫派分子的原因。

少年在黑幫的角色是本章要探討的，我們想要了解：少年參與黑幫的原因，少年在黑幫做些什麼，他們的活動地點，以及他們如何社會化，如何發展出黑幫少年特有的犯罪行為模式。

黑幫少年的犯罪學解釋

犯罪學理論在於說明社會現象，在諸多理論中，筆者認為若將迷亂理論、機會理論與學習理論等整合起來，可以解釋黑幫少年的問題。

迷亂理論的解釋來自 19 世紀末期的社會學家 Durkheim（1997），他強調結構對於犯罪事實的影響。Durkheim 認為，犯罪不再被認為是一種個人行為的結果，犯罪被視為是一個階級、一種角色與地位、一種社會結構的問題，尤其當人與團體的連結出現問題，這導致迷亂情境出現，也是犯罪發生最為重要的原因。社會學家 Cohen（1955）以 Durkheim 的迷亂理論觀點為基礎，提出犯罪次文化理論，以說明少年幫派出現的問題；他指出，小孩由於結構性的因素，例如：貧窮，他們的資源少，在學校的成績也普遍不好，因此他們容易遭受挫折，並且變得不願意追求中產階級的標竿，更有甚者，他們進而參與幫派，和一些與他們有相同經驗的人在一

起，分享共同的經驗，形成偏差副文化。Cohen 認為，小孩會對於他們在學校學習上的挫折做出反應，他們除了否定原來認為重要的價值觀外，他們更與一些與他們有共同生活經歷的人在一起，學習偏差價值。

　　有關黑幫少年的理論從 Thrasher（1927）以來，就強調黑幫少年在家庭、學校方面的挫折。筆者亦持相同看法，認為小孩在社會制度上（學校、家庭）碰到挫折，例如：在家裡，沒有完整的家庭，也得不到父母的保護；在學校，他們的功課不好，沒有按時完成作業，經常被老師罵，與老師的關係不好。另外，他們在學校也沒有朋友，同學逃避他們，離他遠遠的。總之，這些少年在家、在學校不是很快樂，也沒有他們的角色，這樣的結果，他們逃家、逃學，成為中輟生，進而和一些與他們有相同經驗的人在一起，最後則是加入幫派，參與幫派活動，找到自己。

　　過去台灣有很多犯罪學研究支持前述論點，侯崇文（2001）的研究明確指出，不良少年來自問題家庭；家庭結構完整者，偏差行為較少，而結構不完整者的偏差行為較多。另外，家庭氣氛、親子間的溝通與衝突都影響少年偏差行為。朱儀羚（2003）用敘事的方法，訪問五位受保護管束、接受矯正教育的同學，她發現這些問題少年，無論在家庭或在學校，都有很多不愉快的經驗，而這些負面經驗強化了他們用偏差來保護自己，並發展出偏差的自我，至於參加幫派，這更是全新自我的開始。

　　此外，在學校因素方面，幫派少年的學習成就低，有高比率的輟學經驗。中央警察大學周文勇（2007）在一項針對台灣北部六縣市的大型研究發現，弱的家庭控制系統以及不佳的師生關係，是少年加入幫派的重要因素。另外，吳嫦娥與余漢儀（2007）對八位青少年進行深入訪談，他們發現，父母婚姻的暴力、父子關係、師生關係以及輟學等都是少年加入幫派的關鍵因素。

　　除迷亂理論外，筆者引進犯罪學被遺忘的理論——差別機會理論

（Differential Opportunity Theory），來解釋少年加入黑幫的問題。差別機會理論由 Cloward（1959）、Cloward 與 Ohlin（1960）提出，他們強調，以不合法方法達到成功的機會並不是人人都有或者人人都相等，這與用合法方法達到成功的機會也不是人人都相等或者人人都有是一樣的道理，因此他們認為社會上有不同的機會結構，不管是合法的或是非法的，其中不法方法達到成功的機會結構則導致各種不同的犯罪活動與少年犯罪次文化。他們也說，透過不合法機會成功的人，有的人會創新，這些人從事犯罪行為，他們發展出犯罪次文化（Criminal Subculture）；有的人沒有不合法成功的機會，他們變得退卻、退縮，這些人發展成為流浪漢，或者成為吸毒者，他們屬於退卻次文化（Retreatist Subculture）；再者，有的人同樣也沒有不合法成功的機會，但是這些人變得很暴力，發展出暴力次文化（Violent Subculture），暴力次文化者通常用暴力解決問題。

筆者稱差別機會理論為機會結構論，因為差別機會強調機會結構的問題，有犯罪機會才有可能成為幫派分子，筆者認為，少年加入黑幫與他們犯罪機會有關。

黑幫也和我們正常的社會一樣，有對他們成員的期待，例如，要有特別的能力，尤其是打架、砸店，甚至是去殺人。如果少年有這樣的能力，他們才有機會，才能生存；相反地，如果少年能力不行，也沒膽量，不敢打架、砸店，就沒辦法幫黑道賺錢，這種人黑幫也不要。畢竟黑幫養小弟是來幫黑幫賺錢的，而不是讓小弟只來拿錢、混日子卻不會做事。如果少年自己又懶惰，且經常製造問題，讓警察上門追人，這種人更不會有黑幫要。

從機會理論觀之，並不是每位不良少年都能在黑幫生存；他們必須能滿足黑幫期待，才能在黑幫生存，才有他們的角色。因此，筆者提出機會結構理論，強調機會是成為黑幫少年的先決條件，若少年無法滿足黑幫期

待，這些人就沒有機會，無法加入黑幫。那些加入黑幫的少年也因為機會結構的不同，有的做小弟、討債、砸店，有的販毒、吸毒，有的則從事色情的工作。

筆者於此處提出少年參與黑幫社會的理論模式，在這模式中，迷亂是少年走向偏差的結構性因素，機會則提供少年進入黑幫社會的途徑，沒有犯罪機會，也就沒有黑幫少年。此外，筆者更引進社會學習的犯罪學概念，強調犯罪學習的重要性，是少年進入黑幫社會，並能生存、適應下來的主要原因，有的更是從小咖變大咖，犯罪學習在這過程中扮演非常重要的角色。

美國社會學家 Sutherland 在 1937 年版的《職業竊盜》（*The Professional Thief*）及 1949 年版的《犯罪學原理》中皆提及，犯罪乃是透過互動與溝通而學習，尤其是與那些親密者（自然是那些犯罪朋友）的溝通與學習。此外，除了學習犯罪技巧，Sutherland 更強調犯罪的動機、慾望與犯罪態度的學習，尤其犯罪者要學習：「支持違反法律的定義超過接受法律的定義」。Sutherland 強調，不良少年走向不歸路，主要是因為喜歡違反法律的程度大過於遵守法律，這強化了他們犯罪的動機與勇氣，也導致後來的犯罪。

以上是筆者提出的少年加入黑幫的犯罪學理論，少年從家庭及學校的迷亂開始，之後他們在制度外尋找自己的角色，而機會結構則是讓他們進入黑幫的重要原因；這時，他們也學習犯罪的語言與動機，為後來成為黑幫大咖做準備。當然，從另一角度來看，如果少年沒有出現迷亂情境，以及沒有犯罪機會，他們加入黑幫的可能性就降低了，也就不會有黑幫少年的問題。

黑幫少年的迷亂

　　迷亂理論強調，當社會制度作為維持秩序的功能消失了，這時便會出現犯罪與偏差，其中，對正在成長中的少年來說，家庭和學校的制度最為重要。當少年發現他在家庭與學校沒有生活的基礎，回到家，家裡是不完整的，而到了學校，沒有好的朋友，這時，加入黑幫則是必然的結果。

　　顯然，多數黑幫少年來自問題家庭，父母離異或家庭功能失調，小孩與家庭的連結不佳，在家裡沒有得到應有的愛與保護，有的甚至連基本的生活條件都沒有，這迫使他們要離開家裡，加入黑幫。

　　「這些不良少年，他們的家庭有很多問題，經常與父母衝突，有許多家庭是單親的，母親離去，父親因案不在，或者隔代教養的，小孩沒有人管，而那些住在大安區的，生活水準高的，這些家庭的小孩放學以後都去補習了。」一位筆者訪問的警官這樣說。

　　「很多黑幫少年的家庭很有問題，經常下了課，回到家裡，但家裡卻沒有人。他們很多是隔代教養的家庭，家庭的功能不是很好。」一位受訪老師這樣告訴我。

　　另外，家庭的監督力量也很薄弱，有的爸爸也和小孩一起喝酒、抽煙，做不好的榜樣。一位受訪老師這樣表示：「很多問題小孩都來自這樣的家庭。」

　　顯然，家庭不是他喜歡的地方，他自然就會往外跑，和一些問題學生在一起，打架或偷車。一位在中輟機構接受輔導的學員這樣告訴筆者：「不在家是因為在家也跟媽媽相處得不好，所以每天都是不回家，都在外面跑來跑去的。在家也不知道要幹什麼？我都是一人在房間裡玩，因為家人都不想和我在一起，媽媽也怕我把弟弟教壞，所以不希望弟弟跟著我，所以我都是一個人在房間裡玩電腦。有時會用即時通跟弟弟說話，或是一

個人看電視，就這樣。」（見新竹縣教育局中輟輔導網，維恩）

　　黑幫少年與學校的連結也很有問題，他們不愛讀書，不喜歡學校，很多是中輟生，對他們來說，學校是個讓他們不快樂的地方。

　　「這些學生，來學校都在睡覺，他們來學校不是很愉快。」一位受訪老師這樣說。

　　在中輟機構接受輔導的學員維恩並不知道在學校的目的，他說：「我以前在學校也不知在做什麼？經常就是在睡覺或是跟老師吵架。」（見新竹縣教育局中輟輔導網，維恩）

　　另一位在中輟機構接受輔導的學員阿義，也說他在學校沒有自己的角色：「學校一間一間地換，終於到了『沒人要』的一天，沒有學校肯收我，因為我的成績差，操行分數更是不堪入眼……」接下來，阿義更否定自己：「我自己也無所謂，反正我就是垃圾，沒人要？拉倒，我才不在乎！」（見新竹縣教育局中輟輔導網，阿義）

　　許多中輟生或黑幫少年，他們自己不喜歡學校，在學校也經常是打架、鬧事、製造麻煩。一位蹺家國中生，她組了犯罪集團，稱為「行竊姊妹團」，後來因為偷車被捕。這位學生就讀的學校表示，從國二開始，她就不愛上課，一學期曠課高達 400 堂。學校也表示，她在學校也是經常打架、勒索同學，曾被記一支大過、四支小過和十幾支警告，是學校的頭痛人物（見蘋果日報，2014-4-9）。或許是這緣故，有研究顯示，中輟生並不受到學校的歡迎，班上老師普遍抱持著拒絕和排斥他們的心理（見台南市甲中國小網，周聖心、馮喬蘭）。

　　前述說明黑幫少年無論在家庭或在學校，都經歷許多挫折，對他們來說，這兩個地方提供給他們的功能很有限；自然的傳統家庭與學校無法對這些少年產生約束力，也因而帶來問題：逃家、逃學、加入不良少年團體。可以說，黑幫少年處在一個迷亂的社會情境裡，他們失去與社會制度

的連結，也失去了對正常社會參與的情感，少年加入黑幫是這種情境的
產物。

黑幫小弟的角色

前述黑幫少年事件中，可以看到黑幫幾乎都擁有小弟，再舉些例
子，新莊的尊聖會館有九成是小弟；在台北市東區酒店拿木棍圍毆酒店服
務員的也都是小弟。可以說，小弟是黑幫不可或缺的，小弟可以在黑幫做
事，幫他們跑腿、買菸、買檳榔；小弟也可以用來鞏固黑幫勢力地盤，這
時，小弟就必須去討債、恐嚇店家、砸店，甚至去殺人。

以下說明黑幫中小弟的角色。

廣義地說，黑幫小弟是 18 歲或 20 歲以下的青少年，他們具學生身
分，但很多則是中輟生。小弟並不一定是幫派分子，但經常出入黑幫組
織，也參與黑幫活動。一位律師曾告訴筆者說：「在高雄的一大型黑幫
中，他們手下小弟約有 300 人。」可知，黑幫都擁有小弟，黑幫越大，需
要的小弟就越多。

我們知道，黑幫組織中有許多的分工與階級，竹聯幫的總堂主、總執
法、總護法、總巡查，也有四海幫的主任委員、副主任委員，以及天道盟
的會長、顧問、組長。但小弟在黑幫中並沒有特定職稱，主要是個工作的
角色，去買菸、買檳榔或者在賭場幫忙。

「小弟參加黑幫，一般是有老大的指示，舉個例子，明天有陣頭活
動，需要 50 人，這和我們的同鄉會活動一樣，有活動時，各鄉鎮要派人
支援，黑幫也一樣，每個堂口派出多少人，要給主辦單位面子，也往往是
自己實力的展現。」一位警官這樣跟筆者說。

顯然，小弟是黑幫老大的人手，幫黑幫老大做事，在黑幫裡發揮了他
們的功能。

　　許多小弟參加黑幫公祭活動，這逐漸成為黑幫喪禮的風潮。某年 7 月，天道盟鄭仁治，綽號圓阿花的出殯活動，共來了 60 名小弟（見星島日報，2014-7-30）。2005 年，黑幫角頭許清海的喪禮，黑道各派的大哥、小弟來了近萬人（見 TVBS 新聞，2005-5-30）。2012 年底，四海幫楊玉彬的喪禮，也是各派大哥、小弟都來，那次警方帶回 190 名小弟，後來都通知家長帶回家（見星島日報，2012-12-24）。

　　參加陣頭也是小弟在黑幫的活動之一。八家將陣頭是台灣民俗活動之一，由八位將軍，他們是陰間的神明，負責捉邪驅鬼，保護主神。

　　八家將需繞境出巡，以鎮煞安定社會。只是出巡時需要很多人，有敲鑼、打鼓、拿旗子的，以及裝扮各種神明、判官的，這時少年在陣頭可以做上述的事，也就有了他們的角色。

　　Cloward（1959）、Cloward 與 Ohlin（1960）說，個人無法用合法方法達成成功，但如果有非法的機會，讓他們可以用犯罪的方式成功，犯罪便會出現，也會形成犯罪的文化。一樣的道理，一個學生，他不喜歡學校，來到學校就是睡覺，否則就蹺課到校園外參加活動。可是離開了學校，少年總是要有事情做，最好是能工作賺錢，讓他們能生活，這時，加入幫派，參加陣頭，至少解決了他們生活的基本需求，也讓不喜歡上課找到了合理化的語言。

　　陣頭的活動提供中輟學生一個活動的機會，讓他們不會像在學校一樣無聊透頂，更重要地，陣頭也提供他們賺錢的機會，讓他們可以不必依靠父母地自己生活下去。黑幫參與的廟會活動能讓少年一直留下來，同時廟會活動也凝聚他們的共同情感，讓他們找到自己的認同感，讓他們覺得那個地方是他們的未來與希望。

　　的確，少年在黑幫找到了他們參與的機會與角色，一位受訪警官這樣對筆者說：「在黑幫因為有陣頭，才會有少年。」他也說：「有很多的會

館派人手參加八家將、打鼓、拿旗，確實都需要人手；另外，參加公祭、出殯也是他們的活動之一，也是需要人手。」

然而，因為參加陣頭的成員有些是幫派分子，使民俗活動偶爾發生幫派衝突與打架的事件。2013 年 4 月，彰化一場廟會活動發生兩方陣頭打群架（見 TVBS 新聞，2013-4-2）；同年 10 月，台中發生陣頭鬥毆事件，那次還讓警察鳴槍制止（見華視新聞，2013-10-15）。

黑道要找小弟也不大容易。黑幫派小弟參加陣頭是宗教目的的需要，參加喪禮則是社會風俗的需要，都需要小弟，只是一般學生不會參加陣頭或喪禮，黑幫只好找學校中輟生，但由於教育部對中輟生的追蹤及輔導復學有嚴格的規範，要找小弟也不容易，也因此，黑道連中輟生也找不到時，便動用暴力，強押學生充當小弟。2011 年 6 月，台北市天道盟「魁興會」，他們到新北市蘆洲國中強押兩名學生，逼迫他們到基隆市當陣頭，隔日才放人（見自由時報，2011-11-22）。

有些小弟在黑幫的功能有限，黑幫並不一定要他們。「很多少年只是來參加活動而已，他們在黑幫的大型活動中並沒有太大功能，主要在於壯大黑幫聲勢，很多少年其實是沒有作戰能力的，他們膽子很小，這看電視就知道，當少年被警方帶到警局，單獨隔離與詢問，這時少年都把頭低了下來，他們內心其實是很害怕的，和剛才參加活動時的囂張行徑是完全不同的。」這位受訪警官這樣說。顯然，黑道找小弟時，他們也要精打細算，看是否划得來。

也因為小弟在黑幫的功能與工作內容的不同，他們的待遇也有差異，一位曾擔任過黑道小弟的人在網路上說：「如果是出陣，一次是 500 到 800。至於討債，這要看有沒有討回來，沒有的話，就什麼都沒。如果討到了錢，其中的四分之一就發給出去討債的人。至於公祭，是沒有錢的，頂多就是發一件衣服，或一個便當而已。另外，出去打架通常也是沒

給錢的，電話一來，就衝了出去，受傷時，會給 600 到 800 的。」（見批
踢踢實業坊，無名氏）這位小弟也說這是十多年前的行情，但他說，現在
他已改邪歸正，離開黑道，不做小弟了。筆者認為這幾年台灣整體薪資調
漲，上述應該已經不是今日黑幫小弟工作收入的行情，但也不會太高。

暴力次文化：砸店、打架、尋仇

學者 Cloward（1959）、Cloward 與 Ohlin（1960）強調，少年用不合
法的方法追求成功，這帶來不同的犯罪文化。這兩位學者指出，少年有從
事犯罪活動的犯罪次文化，有使用暴力的暴力次文化，以及就連非法達到
成功的機會都沒有，他們成為吸毒者、流浪漢的退卻次文化。

筆者發現，由於犯罪機會結構的不同，台灣黑幫少年出現了三種次文
化，包括：暴力次文化、犯罪次文化，以及毒品次文化等。三個黑幫少年
次文化也與黑幫獲取不法利益之本質及暴力控制地盤有關。

在筆者自行蒐集的 21 個幫派事件中可發現，黑幫少年的暴力活動最
多，最為明顯，其中有 9 個案件涉及暴力毆打，4 個案件涉及單純的尋
仇，暴力明顯是黑幫少年次文化特色；此外，校園暴力也是明顯的黑幫少
年次文化特色，筆者研究的 21 個幫派事件中，有 5 個案件涉及校園霸凌
暴力。

遭到警方逮捕的黑幫少年事件中，有 11 個案件使用木棒、棒球棒等
暴力工具，有 5 個案件則發現有西瓜刀、短刀、折疊刀等暴力工具。

另外，也有 5 個案件，警方發現黑幫擁有槍枝或使用槍枝。在太陽
花學運時，鬧場飆車少年手上拿的是西瓜刀與折疊刀（見三立新聞網，
2014-3-28）。

暴力次文化是一種少數的族群或團體的行為模式，暴力是其成員的生
活方式，也作為生活的基礎，這是犯罪學者的論點（Wolfgang & Ferracuti,

1967）。暴力次文化強調，團體成員用暴力來解決生活上的問題，例如，在學校，黑幫少年功課不好，沒有交報告，他們就和老師頂嘴，讓老師不喜歡管他們。他們在學校也沒有朋友，就使用暴力，讓人家怕他、注意到他。在校外，他們要收保護費、要尋仇，便拿棍子，用暴力達到目的。如果在網咖和別人發生衝突，也是以暴力解決。簡單說，暴力次文化是黑幫團體成員生活的依據，也是他們所接受的生活方式，自然成為黑幫團體的規範與價值觀。

黑幫的暴力在很多學術論文都有被提到（Geis, 1966），台灣黑幫暴力本質事實上也是一樣的，周文勇（2007）的研究便指出，幫派間之對立與衝突是很正常的，因為幫派彼此之間為了利益爭奪，經常使用槍械攻擊來得到地盤。

地盤是黑幫的勢力範圍，也是他們從事犯罪活動的地方。地盤有實體的店面、公司行號，例如：舞廳、賭場、攤販；有些地盤則只有活動，沒有實體的東西，例如：介入工程、收取市場保護費、圍標、綁標等。不管如何，黑幫需要擁有地盤才能生存，這時小弟是鞏固地盤的要角，尤其小弟年輕、氣盛、容易使喚，去打架甚至殺人，幫黑幫取得地盤，也因此，黑幫的暴力活動經常有小弟出現。

筆者自己蒐集的幫派少年資料中，幾乎都可看到暴力的使用，他們的暴力方法主要是砸店、恐嚇，也有用打的，而如果你違反規矩，就用罰。2010 年 5 月，新莊區的尊聖會館不良幫派，他們對於任何要脫幫的，就以暴力對待，更用插肛門之極刑，以鞏固幫派向心力。同年 6 月，三峽區竹聯幫竹風會就使用賞令、罰令對待他們的成員。

黑幫少年也在校園使用暴力，2011 年 5 月，苗栗縣兩名中輟生唆使四名男生持槍進入校園尋仇，流彈還傷及學生。同年 9 月，桃園市竹聯幫黑家派也涉及校園霸凌、性侵女同學，遭到警方逮捕。2013 年 2 月，海

洋笑臉（少年）幫在校園裡打群架，稱為「車拼」，已影響校園安全。另外，2010 年 6 月三峽地區的竹聯幫竹風會在校門口開電玩店，學生沒錢打電玩，就向他們借錢，如果沒還錢，該幫派就在校園裡以暴力方式向同學收取高利貸。

發生在 2010 年 12 月的桃園八德國中校園霸凌事件，一位在電視上接受訪問的學生表示，黑幫少年在他們校園裡，只要他們看不順眼，他們就打人（見民視新聞，2010-12-22）。黑幫少年在校園裡吊兒郎當，專門欺負那些外表弱小、他們看不順眼的人，這讓同學們害怕，明顯構成校園安全威脅。

木棍是黑幫少年最常使用的打架工具，在筆者自行蒐集分析的 21 個黑幫少年事件中，有 11 個事件看到木棒，尤其是棒球棒的使用占了超過一半的比例，有 52.4%；使用西瓜刀有 5 個案件；使用槍枝也有 5 個案件，各約占 23.8%。很明顯地，木棍是黑幫少年暴力的重要工具。

「小孩子使用木棍，主要是因為，第一，刑責較輕。拿棍子和用槍，基本上不一樣，拿棍子，法律風險變低，因為拿棍子只要不出手，就不會有事情，但是拿刀或拿槍，法律上來說，構成了殺人罪。而事實上，拿刀、拿槍也很容易出事情，一不小心，就傷人、出事，帶給幫派老大麻煩。」一位受訪警官說明黑幫少年使用木棍的理性因素。

「小孩拿棍子被逮捕時也是笑嘻嘻的，他們無所謂，可能他們也知道會有警察找上門的結果；另外的原因是構成犯罪的條件不是太明確，檢察官很難起訴，而如果被起訴，判刑可能也比較輕。」這位受訪警官繼續說明黑幫少年使用木棍的理性因素。

黑幫少年使用木棍的另一個理由是：方便性。木棍隨時可以帶在身邊，隨時可以帶著出去作戰，尤其小孩本身比較容易衝動、被煽動，往往大哥一通電話，他們拿著木棍就衝出去了。木棍的方便性，加上小孩好利

用，容易被大哥使喚，這讓木棍成為黑幫少年的必備武器，也是黑幫少年次文化的一個特色。

少年在黑幫扮演暴力要角，他們砸店、尋仇，看不順眼的就打，這是他們的生活方式，他們用暴力解決問題，用暴力求生存，因而形成了黑幫少年次文化。這樣的次文化對黑幫鞏固地盤來說是必要的，也結合了少年成長過程中易衝動的個性，讓少年用狠角色的方式呈現於黑幫社會中。

犯罪次文化：討債、恐嚇

黑幫少年拿棍子砸店討債，恐嚇強收保護費，他們也販毒，犯罪是他們生活的重心，形成了特有的次文化。依據 Cloward（1959）、Cloward 與 Ohlin（1960）的理論，犯罪次文化是犯罪機會的產物，尤其黑幫社會，犯罪是他們存在的主要目的，討債、恐嚇、經營賭場、色情、販毒，這些都是黑幫世界最核心的活動，而少年加入黑幫，自然就有參與犯罪的機會，因而形成犯罪次文化，犯罪成為黑幫少年生活的重心。

犯罪次文化是黑幫少年共同的信仰、價值觀及生活旨趣，它支撐黑幫少年的共同情感，也凝聚黑幫少年的向心力，只是這樣的文化對社會來說是負面的，充斥著暴力，破壞法律與社會秩序，更傷害社會公平與正義的重要價值。

一位受訪警官指出黑幫少年主要的犯罪活動，他說：「少年主要的犯罪行為是暴力討債、恐嚇，以及販賣毒品，出門討債、賣毒、勒索，這是少年最常見的犯罪行為，只是在這些犯罪活動中，他們都不是主角，都是由黑幫的老大命令、指使。」

這位警官也說：「通常，少年去敲店家的玻璃，不過並不是每一個少年都有那個勇氣與膽量，很多人膽小如鼠，被帶到警察局時頭都低下來，完全沒有之前囂張的氣焰。也因此，老大喜歡找 17 歲、18 歲的，當兵前

沒事情做的或者當兵回來的，這些人的膽子大，才能做事情。」

顯然，犯罪活動不是每個少年都做得來，只有少數人夠狠、有膽量敢去打架、殺人、恐嚇勒索、收保護費，這些活動充斥著風險，一不小心就會被殺或被逮捕、被關。有些黑幫少年的年紀太小，沒有經驗，膽子又小，不敢犯罪，他們沒有辦法用犯罪的方法達到黑幫的期望，這時就會離開黑幫，也就沒有犯罪次文化的問題。

以下是黑幫少年暴力討債的報導：2007 年 3 月，六名中輟生少年大白天在新竹大馬路上拿著棍棒砸車，他們如此暴力，就是為了討債。現場員警說：「你看他的行徑就知道了，非常囂張，根本沒有把法律看在眼裡，大白天裡就這樣公然地持棍棒，在大街、大馬路就打起來。」（見 TVBS 新聞，2007-3-28）

2011 年 12 月，高雄市警察局拘提 11 人，主嫌為一個有殺人前科男子，他成立討債集團，招募小弟約 10 人，用潑漆、砸店的方法恐嚇被害人（見中廣新聞網，2011-12-7）。黑幫成立討債公司，利用少年，要他們到第一線用暴力向債務人討債。

上述討債問題與法律上的債權與債務有關。欠人家錢的是債務人，向人家要錢回來的是債權人，銀行通常是最大的債權人，因為很多人向銀行借錢。依法，債權人有權利向債務人要回財產，但我們經常看到銀行收不回來，這時，多數銀行就用整批的方式把他們的債權便宜賣出，並由買到債權的公司來「催收」。依據法律，催收帳款絕對不能使用暴力，但一些催收公司找上黑道，使用暴力討債，賺取高額利潤，也讓少年拿棒棍、潑漆、敲玻璃，走上恐嚇、毀損、傷害等犯罪之路。

黑幫少年也經常恐嚇商家收取保護費。苗栗縣警方在 2012 年 2 月逮捕了 16 名少年，因為這些少年半夜在空蕩蕩的街道上拿油漆往店面潑灑，受害店家整個門面被毀，新聞報導說，這些少年潑漆、砸店，其目的

在於索取保護費（見華視新聞，2012-2-3）。

　　少年動手打人，強收保護費，或砸店、潑漆暴力討債，這是在黑幫世界裡很普遍的犯罪模式，為黑幫少年次文化。然而，少年在暴力事件裡往往不是主角，而是配角的角色，他們是接受黑幫老大的指使去犯罪。

　　黑幫少年年紀輕、沒有財力，他們無法獨當一面，無法用合法的方式賺錢，他們能夠發揮的功能就是被黑幫利用，以暴力與犯罪的方式達到成功。顯然，在黑幫少年犯罪次文化中，他們主要扮演的是被支配的角色。

　　在黑幫世界以暴力決定地盤，他們用人類最原始的方式競爭，他們以武器、勇氣、拳頭決定勝負，而不是比一般社會上的能力與知識，如此有膽量、也夠狠的少年，自然會想當黑幫老大，他們不要當配角、做小弟。2013 年，在高雄遭到警方逮捕的海洋笑臉幫，幫主只有 24 歲，副幫主 17 歲，警方因為該幫涉及圍毆傷害，逮捕該幫所有的成員，共 14 位，其中有 11 位為未成年少年，占四分之三的比例。這個以少年為主體的幫派，主要是圍毆打架，如果在校園裡有人撞到他們幫派的成員，或者該幫派的成員看他人不順眼，便在下課放學後在校外毆打被害人（見蘋果日報，2013-2-24）。

　　新北市也有少年自組幫派，20 歲的王姓少年，2006 年時在板橋地區崑崙公園涼亭內成立「保聖幫」，在網路部落格以「保聖企業」為名吸收國中生，警方說這個幫派很有規模，有幫主、會長，也有女隊長，共約有 60 名成員，多數是青少年。該幫派主要是利用中輟生組成鑼鼓隊，去參加廟會活動或參加公祭，從中牟利。後來不到一年，保聖幫因涉及打群架，遭警方逮捕共計 35 名成員（見中國時報，2007-11-19）。

　　黑幫少年要自組幫派、壯大自己成為大咖、有自己的事業、地盤，這並不容易，一位受訪警官說：「現在很少由小咖到大咖的，除非是刻意地栽培才有可能，例如，父親是地方角頭，有自己的生意、合法的事業，

保全、土方工程的事業，把這些交給下一代。如果不是，少年要有自己的天下，這是不大可能的。今天的小朋友沒有這樣的機會，只是靠單純地殺人成為大咖，這玩不來。因為，第一，現在不同於過去，現在的家庭小孩少，都被寵，沒有膽量打架；另外，父母也管得嚴，小孩要是去打架，沒多久就被父母知道了。第二，現在警察抓不良少年也抓得緊，一旦發生事情，就被抓走了。」

上述家庭人口結構的變遷確實衝擊到黑道生態，以前家庭人口眾多，只要有廟會活動，就有很多少年參加，盛況空前，但現在家庭人口變少了，黑幫要找少年的困難度也跟著提高，也因此黑幫用各種方式與理由來控制少年參加他們的活動，有些時候還得使用暴力。

犯罪是黑幫的生活方式，少年加入黑幫，自然也被要求要過著犯罪的生活，去潑漆、打架、恐嚇、勒索甚至殺人，這樣才能被黑幫接受，黑幫少年學會了用暴力解決問題，形成了黑幫少年次文化。犯罪學上來說，次文化是機會的產物，是人類社會適應生活環境的結果，少年參與黑幫，有了犯罪機會，就逐漸用這種方式生活，如果少年沒有膽子、不敢打架，無法滿足黑幫社會的期待，黑幫也就不會讓他們去打架、砸店甚至殺人，沒有這機會，這些人最後都選擇離開，也就沒有犯罪次文化了。

毒品次文化

2014 年 1 月至 5 月的所有少年刑事案件涉案人共有 225 人，違反《毒品危害防制條例》的共有 134 人，占超過一半的比例，為 59.6%，該比例又比 2013 年的同期高出 10.3%（法務部刑事政策與犯罪研究資料庫，2014），可見少年犯罪事件中，毒品犯罪的普遍性與嚴重性。Mcillwain（1999）的犯罪學研究顯示，黑幫世界充斥毒品，尤其黑幫集團控制全球的毒品市場。

　　台灣的研究也指出，PUB 內的毒品絕對與黑幫有關，尤其黑幫為了將走私的搖頭丸賣出，他們自己投資搖頭店，販賣給青少年，這使得黑幫成為台灣走私毒品的幕後老闆（馬財專，2002）。另外，黑道幫派以毒品吸收學生入會，使少年問題變得更加複雜，難以控制。總之，毒品是黑幫社會很容易看到的東西，是黑幫重要次文化，而這裡要討論黑幫少年與毒品的關係。

　　毒品受到任何政府嚴格地管制，毒品的生產、擁有、交易及吸食都是違法的，但也正因為是違法的，使毒品對黑幫來說變成很有價值的東西，黑幫走私、販毒，獲取高利潤，這正是黑幫重要的文化特色。毒品在黑幫有兩個功能：

　　第一，毒品等同金錢，可以作為小弟的工資，也可以作為買賣交易的替代貨幣；而有一些人，尤其是販毒的藥頭，他們以毒品來交換黑幫的保護。

　　第二，毒品是黑幫權力控制的工具。過度吸食毒品會產生毒癮，這些人精神恍惚、意識模糊，嚴重的往往會躺在地上滾來滾去，痛苦萬分，因此，有毒癮的人迫切需要金錢買毒，如果沒有錢，他們唯一的方法就是去犯罪以解決毒癮問題。黑幫利用毒品這特性來控制人，尤其是那些在黑幫中沒有地位的小弟或妓女，讓他們吸毒、上癮，控制他們，並要他們去犯罪，為黑幫賺錢，以下便是這樣的例子：

　　2011 年 1 月，新北市警察局少年警察隊逮捕「竹聯幫熊堂」的童姓幫派分子及共犯 12 人，警方發現，該組織成立「SEXYDIAMOND」經紀公司，吸收逃學、逃家的少女，提供毒品予少女施用，待少女染上毒癮之後，再以各種名義逼迫少女簽下本票，仲介少女至酒店從事脫衣坐檯陪酒、傳播或賣淫

工作，賺錢還債（見華視新聞，2011-1-28）。

　　2011 年 1 月，台中警方逮捕大毒梟馬淑娟，警方也發現，這位大毒梟專門用毒品來吸收、控制小弟，並讓小弟替她販毒（見中國時報，2011-1-14）。

　　黑幫世界的少年似乎和毒品脫離不了關係，出去打架時要先使用毒品；有慶祝活動，毒品也是必備之物。至於更危險的毒品交易，黑幫少年也有介入，主要是充當毒品交易客，把毒品放在少年出入眾多的地方，例如：KTV、網咖，供購買。總之，黑幫少年並不一定就要吸毒，但在黑幫的少年一定會碰及毒品，毒品次文化因而形成，這也是黑幫世界犯罪機會的必然結果。

　　從前述案例分析可得知，毒品是黑幫世界不可或缺的，黑幫從事毒品的販賣，獲取暴利，黑幫也把毒品作為權力控制的工具，支配黑幫的成員，然而，黑幫對毒品既是愛，又是恨，愛乃是因為毒品可以帶來太多的利益，任何黑幫不會放棄毒品交易的市場；恨則是因為如果黑幫成員吸毒染上毒癮，這時有毒癮者往往情緒變得不穩定，非常暴力，也很難控制，甚至為了吸毒而犯罪，讓警察找上門，對黑幫來說，這絕對是個麻煩。總而言之，毒品深植黑幫世界，是黑幫不能切割的一環，青少年在黑幫中自然有機會接觸毒品，甚至吸毒，這便成就了黑幫少年毒品次文化，也對整個社會以及對青少年族群造成巨大影響。

結論與防制建議

　　本章探討黑幫少年的行為模式，我們強調，少年在學校、家庭所經歷的迷亂情境，是導致少年加入黑幫社會的重要原因，我們同時也強調，少年往往以小弟角色參與黑幫，也因為他們在黑幫的犯罪機會不同，發展出

暴力及犯罪次文化；亦即，少年用暴力及犯罪的方式解決問題，滿足黑幫對他們的期待。另外我們也強調，黑幫少年將他們在黑幫所學得的暴力與犯罪方式帶入校園，造成校園霸凌事件的發生，威脅學生安全，成為學校棘手的問題。而黑幫少年功課不好，不喜歡學校，無法適應學校生活，也與一般學生處不來，成為學校的頭痛人物。

黑幫少年更汲汲營營地到校園招兵買馬，吸收青少年，尤其是中輟生，來壯大幫派的勢力，這已經成為台灣幫派發展模式，該發展值得學校正視。隨著時代的變遷，少年要在黑幫有發展、要成為大咖並不容易，在黑道世界，少年還是得依附在黑幫老大之下，他們只是配角，不是主角。

我們也強調，黑幫少年與毒品密不可分的關係，這種次文化是黑幫社會犯罪機會的產物。黑幫利用少年販售毒品，黑幫也利用毒品控制少年，黑幫少年在這樣環境下不可能不接觸毒品、不受到毒品的影響，任何關心青少年問題的人都必須正視此問題，並防止毒品帶給青少年甚至對整體社會的傷害。

筆者提出黑幫少年問題的解釋模式，強調少年在家庭與學校的迷亂情境，導致青少年不良的社會適應，出現逃學與中輟問題，進而加入幫派團體。另外，黑幫犯罪機會的因素，使得暴力、犯罪及毒品成為少年的一種生活方式，他們也在這樣的文化下社會化，接受犯罪的價值。因此，任何防制黑幫少年的建議，必須思考少年在社會結構上的競爭與適應問題，同時也必須從少年在黑幫的犯罪機會與犯罪學習的問題著手，方能找到解決的方案，具體防制策略建議如下。

少年犯罪持續執法與控制

犯罪控制在於嚇阻少年參加黑幫組織，是防制犯罪的重要策略，因此警察機關應持續執行掃黑工作，除了警方取締賭博電玩及色情行業的「正

俗專案」外，也應持續執行教育部的「強化維護校園安全工作」計畫，控制少年犯罪問題。

　　警察機關應該積極地把中輟生找回來，交由社工員輔導他們回到學校。另外，現在有很多少年在網路上成立幫派，號召少年加入，揪眾飆車，打架滋事，警察機關也應進行網路巡邏，將網路幫派列為防制少年犯罪之重點。

　　教育部實施的「春暉專案」也是黑幫少年控制工作的一環，對於在學校行為乖劣，帶刀、木棍來學校者，通知家長，並送交警察機構了解與處理。

強化黑幫少年與家庭、學校的連結

　　強化少年與家庭、學校的連結是預防少年加入幫派最為核心的概念。如果少年在意父母、喜歡家庭，少年在學校有朋友、喜歡老師、喜歡學習，就不會蹺家、逃學而成為中輟生、加入幫派。雖然很多黑幫少年有家庭關係的問題，也有學校適應的問題，但任何少年犯罪防制策略仍必須回到少年成長最關鍵的兩個制度——家庭與學校，建立起功能，讓少年順利成長，這是解決黑幫少年必須著力的地方。

政府對黑幫的打擊要持之以恆，並且要擴大

　　沒有犯罪機會就沒有犯罪的發生，沒有黑幫也就沒有黑幫少年，黑幫提供少年犯罪機會，打架、砸店、販毒，使黑幫的勢力不斷地擴大，因此只有抑制黑幫的成長，才有減少黑幫少年的可能。

　　黑幫腐化社會，威脅一般人的生活秩序，更破壞社會的公平與正義原則，任何政府都不能容忍，因此警察機關打擊黑幫的政策，例如：「正俗專案」、「治平專案」，必須持之以恆，並列為警察機關工作重點。

青少年吸食毒品的防制

　　黑幫少年與毒品密不可分的關係使得防制少年吸食毒品必須納入校園的防制工作中，毒品防制的最高原則是降低需求、抑制供需，因此學校要執行現行尿液篩檢及輔導作業要點。另外，青少年聚集的地點，例如：網咖、KTV、PUB 等地方，警方必須有效控制，讓青少年沒有接觸毒品的機會。

　　2023 年 5 月 1 日修正的《各級學校特定人員尿液篩檢及輔導作業要點》規定，各級學校應成立「春暉小組」，由校長主持，除規劃防止毒品進入校園之作為外，並積極尋找校內外輔導資源，協助學生脫離毒品危害。該作業要點並訂有建立尿液篩檢特定對象的法定程序，稱為「特定人員」，由老師、輔導人員，或由學生法定代理人的反映提報，並經審查會議通過後由校長核定，學校這時可對這些「特定人員」進行尿液採驗，而如學校發現學生有施用或持有不明藥物，或學生之生理及生活狀態有可能為施用或持有毒品之情形者得隨時進行採驗。

教育仍是防制黑幫少年的最佳策略

　　教育使小孩成長、學習知識與能力，教育也能夠帶給少年價值觀改變，是少年犯罪預防工作的最上策，因此我們仍要用教育方法改變少年，把他們帶回學校，讓他們接受教育，遠離黑幫。

參考書目

朱儀羚（2003）。犯行青少年之自我敘述與自我認定。中正大學犯罪防治研究所碩士論文。

吳嫦娥、余漢儀（2007）。變調的青春組曲：青少年加入成人幫派之探討。臺大社會工作學刊，15：121-166。

周文勇（2007）。幫派入侵校園之研究。中等教育，58（5）：30-54。

法務部刑事政策與犯罪研究資料庫（2014）。毒品案件統計，103 年 1-7 月。http://www.criminalresearch.moj.gov.tw。

侯崇文（2001）。家庭結構，家庭關係與少年偏差行為探討。應用心理研究，11：25-43。

馬財專（2002）。組織性犯罪：社會網絡分析的考察與初探。犯罪與刑事司法研究，1：97-124。

程敬閏（2004）。青少年加入幫派之危險因子、情境脈絡與幫派生涯歷程之研究。中正大學犯罪防治研究所碩士論文。

維恩（2014）。我會有自信。新竹縣教育局中輟輔導網。

Cloward, Richard (1959). "Illegitimate Means, Anomie, and Deviant Behavior," *American Sociological Review*, 24: 164-176.

Cloward, R. & Ohlin, L. (1960). *Delinquency and Opportunity*. Free Press.

Cohen, Albert (1955). *Delinquent Boys: The Culture of the Gang*. Free Press.

Durkheim, Emile (1997). *The Division of Labor in Society*, translated by W. D. Halls. Free Press.

Geis, Gilbert (1966). "Violence and Organized Crime," *The ANNALS of the American Academy of Political and Social Science*, 364(1): 86-95.

Mcillwain, Jeffrey (1999). "Organized Crime: A Social Network Approach," *Crime, Law and Social Change*, 32: 301-323.

Sutherland, Edwin (1937). *The Professional Thief*. University of Chicago Press.

Thrasher, Frederic (1927). *The Gang: A Study of 1,313 Gangs in Chicago*. University of Chicago Press.

Wolfgang, M. & Ferracuti, F. (1967). *The Subculture of Violence: Towards an Integrated Theory in Criminology*. Social Science Paperbacks.

第五章

認識校園霸凌

霸凌問題的時代背景

霸凌是古老問題，卻是當代學術發現與新興社會議題。霸凌在世界各國都有，且也都存在很長時間，但是將霸凌問題、霸凌衝突處理甚至衝突預防等作為實務專業，以及視為科學研究領域，則是晚近的事，霸凌問題研究有下列幾個背景因素：

第一，台灣社會走向民主，人權思潮抬頭，身體不受傷害觀念興起，自然不能容忍霸凌。台灣於 1987 年 7 月 15 日解嚴，從高度控制社會走向自由與民主，人權抬頭，身體權出現，身體不受傷害更是小孩子的基本權利。

第二，保護小孩的觀念興起，霸凌傷害小孩的學習與成長。台灣社會人口少子化趨勢明顯，從 1987 年的 33.3 萬下降到 2018 年的 17.7 萬，2021 年更降到 15 萬，2022 年為 13.7 萬，內政部剛公布的 2023 年新生兒數為 13 萬 5,571 人，創歷史新低紀錄，家庭小孩子人數少，小孩地位更顯重要。如此，小孩在學校學習環境安全問題受到父母高度關注，家長無法容忍任何威脅到小孩學習與成長的行為，霸凌概念在此背景下出現。

第三，1970 年代早期，挪威心理學者 Dan Olweus（1931～2020）開始有系統地在北歐斯堪地那維亞地區（Scandinavia）進行校園霸凌研究，資料來自他長期研究的五個實證數據，有 1,000 位 12 歲到 16 歲的男生參與。他的研究指出，校園中有高比例霸凌問題；此外他也發現，霸凌參與者具

有攻擊性的人格，以及霸凌過程中具有社會心理機制，意圖傷害對方或讓對方不愉快，也用各種方式，例如身體的、語言的、臉部表情的或拒絕的動作等表示之。Olweus 將這些發現於 1973 年以挪威文出版——《霸凌的了解與研究》（*Understanding and Researching Bullying*），校園霸凌議題開始受到重視（Olweus, 2011）。1978 年，Olweus 以英文在美國出版《校園攻擊：霸凌與替死鬼》（*Aggression in the Schools: Bullies and Whipping Boy*）。1993 年 Olweus（1993, 2013）再度出書，寫了《校園霸凌：我們知道什麼暨可以做什麼》（*Bullying at School: What We Know and What We Can Do*），這是一本用科學方法探討校園霸凌的專門著作，同時提出校園霸凌預防的科學建議，這對科學研究與實務工作者很有幫助；這本受到喜愛的暢銷書帶來重大影響，引起學術界對校園攻擊與霸凌問題的興趣與重視，尤其這本書被譯成 20 種語言，使得校園霸凌議題受到包括日本、英國、澳洲、美國、台灣等國家廣泛關注，並成為學術研究新興議題。Olweus 是校園霸凌研究的先驅者。

第四，桃園八德國中校園事件的回應。台灣校園打架、衝突事件一直都有，然隨著校園暴力問題日趨嚴重，校園衝突問題也逐漸受到家長與學校的重視，教育部遂於 2001 年起推動改善校園治安計畫，其中納入校園掃黑，以防範幫派不良分子進入校園及帶來校園霸凌與暴力。而發生於 2010 年的桃園八德國中校園霸凌事件，女學生遭強拍裸照，老師被恐嚇、威脅，甚至有學生威脅要到學校砍人，這些問題震驚社會，成為霸凌議題出現的導火線。此事件又經各種媒體大幅報導，喚醒社會大眾認識到台灣校園並不安全。事件不久，2012 年教育部訂定《校園霸凌防制準則》以為回應，霸凌也正式成為教育與法律上的議題。

霸凌的幾個迷思

霸凌存在於我們社會已經有相當時間，無論是家長、老師或社會大眾都有一些特別的認知，卻多錯誤，需予更正，避免誤導。

第一，霸凌是一個孤立事件。霸凌不應只視為是一個孤立的、僅為個人彼此之間的衝突事件。事實上，諸多因素影響霸凌的發生，包括：家庭、學校、同儕或社區環境等。霸凌絕非是孤立事件，霸凌是社會過程中很多因素所造成的結果，我們必須從這角度了解霸凌，方能建構有效的霸凌預防工作。

第二，霸凌僅是加害人與被害人之間的衝突。霸凌涉及的受害人可能是班級、學校，甚至整個社會。很多人以為霸凌只有發生在加害人與受害人之間，但社會學家 Espelage 與 Swearer（2003）呼籲這是非常不正確的思考。霸凌是一個動態的過程，是一個社會關係的傷害，涉及家庭、整個班級，甚至社區、學校。

第三，對學生來說霸凌很正常，不用太擔心。的確，霸凌是社會過程中很正常的現象，但卻是不正常的、偏差的。霸凌衝突是我們每個人一生中都可能會遭遇到的事件，但霸凌對任何人來說是不正常的，是傷害的，會帶來難以抹滅的恐懼與害怕，也帶來焦慮、絕望與無助，甚至是自殺，對成長中的小孩來說更是一個最淒慘的情況。

教育部的霸凌反應

美國法律學者 Roscoe Pound（1997）曾說過，法是社會工程師，其目的在於解決問題，建立社會秩序，《校園霸凌防制準則》的立法背景源於校園內出現不良少年，尤其是黑道介入、吸收學生從事暴力討債或販毒，校園不寧靜，也影響學生學習權（侯崇文，2015；侯崇文、周愫嫻、林育

聖，2015）。行政部門在輿論壓力下訂定規範、做出回應，試圖維護校園秩序。

　　約於 1991 至 2005 年間，警方曾破獲多起幫派深入校園，尤其是吸收學生從事討債、販售毒品的犯罪事件，引起社會各界譁然，也迫使教育部於 1999 年 5 月訂定《防制黑道勢力介入校園行動方案》，此行動方案是教育部推動的校園新秩序政策，為《校園霸凌防制準則》之濫觴。

　　後來，黑道進入校園的問題仍未解決，2006 年 4 月教育部為了進一步防制校園暴力、藥物濫用及黑道勢力進入校園，修訂了原校園的行動方案，尤其是提高行政位階，訂定明確的政策規劃，《改善校園治安─倡導友善校園，啟動校園掃黑實施計畫》，其中，「霸凌」一詞首次出現，霸凌案件為校園安全事務涵蓋層面之一。

　　2012 年 7 月教育部再次提高黑道介入校園處理的位階，直接訂定防制霸凌專法《校園霸凌防制準則》，定義霸凌行為，台灣也正式以霸凌作為法律名稱，以突顯官方對校園霸凌問題的重視。

　　2018 年 9 月、2019 年 1 月，教育部召開二次的諮詢會議，接受立法院立委辦公室及教育部法制處的建議，將教師霸凌納入修正草案。

　　在進入立法之前，於 2019 年 6 月、2020 年 1 月，教育部做了二次歷年師對生案例的分析專案彙總報告，以說明教師霸凌學生的事實，並強化其立法依據。2020 年 7 月 21 日教育部正式修訂《校園霸凌防制準則》，納入老師對學生的霸凌，進一步確保少年在安全的校園環境中學習。該次準則的修訂除禁止生對生的霸凌外，同時也禁止老師對學生的霸凌。

　　《校園霸凌防制準則》反映著維護校園秩序的法律進化歷程，同時也反映時代保護小孩思潮日趨強烈的事實。

霸凌定義

霸凌，暴力行為的一種，用數學的概念是指暴力行為的子集合。

霸凌來自英文 Bully 的翻譯，劍橋字典（Cambridge Dictionary）謂：一個人的行為傷害或者驚嚇另外一個較弱小者或缺少權力者，強迫那個人做一些他們不想要做的事情。

教育部國語辭典上並未發現霸凌一詞，可知霸凌的使用是十分晚近的事。但辭典的欺負、欺壓、脅迫等名詞和霸凌是相當接近的。

基本上，霸凌是一種力量的行使，在於強迫、威脅、控制、嘲笑、讓對方感到害怕、不愉快甚至受到身體傷害。

霸凌有一個重要元素——權力（Power）。霸凌是身體或社會權力不平等的結果（Juvonen & Graham, 2014）。高大的對於弱小者的欺侮，人數多的對人數較少的甚至對於單一個人的欺侮，都是一種霸凌行為；大國對小國的威脅也稱為霸凌行為，例如：蘇聯對烏克蘭大軍壓境、中國飛機入侵台灣航空識別區等，在國際上都被視為霸凌行動。

Olweus（1978, 1994）定義霸凌為一個人重複性且具有意圖地用語言或惡意的動作去傷害另一不能為自己辯護者。據此，Olweus 認為霸凌具有下列三個重要特性：

第一，權力不對等（Power Imbalance）。攻擊者與被攻擊的對象，彼此在權力上不相等、不平衡。攻擊在於取得權力，控制另一個人。

第二，重複行為（Repeatedly）。在一段時間裡重複進行攻擊者。

第三，刻意的（Intentional）、惡意的、身體的，以及精神的攻擊。

台灣對霸凌的定義最為嚴格，也最為複雜，幾乎任何發生於小孩身上的敵意行為、攻擊行為都屬於霸凌，至於西方霸凌的主要特性，例如：權力不對等、重複性的暴力活動等，這在台灣似乎不是構成霸凌的主要元素。

　　2012 年 7 月教育部這樣定義「校園霸凌」：「指相同或不同學校學生與學生間，於校園內、外所發生之個人或集體持續以言語、文字、圖畫、符號、肢體動作或其他方式，直接或間接對他人為貶抑、排擠、欺負、騷擾或戲弄等行為，使他人處於具有敵意或不友善之校園學習環境，或難以抗拒，產生精神上、生理上或財產上之損害，或影響正常學習活動之進行。」

　　教育部的霸凌定義中，並未明確指出傷害對方的惡意與故意，這使得學校霸凌的處理範圍擴大，將疏忽造成的傷害亦納入霸凌的定義中。

　　此外，教育部對網路時代新興的電腦網路霸凌也做了回應，規定於 2020 年 7 月 21 日版的《校園霸凌防制準則》定義中。再者，為了更進一步保護小孩，霸凌定義也包括學校人員對學生的霸凌；惟霸凌僅界定為發生於學生身上之欺凌行為，校園裡老師彼此之間的霸凌行為則不在法律規範中。綜上，教育部新版本校園霸凌定義如下：「指相同或不同學校校長及教師、職員、工友、學生（以下簡稱教職員工生）對學生於校園內、外所發生之霸凌行為。」

　　台灣霸凌定義缺少權力不對等的特性，這是台灣霸凌定義和 Olweus 定義的第一個差異。其次，台灣霸凌定義中，故意似乎比 Olweus 的刻意、惡意、不能為自己行為辯護之定義更為模糊；如此，在台灣，好玩或遊戲帶來的損害都可以被解釋為故意，而構成霸凌。然 Olweus 認為，構成霸凌需要有惡意的意圖，排除不小心造成的傷害。第三，台灣將霸凌行為項目納入定義中，例如：言語、文字、圖畫、符號、肢體動作、電子通訊、網際網路或其他方式等，這是 Olweus 所沒有的。法律明確性是如此定義的主因，本質上在於達成霸凌行為的懲罰與行政輔導依據，但也讓《校園霸凌防制準則》被批評為迷你刑法。第四，台灣霸凌特別納入老師、職員對學生的霸凌。台灣禁止成人對學生的霸凌，規範對象明顯較

廣，但也讓家長經常對老師提出霸凌指控，威脅師生互動關係。

Olweus 強調，在一段時間裡，重複持續進行攻擊者稱為霸凌；而台灣也同樣以重複性的行為特質來定義霸凌，謂：「霸凌乃持續以暴力方式，直接或間接對他人故意之攻擊行為。」

簡單地說，台灣政府對於霸凌的定義反映了欺凌零容忍政策，幾乎任何發生於小孩身上的敵意行為、攻擊行為都屬於霸凌，除學生外，也包括老師、職員等都被禁止。另外，準則本質上也在於達成霸凌行為的懲罰與行政輔導的依據，明顯具有法律與行政管理目的。

霸凌的類型

霸凌通常有下列四個型態：

第一，身體霸凌（Physical Bullying）：包含打、踢、偷或任何肢體攻擊行為者。2010 年 10 月，高雄市一所國中的一位男生遭到八名同學欺負，男女都有，他們在他的便當裡吐痰，還對該同學拳打腳踢，這是身體霸凌事件。

第二，語言霸凌（Verbal Bullying）：用語言進行人身攻擊、威脅、羞辱者。台中某國小班級老師罵學生「禽獸、畜生」，這位老師用語言霸凌他的學生。

第三，關係霸凌（Relational Bullying）：用謠言方式意圖排除一個人的活動參與，或以任何形式排除一個人於團體之外。台北市某國小舉辦畢業旅行，有一位同學報名參加後，其他同學卻表示不願意參加，老師後來勸說這位同學不要去，讓所有同學可以完成畢業旅行，但當所有同學畢業旅行回來，這位同學受傷了，他遭到班上同學的關係霸凌。

第四，資訊霸凌（Electronic Bullying）：也稱為電子霸凌，任何發生於網路、電話或透過電子遊戲產生的暴力行為。新北市一所國中發生一起

網路霸凌事件，有一名女學生在部落格上被 30 幾名學生辱罵，這些學生並恐嚇要殺害她。這位女同學受到資訊霸凌攻擊。

　　學術研究上，有以情境定義霸凌者，發生於校園者稱為校園霸凌（School Bullying），發生於職場者稱為職場霸凌（Occupational Bullying），發生於醫院急診室者稱為護理霸凌（Bullying in Nursing），而發生於約會者稱為約會霸凌（Dating Bullying），各有不同的問題與特色。

霸凌衝突本質

　　犯罪學家喜歡用統計敘述犯罪問題本質，但他們知道，犯罪統計不能完全反映出犯罪真實情況，因為犯罪統計有犯罪黑數（Dark Figure of Crime）的問題，更多犯罪的人逍遙法外，並未進入司法系統。然犯罪統計仍是犯罪學家認識問題的依據，我們嘗試用以下數據說明霸凌問題的狀況，包括嚴重性認知、通報數字、被害經歷等。

　　霸凌嚴重性認知：橄欖枝中心研究指出，學生在不同類型霸凌問題的嚴重性認知上並不相等，其中，恐嚇威脅的霸凌最為嚴重，「在學校走廊隨機找人威脅要錢」，平均值為 4.56；其次是網路霸凌，「每天在臉書上發布美美是小賤人的訊息」，平均值為 4.48；再次是關係霸凌，「聯合班上同學整個月不跟婷婷交談」，平均值為 4.29。也可看出，同學對於身體受到暴力侵害的害怕與恐懼。另外，霸凌嚴重性認知和個人的背景因素有關，例如：學生的成績、家庭的教育、學校整體環境等；也因此，要降低同學們的嚴重性認知，還是要從教育著手。

　　橄欖枝中心 109 學年度的調查也再度支持過往的嚴重性認知型態的研究結果：在學生霸凌問題嚴重性認知上仍以肢體霸凌最為嚴重，其次是網路霸凌，第三嚴重者為關係霸凌。

　　通報：通報乃教育部官方統計。通報類型以肢體霸凌最多，語言霸凌

其次，關係霸凌第三，網路霸凌第四。顯然，人們把霸凌案子送到學校討論或處理者仍以暴力攻擊最多。同時也可看出，多數學生並不大理會日趨頻繁的網路霸凌。

通報件數在 103 學年度為 573 件，104 學年度為 620 件，105 學年度為 592 件，106 學年度為 533 件，107 學年度為 664 件，108 學年度為 791件，明顯增加的原因可能和教育部宣導與要求有關。依據教育部的規定，任何在未確認霸凌案件是否成立之前，學校都要通報；其結果，過去通報較少的語言霸凌在 108 學年度出現了最多的通報案件數。

通報確定率：指構成霸凌的機率，犯罪學上稱有罪率。108 學年度前，我們發現通報確定率以肢體霸凌為最高，網路霸凌最低，這顯示學校行政主管單位較不能容忍肢體霸凌，他們對肢體霸凌的處理共識也較高。

表 5-1 為 108 學年度校園霸凌通報統計，其中通報共有 791 件，確認霸凌者有 210 件，以語言霸凌 81 件、肢體霸凌 78 件為最多，網路霸凌有 18 件；整體的確定率為 26.5%，其中，以語言霸凌確定率最高，達到31.5%；其次為網路霸凌，30.5%；肢體霸凌確定率為 24%；關係霸凌為23.3%。108 學年度確定率和過往出現差異，反映了語言霸凌與網路霸凌問題逐漸受到大家關注，是人民意識與認知改變的反應。

橄欖枝中心研究指出，依據教育部之規定，學校在知悉校園霸凌事件時應立即通報，惟多數學校會先行了解後再通報，只有 13.2% 的受訪承辦人員表示不論事件大小皆會依據教育部之規定立即通報；顯然教育部和

表 5-1　教育部公告 108 學年度校園霸凌通報統計

108 學年度	肢體霸凌	反擊霸凌	語言霸凌	關係霸凌	網路霸凌	合計
通報件數	325	7	257	133	59	791
確認件數	78	2	81	31	18	210

學校對於通報態度有明顯差異。另外，學生家長主動啟動通報的案件也不少，父母介入學生在學校的學習與生活時，可能期待老師更重視他們的小孩，可能是為了換班級而主動提起通報，並不在意是否構成霸凌事件，或是學校如何介入輔導、幫助小孩學習成長。如此，如何在家長、學生、學校之間找到最合適的處理方式，讓通報更具有霸凌預防與控制之功能，這是大家要思考的問題。

被害經歷：橄欖枝中心的研究也指出，隨著年齡增加，被霸凌的經驗則逐漸減少，以 106 學年度為例，國小最高（23.18%），其次為國中（22.34%），高中職學生中疑似被霸凌比例最低（19.60%）。另外，男生不論是曾被欺負（57.88%）或是多次、持續被欺負（25.68%）的經驗都高於女生（52.05%；16.58%），其中以肢體暴力（1.71 倍）、言語暴力（1.65 倍）、網路暴力（1.44 倍）最為明顯，惟女生認為被欺負的比率也不低。

其他研究指出，很多被霸凌者自己也是霸凌者，而霸凌者很多也是被霸凌者，兩個團體有諸多相同社會人口特性。霸凌與被霸凌有相同行為模式，包含社會適應的壓力、緊張，以及家庭、社區、學校的社會化。另外，有學者強調霸凌與被霸凌相互影響的現象，對此，筆者認為兩者只是統計關係，因霸凌與被霸凌都源於相同的社會背景因素。

新興起的霸凌：網路霸凌

前述介紹的資訊霸凌就是網路霸凌，為新興的霸凌，數字、方式有增無減。

在美國發生一起網路霸凌事件，受害人是一位同性戀者 Tyler Clementi。2010 年，他從 George Washington Bridge 上跳下身亡，原因是他在 Rutger 大學的宿舍裡和另外一名男生親吻，這過程遭到二位室友偷錄

下來，並透過網路傳播，Tyler 無法承受來自網友的嘲諷，選擇自殺。

　　網路霸凌日趨嚴重，這已經是世界性的問題，尤其是發生於年輕人身上，他們正遭受騷擾、攻擊，並處於憂鬱、無法讀書的困境，一些人更因網路霸凌而自殺。橄欖枝中心過去曾對 5,598 位學生進行調查，發現：網路霸凌的嚴重性相當高，就「每天在臉書上發布美美是小賤人的訊息」，學生的嚴重性認知平均值高達 4.48，僅次於「在學校走廊隨機找人威脅要錢」的身體霸凌平均值（4.56）。

　　美國研究則指出，有33%的受訪學生表示他們是網路霸凌的受害者；更有研究指出，三分之二的年輕人表示網路霸凌是一個十分嚴重的問題。政府、教育工作者要正視網路對人們帶來傷害的問題。

　　此外，從教育部通報統計可知，103、104、105 三個學年度，網路霸凌占通報比例僅為 7.28%，排名第四，遠低於肢體霸凌的 33.61%，或語言霸凌的 22.97%，或關係霸凌的 15.52%。而 108 學年度的通報統計，國中學生網路霸凌通報的比例占 13.27%，多於關係霸凌的 7.08%，顯示網路霸凌已逐漸成為學生霸凌的重要議題。

　　隨著資訊科技時代的來臨，相信學生遭到網民酸言酸語、批評、謾罵、嘲笑等的問題會越來越嚴重；然而低報案率也反映出學生潛在的風險，不當處理可能會使學生受到傷害，究其原因，這可能與學生並不具預防意識或是學生認為無所謂，也可能與學生不知如何處理網路霸凌有關。總之，我們需要強化學生對網路霸凌的認知，學生要知道如何參與網路世界的活動，也要知道如何在網路世界中保護自己。

霸凌的社會情境成因

　　霸凌是一個社會學的問題，是許多社會情境因素造成的，包括參與團體的結構適應因素、學生互動過程中的社會化因素，以及學習環境區位

的集體效益因素等。我們特別強調，整合與多元的視野解釋霸凌，同時認為，犯罪學的迷亂理論、次文化理論、社會控制理論、緊張理論、中立化技巧、標籤理論等，在某種程度上都幫助我們了解霸凌問題。

橄欖枝中心的霸凌解釋更奠基於 Durkheim（1895, 2013）的社會事實方法學。社會事實是一個集體的東西，例如：文化、法律、道德、政治、家庭、宗教、行為規範等，它們都是活生生的東西，真實存在，並對人類行為產生約束與制裁作用，是社會秩序之依據。根據此論點，我們認為人必須和社會連結，必須參與社會分工，才能維持團體的共同情感、凝聚力與社會秩序。

校園霸凌是一個人與團體失去連結的結果，一個被排斥、隔離，在團體裡失去和同學關係，也失去他們參與班級活動的結果。橄欖枝中心以此論點推動修復式正義和解圈，我們鼓勵霸凌衝突當事人彼此見面、對話，嘗試達成和解，恢復關係。除此之外，我們更嘗試使衝突當事人和班級團體達成和解，積極建立支持團體，讓學生有參與班級活動的機會，不再受到排斥、隔離，以防制霸凌。

霸凌防制策略

第一，社會紀律窗模式（Social Discipline Window）。國際修復實踐學院（International Institude for Restorative Practices, IIRP）的兩位學者 Paul McCold 與 Ted Wachtel（2003），結合兩個行為變項——「控制」（Control）與「支持」（Support），建構管教四模式：1.懲罰（Punitive）；2.放縱（Permissive）；3.忽略（Neglectful）；以及4.修復（Restorative），稱之為社會紀律窗，是處理霸凌的可能模式。

「懲罰」為高控制、低支持，屬於高度管教與懲罰的方式，是應報的、嚇阻的、權威的，也是標籤的。

「放縱」為高支持、低控制，屬於鼓勵、放縱、無條件支持的方式。如果發現小孩的霸凌行為，他們不但不予責備，還積極幫小孩找藉口。放縱的處理方式是無條件支持、保護小孩。

「忽略」為低支持、低控制。當發現小孩有霸凌行為時，採取不作為的方式因應，是不作為的、漠不關心的，也是被動的。

「修復」為高控制、高支持。這除讓行為者負起責任外，也寄望透過合作修補犯罪帶來的人際關係傷害。修復的模式是合作的、重建的，也是再整合的。

McCold 與 Wachtel（2003）、Wachtel（2016）特別推薦修復式正義的霸凌處理模式，他們認為這是新的處理典範（New Paradigm），可以避免犯罪者遭受標籤，也可修正偏差行為，同時提供被害人補償，以及促進社區參與，增進彼此情感與連結。

第二，Thomas 與 Kilmann（1978）的個人衝突處理模式。Thomas 與 Kilmann 指出，面對暴力衝突出現的情境，一個人會面臨兩種層面的選擇：1. 武斷性（Assertiveness）：個人試圖滿足他自己的需要程度；2. 合作（Cooperativeness）：個人試圖滿足對方需要的程度。依據這兩種層面，他們建構五種個人面對衝突的處理方法，包括：1. 逃避（Avoiding）：個人選擇逃避，遠離衝突；2. 妥協（Accommodating）：個人犧牲自己，部分滿足對方，部分則滿足自己；3. 和解（Compromising）：找到大家可以接受的方法，但並非大家都能滿意；4. 競爭（Ompeting）：滿足自己的需要，犧牲對方的方式；5. 大合作（Collaborating）：一個大家可接受，且能滿足大家需要的方法。

兩位學者強調，沒有哪一個是解決衝突的最好方法，必須看問題本質及各種情境，小的衝突，退讓一下就可；嚴重的、涉及的人數多的，就必須選擇更為強勢的方法。但如果有一個兩全其美的解決方法，這時就可以

採取大合作的處理方法。

　　第三，以個人為中心的防制策略（Individual Centered Prevention Strategy）：這是目前防制霸凌的主流策略。通常透過社工人員、心理輔導員幫助霸凌及被害人，這些在教育部的防制霸凌準則中也有明確規範。以個人為中心的防制策略也包含霸凌防制意識（Awareness）的提升，從認識問題，了解目前霸凌的法律定義、通報、處理程序，以及學習一些碰到霸凌侵害需要防範的措施等，這是非常重要的防制策略。橄欖枝中心對校長、老師、輔導人員、家長等進行霸凌防制教育，也在於提升霸凌防制意識。

　　第四，社區集體效益的防制策略：這是強調校園環境內涵的霸凌防制策略。

　　哈佛大學社會學者 Sampson、Raudenbush 與 Earls（1997）提出集體效益的暴力解釋，指出社區環境的三個內涵：1.「弱勢集中，居住不穩定」為傳統的社區解組變數；2.「社會連結密度」指社區社團的數量、地方組織、自願團體數量或密度；3.「組織的基礎建設」指地方犯罪預防與控制的警察、學生學習的學校、社區整潔的環保工作、社區安全的消防等，他們都構成組織的基礎建設，有助於集體效益的提升。Sampson 等人（1997）認為，社區三個內涵可以促進集體效益、擴大社會控制力、減少暴力。而筆者的研究也支持該論點，發現：校園集體效益特性和學生的社會控制行為有關，集體效益高的環境帶來較多社會控制行為，如此，面對霸凌侵害時，在集體效益高的學校，學生會出現向霸凌者反抗或向學校老師提出告訴之行為。另外，我們也可以透過對於環境與建築物的設計，強化自然與人為之監控能力，例如，增加燈光、增設活動區域或特定時段關閉危險空間等，進而避免犯罪。總之，學校環境、社區集體效益因素在校園安全與社會秩序問題上扮演重要角色。

第五，認知行為治療的防制策略：認知行為治療需要心理輔導專家協助，聚焦於當下的解決情境，一個人的觀點、信仰、他們的生活方式等，找出替代的方式，讓一個人更能夠控制自己。

教育部平衡式防制策略

教育部的霸凌防制策略屬多元策略，筆者稱之為平衡式防制策略。該策略在於運用各種層面的努力，以確保霸凌預防系統效率平衡運作，帶給加害者責任感、受害者的補償，以及校園安全等，創造一個預防霸凌發生的環境。

教育部主要以下列五個層面推動：

第一，家庭教育面：建立親子關係，其中，打小孩、虐待小孩是教養最壞的示範。完整家庭有助於小孩成長；家庭社會經濟地位好、小孩有較好的教育資源，也有助於小孩成長，但良好家庭氣氛、親子關係則更是小孩成長的保障。

第二，學校行政面：參與培訓，以建立教職員工正確防制霸凌認知。學校訂定防制霸凌計畫，建立通報制度，召開因應小組會議。

第三，輔導面：透過心理諮商、社會工作及修復式正義等方法給予霸凌事件相關當事人輔導。

第四，校園空間環境面：建立友善校園環境，並在易於發生霸凌場所提高安全措施，強化標的物，預防犯罪。

第五，社區合作面：建立社區聯繫，與社區尋求共同解決周邊安全與生活環境惡化的問題。

平衡式預防的概念和 Olweus 的霸凌預防策略十分接近，Olweus 的策略稱為《歐文霸凌預防計畫》（*The Olweus Bullying Prevention Programme, OBPP*），為全校性的霸凌預防策略，分為四個層次：學校面、教室面、

個人面，以及社區面等。西方面對霸凌時，經常透過會議解決問題，例如：學校委員會會議、老師會議、和家長見面、和霸凌事件相關人見面、和社區的人見面等，這是他們文化的反應。台灣主要在學校面解決霸凌衝突，做得較多，且較為積極。

霸凌防制工作的反思

　　從霸凌的數據和世界各國比較，台灣霸凌防制成績並不差。事實上，台灣的霸凌政策很有系統，也很有效率，值得肯定。以下是筆者有關霸凌防制策略的幾個想法，也是對當今防制工作的反思。

　　第一，霸凌防制與輔導工作應進行典範轉移。學校霸凌防制與輔導工作長期以來皆以個人為中心，重視個人認知與行為面的改變，也強調小孩的監督、輔導、協助，主要依賴老師、心理諮商師、社會工作人員及教育輔導人員。我們認為，霸凌防制工作要有一個新的方向，需要一個典範轉移，校長、老師、家長、社區人士及學生等都應納入防制工作的重心。另外，班級成員的共同情感、校園文化、人與人之間的關係、安全的校園環境及社區完善的功能等，也都是防制霸凌不可或缺者。

　　第二，放棄典範之爭，走向多元合作主義。我們應放棄防制策略的典範競爭，用多元視野、多管齊下之方式預防霸凌，心理諮商、社工助人、教育輔導，或是犯罪學的迷亂理論、次文化理論、社會控制理論、緊張理論、中立化技巧、標籤理論等，都是預防霸凌的方法。筆者認為，霸凌防制工作必須走向科際整合（Interdisciplinary）與多元主義（Pluralism），學校輔導要用心理學、社會工作，以及犯罪學的修復式正義等專業知識，建構霸凌防制工作。目前教育部的策略絕對是正確方向。

　　第三，要記住社會情境是預防霸凌最重要的思考課題。Durkheim 提出「自成一格」（Sui Generis）的社會事實概念。社會事實是一個很實體

的東西，具有獨立、自成一格的特性，不能被約化、被減化、被拆開來。教育應該是社會事實很明顯的例子，對於人、對於社會發展的影響相當明顯。教育多方面影響著人類，這樣的影響不會再從人這邊回過頭來影響教育，試想個人如何去撼動教育制度呢？其他很多社會事實也是一樣。據此，人不能脫離社會事實，不能離開教育場域，學生在校園裡要有參與，有他們自己分工的角色，才不至於產生迷亂與霸凌。總之，霸凌、暴力、偏差，源於社會情境，即人與社會的疏離、迷亂；霸凌預防需要從社會情境內涵來思考。

第四，修復式正義不只是和解，更是關係恢復與重建。修復式正義強調，人必須與社會、社區或團體結合，只有這樣，修復式正義處理才具意義，才能發揮改變人的作用，也因為這個道理，加害人、被害人、社區三者都是修復式正義的核心，修復式正義必須討論如何恢復人與人、人與團體關係的問題，三者必須整合，且缺一不可。

第五，我們要堅持人類行為改變的可能性。人會改變，如歷史會改變一樣。我們相信，支配歷史的主流意識並非是永久的或絕對的，許多曾在歷史舞台上的要角，終究會面臨被否定的命運。人的一生也像歷史一樣，都可能會改變。依據這論點，人的一生並非絕對，它隨時受到挑戰，也隨時準備接受改變；一個人可以從一個好孩子變成壞孩子，也可能從壞孩子變成好孩子，我們自然更希望好還要更好。從事霸凌防制工作的我們堅持人類行為改變的可能性。

第六，修復式正義和解圈實踐上的文化層面問題。修復式正義的和解圈建立於溝通、對話（Dialectic），以求發現真實，並作為行為責任與關係恢復之依據。對話是西方重要的文化之一，古代希臘文明即有哲學家柏拉圖（Plato）使它盛行；兩個以上的人持不同的觀點，透過對話、辯證得到真理。另外，西方刑事司法讓原告與被告各自提出證據，彼此對質，

也是以對話來成就正義的方法，稱為訴訟上的「對抗制度」（Adversary System）。文化上來說，西方很容易進入圍圈圈對話，東方則較為缺少對話；對立的文化，要衝突當事人，大家圍個圈圈，面對面對話，發現真相，解決問題，這似乎比較困難；或許我們應找出屬於自己文化特色的溝通與衝突解決模式，這也是霸凌防制的挑戰。

　　第七，預防霸凌永遠會比懲罰霸凌來得重要。古典學派犯罪學者貝加利亞說，很多時候我們會發現，對很多的犯罪而言，預防會比打擊犯罪還來得容易。另外，他也說，建立好的教育系統是預防犯罪最好的方法。貝加利亞的話用於防制霸凌十分貼切，只可惜很多教育行政者卻忽略之。

參考書目

侯崇文（2015）。黑幫少年的迷亂、犯罪機會與校園霸凌。載於一吋橄欖枝——校園霸凌及其防制對策（頁3-33）。商鼎數位出版。

侯崇文、周愫嫻、林育聖（2015）。一吋橄欖枝——校園霸凌及其防制對策。商鼎數位出版。

Braithwaite, John (1989). *Crime, Shame and Reintegration*. Cambridge University Press.

Braithwaite, John (2000). "The New Regulatory State and the Transformation of Criminology," *British Journal of Criminology*, 40: 222-238.

Braithwaite, John (2002). "Setting Standards for Restorative Justice," *British Journal of Criminology*, 42: 563-577.

Braithwaite, John (2003). "Principles of Restorative Justice," in Andrew von Hirsch, et al. (Eds.), *Restorative Justice and Criminal Justice: Competing or Reconcilable Paradigms* (pp. 1-20). Hart Publishing.

Braithwaite, John (2004). "Restorative Justice and De-Professionalization," *The*

Good Society, 13(1): 28-31.

Braithwaite, John (2019). "Restorative Justice," http://johnbraithwaite.com/restorative-justice/.

Dewey, John (1938). *Experience and Education*. Kappa Delta Pi.

Durkheim, Emile (1895, 2013). *The Rules of Sociological Method: And Selected Texts on Sociology and Its Method*, translated by W. D. Halls. Free Press.

Espelage, D. L. & Swearer, S. M. (2003). "Research on School Bullying and Victimization: What Have We Learned and Where Do We Go From Here?" *School Psychology Review*, 32(3): 365-383.

Juvonen, Jaana & Graham, Sandra (2014). "Bullying in Schools: The Power of Bullies and the Plight of Victims," *Annual Review Psychology*, 65: 159-185.

Kok, Jan (2007). "Principles and Prospects of the Life Course Paradigm," in *Annales de demographiehistorique* (pp. 203-230).

Makkai, T. & Braithwaite, J. (1994). "Reintegrative Shaming and Compliance with Regulatory Standards," *Criminology*, 32(3): 361-385.

McCold, Paul & Wachtel, Ted (2003). "In Pursuit of Paradigm: A Theory of Restorative Justice," paper presented at the XIII *World Congress of Criminology*, 10-15 August 2003, Rio de Janeiro, Brazil.

Ness, D. W. & Strong, K. H. (1997). *Restoring Justice: An Introduction to Restorative Justice*. Matthew Bender & Company, Inc.

Olweus, Dan (1978). *Aggression in the Schools: Bullies and Whipping Boys*. Hemisphere (Wiley).

Olweus, Dan (1994). "Bullying at School," in Huesmann L. R. (Ed.), *Aggressive Behavior* (*The Plenum Series in Social/Clinical Psychology*). Springer.

Olweus, Dan (2011). "Dan Olweus: Award for Distinguished Contributions to the

International Advancement of Psychology," *American Psychologist*, 66(8): 814-816.

Olweus, Dan (1993, 2013). *Bullying at School: What We Know and What We Can Do*. Blackwell (Wiley).

Pound, Roscoe (1997). *Social Control through Law*. Transaction Publishers.

Sampson, R., Raudenbush, S., & Earls, F. (1997). "Neighborhoods and Violent Crime: A Multilevel Study of Collective Efficacy," *Science*, 15(5328): 918-924.

Siegel, Larry (2011). *Criminology*. Cengage Learning.

Thomas, K. W. & Kilmann, R. H. (1978). "Comparison of Four Instruments Measuring Conflict Behavior," *Psychological Reports*, 42: 1139-1145.

Wachtel, Ted (2016). *Social Discipline Window—Defining Restorative*. International Institute for Restorative Practices.

第六章
殺人暴力的類型與解釋

最為和平的年代

台灣殺人犯罪由 1990 年 1,643 件、1991 年 1,681 件、1992 年 1,468 件、1993 年 1,560 件、1994 年 1,441 件，增加至 1995 年 1,697 件、1996 年 1,743 件。殺人犯罪人數在那幾年居高不下，是治安最敗壞的年代。

犯罪增加和當時台灣整體社會解放、情境迷亂、社會控制機制弱化有關。1987 年台灣解嚴，社會大幅鬆綁、人權抬頭、社會運動四起，傳統官方控制力集中於對抗群眾抗爭，出現社會控制真空，讓犯罪者有機可乘，也使社會秩序受到多方挑戰。當時幾個震驚社會的重大犯罪案件，例如：議長鄭太吉殺人案，劉煥榮、胡關寶、陳新發犯罪集團強盜殺人案，劉邦友大屠殺，以及彭婉如遭姦殺等，都顯示社會治安失控，暴力問題層出不窮，民眾害怕被害達最高點。

然而，進入本世紀之後，殺人事件逐年減少。表 6-1 顯示，故意殺人犯罪發生件數、嫌疑犯人數、受害人數等在過去二十年來明顯減少，其中，嫌疑犯從 2000 年的 1,843 人降到 2012 年的 1,444 人，以及 2020 年的 489 人；被害人從 2000 年的 1,498 人降到 2012 年的 821 人，以及 2020 年的 294 人。

法務部《2022 犯罪趨勢關鍵報告》指出，該年故意殺人 174 件，嫌疑犯 304 人，是歷史最低的（法務部，2023）。

暴力殺人犯罪減少不只是今天台灣社會的趨勢，也是全球性趨勢，

表 6-1　台灣故意殺人犯罪統計（2000 至 2020 年）（來源：警政署）

	發生數（件）	嫌疑犯（人）	被害人（人）
2000 年	1,132	1,843	1,498
2001 年	1,072	1,561	1,420
2002 年	1,156	1,812	1,485
2003 年	1,057	1,766	1,409
2004 年	910	1,519	1,158
2005 年	903	1,433	1,142
2006 年	921	1,715	1,208
2007 年	881	1,530	1,113
2008 年	803	1,337	997
2009 年	832	1,437	1,082
2010 年	743	1,420	965
2011 年	686	1,412	942
2012 年	624	1,444	821
2013 年	469	831	625
2014 年	474	911	665
2015 年	442	794	579
2016 年	405	766	550
2017 年	399	765	565
2018 年	323	760	447
2019 年	302	695	402
2020 年	238	489	294

世界主要國家殺人暴力都明顯減少，哈佛大學認知心理學家 Steven Pinker（2012）的著作《人性中的善良天使：暴力為什麼會減少》（*The Better*

Angels of Our Nature: Why Violence Has Declined）表明，過去五千年，暴力顯著下降，現在我們居住在歷史上最為和平的時代。

Pinker（2012）暴力持續下降，不僅是指戰爭的減少，也包括犯罪懲罰、殺人犯罪率，他特別指出下列四個主要的原因：

第一，穩定的政府提供暴力衝突的調解與嚇止。

第二，科技創新讓我們得以和我們的敵人建立互補、合作關係。

第三，健康醫療照護讓我們活得久，看到生命的價值。

第四，我們對於這世界的認知比過去增進很多，這讓我們培養對他人的了解、同情，以及幫助世界上其他國家的人。

依據 Pinker《人性中的善良天使：暴力為什麼會減少》，人性中的善良天使乃指人性是好的、善良的、喜歡合作、愛好和平，這是避免暴力最重要的力量。另外，Pinker 亦強調，人類越來越聰明，智商逐年增加，知識越來越豐富，更知道如何避免戰爭與暴力。此外，Pinker 也強調科技對於暴力減少的貢獻，例如：印刷術傳播人道思想，降低人類暴力動機。

簡單來說，Pinker 強調，暴力的減少反映在人性，以及我們的文化與物質環境上。人性上，人類彼此之間的合作與救援，人類越來越不喜歡暴力。文化上，社會契約建立了維持秩序的種種機制，避免混亂與暴力。物質環境上，生產工具越來越好，生活日趨改善，人類越來越不喜歡暴力；另外，隨著科技時代的來臨，知識與人道主義快速傳播，降低彼此之間的隔閡與衝突，拉近人與人之間的距離，人類彼此之間的價值觀也越來越接近，而成就了今日最和平的時代。

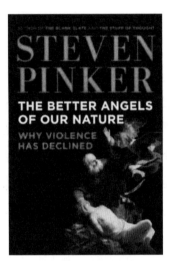

哈佛大學 Steven Pinker 寫《人性中的善良天使：暴力為什麼會減少》。

　　的確，國際間的合作越來越多，聯合國、WHO、歐盟、ASEAN 等，代表著彼此的信任與合作關係，分享軍事責任，共同對抗國際衝突，有助於世界的和平與穩定。另外，科技創新帶來共同的生活方式和生活品質，醫療則大幅延長人類生命，並重視生命價值。教育的普及也給人更多機會增加對這世界的認識，進而對世界其他人發展關懷、同情的心。

　　2022 年 2 月 24 日，俄羅斯發動戰爭入侵烏克蘭，是第二次世界大戰以來國際上最大的戰爭，根據俄羅斯國防部確認，截至 2022 年 9 月，俄國死亡士兵為 5,937 名。美國方面則估計，烏克蘭有 4,619 名士兵、3,393 名烏克蘭平民死亡，這數字比起打了八年的第二次世界大戰少很多，其軸心國死亡人數有 1,200 萬名，同盟國死亡人數有 6,100 萬名。另外，依據美國五角大廈官員的了解，在烏克蘭的俄羅斯軍官不想打戰，他們抗命，拒絕帶領部隊投入前線戰場，軍人打戰的士氣非常低落，顯然，今天人民對於戰爭的看法已和過去完全不一樣。

　　筆者則認為，全球化變遷帶來相同生活方式與價值，各國共識與共同

情感增多，這符合 Durkheim（1997）的社會秩序解釋。另外，這也與社會經濟發展有關，人類生活品質比起過往大幅改善，生存較為容易，降低暴力犯罪的動機；此外，科技與自動化，社會對個人的監控有增無減，就犯罪學理論來說，監督力道升高，被捕機會增大，犯罪動機自然降低，也使世界各國暴力犯罪呈現下滑走向。

　　另外，上世紀自殺炸彈攻擊事件頻傳，威脅國際秩序。但近代暴力攻擊的規模較小，也較為零星，主要是直接攻擊特定團體、地點，例如：超市或者學校。2021 年 3 月 Atlanta 的 SPA，這是對特定族群攻擊──亞裔族群。同樣是 2021 年 3 月，美國科羅拉多州的 Boulder 城又發生超級市場的集體殺人案件，共有 10 人死亡，包含一位第一個赴現場的警察。殺人者是 Ahmad Al Aliwi Al-Issa，已遭逮捕並進了監獄。根據他的律師說，Al-Issa 有心理疾病。

　　美國隨機殺很多人的事件在台灣甚少發生，我們應該感到很幸運，但台灣仍不能倖免隨機殺人暴力，過去較為震撼社會者為 2014 年鄭捷於台北捷運上的瘋狂殺人事件，鄭捷在捷運車廂內高亢情緒下瘋狂殺人，造成 4 人死亡、24 人受傷。鄭捷後來被判死刑，於 2016 年 5 月 10 日槍決。鄭捷從小就有殺人衝動，心理方面有問題，但身邊的人並未能夠有效幫忙他而發生悲劇，也帶來社會震撼與衝擊。

台灣殺人犯罪特性

　　侯崇文（1999）曾分析板橋地方法院檢察署之殺人及殺人未遂終結案件，以判決日期自 1994 年 5 月起至 1998 年 3 月底止，包括成人案件及少年案件，共計有效樣本 308 件。研究採事件分析法（Event Analysis），以個別犯罪事件作為分析基本單位，對犯罪事件中各種犯罪相關事實經過加以整理、分析，發現如下：

　　殺人犯基本上是以男性、30 歲至 40 歲、國中畢業、未婚、職業以自由業者及具有前科者為主，而在犯罪情境中，殺人方式以刀械為主，發生地點以住宅中居多，發生時間以一年中的 9 月、一週中的週五，及深夜為發生頻率最頻繁的時間，動機主要為爭吵，五成的殺人犯案發前有飲酒。

　　在殺人犯的生理特徵方面，體型以強壯型者居多，多數有刺青（紋身類型以猛獸型為主）。

　　在殺人犯的家庭背景方面，家庭成員中雖有酗酒、前科紀錄及罹患精神疾病史，但比例不高，不同之殺人犯罪類型與受虐程度具有統計上的顯著差異。在殺人犯兒童期生活經驗中，曾有受虐經驗者並不明顯。青少年期之偏差行為，則因殺人犯罪類型的不同，在偏差行為的強度上呈現差異。

　　在社會相關因素上，研究結果顯示，社會學習理論的變項之影響並未獲得證實，而接觸不良傳媒頻率與殺人犯罪類型則達到統計上顯著水準的差異。最後在與被害者的關聯性方面，被害者以男性、18 歲至 30 歲未滿為主，與被害者的關係多為陌生人，若是熟識者則大致符合 Wolfgang（1958）所提「被害者所引起」的殺人犯罪概念。

　　以下殺人犯罪本質的分析主要來自官方資料，少部分則是來自台灣犯罪學研究報告。

1. 時間

　　殺人犯罪的案件在炎熱的夏季月分有明顯增加，也與每週的天數及每天的某一時段有顯著的關聯，一般來說殺人案集中發生在週六晚上，而每天的時段中則是集中在晚上 8 時至凌晨 2 時。根據 Wolfgang（1958）針對殺人案件進行為期五年的研究中發現：有 380 件是發生在週五晚上 8 時至週日午夜，在這五十二小時占所有殺人犯罪的 65%。美國聯邦調查局之《官方犯罪報告》（*Uniform Crime Report*, 1995）顯示，從 1991 至 1995

年殺人犯罪的發生月分來看，平均每年以 7 月、8 月發生比率最高。

台灣殺人的時間也和西方相同，以夜間最多，白天也有，但多數集中於下午時段。

2. 地點

美國聯邦調查局《1992 年官方犯罪報告》指出，殺人犯罪發生的地點，總體而言是以在家中高於戶外；但男性不論是加害或是被害多以戶外、街頭為主，女性則多發生於廚房及臥室；若是加入種族及性別因素則有明顯差異，黑人男性被害者多數是在街頭被刺死，白人男性被害者多數是在街頭被毆致死，多數女性加害者是使用菜刀將男性殺害。台灣官方殺人犯罪並沒有地點的資料。

3. 未婚者多

台灣官方犯罪統計並未提供婚姻背景資料，惟學者林瑞欽等（2007）針對 266 位殺人犯的婚姻狀況分析，研究結果顯示，未婚比例最高，占48.9%，其次為離婚狀態，占 23.5%；已婚者占 17.8%，而分居及再婚者僅三人，占 1.1%。顯然，處在正常婚姻狀況者發生殺人犯罪情況較低，分居及再婚更低。筆者在前述分析中也指出，未婚者占殺人犯比例最高。

4. 教育程度低者爲多

依據刑事局的統計，故意殺人犯的教育程度以高中程度為最多，其次是國中、小學程度，合計國中、高中程度男性約有 86%、女性約有83%。簡單地說，故意殺人犯的教育程度以國中、高中職為多，屬偏低的教育程度。

5. 台灣殺人死亡人數每年約 50 人

依據過去統計，殺人被害人死亡比率從 13% 到 22%，用這比例估計，最近的 2020 年，被害人 294 人，採用 17.5% 估計，如此，殺人死亡約 50 人，這數字比起酒駕過失致死、車禍死亡，或者自殺的人數少很多。

6. 殺人犯罪者是持續犯罪者？

　　這問題的答案可能是的，但也可能只答對一半。確實，有許多殺人犯罪者有長期犯罪的歷史，但也有許多殺人犯罪者並無任何犯罪紀錄。

　　依據《關鍵評論網》一文（見 https://www.thenewslens.com/amparticle/104397）的分析，殺人犯罪於准許假釋後再犯比率是 8%，低於竊盜罪、強盜罪、毒品危害防制罪、搶奪罪等。由於殺人罪的刑期較長，或者有的殺人犯已經被執行死刑，再犯之比例可能因上述資料問題而導致誤差。

7. 殺人犯罪破案率高

　　故意殺人犯罪事件的破案率非常高，且有越來越高的現象，2001 年 90%，2005 年 93.9%，2011 年 98.8%，2010 年破案率更是 100% 全部破案。以下是殺人犯罪破案率高的幾個原因：

　　第一，殺人犯罪帶來民眾恐慌，這給了警察破案壓力，以滿足民眾期待，降低社會指責。

　　第二，殺人犯罪多數發生於熟識者之間，從被害人的社會關係中較容易找出犯罪的嫌疑犯。

　　第三，現代科技發達，台灣道路到處裝設監視器，有了攝影便容易發現犯罪嫌疑犯，進而破案。

　　第四，台灣警察實施績效制度，警察破案績效作為評比與升遷考核之用，殺人犯罪屬重大治安事件，是警方重大案件，破案帶來績效分數，也有助於升遷，有時更有破案獎金，因此，在績效制度下，警察對於殺人案件總是積極設法破案。

殺人犯罪法律面分類

　　犯罪分類自然在於簡化犯罪的事實，同質性高者歸為一個特定類型，以和其他類型做區分，分類方式甚多，有以法律定義區分，有以動

機區分，也有以「犯罪情境因素」作為區分，例如：系列殺人（Serial Killer）、集體殺人（Mass Murder），有的則以被害情況作為分類，例如：滅門殺人。犯罪學類型除認識殺人犯罪本質外，同時亦作為後續研究之基礎，只是每個殺人犯罪案子都不單純，也使分類顯得十分複雜。

台灣《刑法》將殺人犯罪區分為普通殺人罪、殺害直系血親尊親屬罪、義憤殺人罪、母殺子女罪、加工自殺罪及過失致死罪等，這是殺人犯罪的法律分類，也是檢察官、法官審理殺人案件之根據。

普通殺人罪乃指任何可能造成死亡結果之行為者。男子不滿妻子提出離婚要求，憤而殺妻構成普通殺人罪。依據《刑法》，殺人者處死刑、無期徒刑或十年以上有期徒刑。

殺害直系血親尊親屬罪，這是指殺害父、母、祖父、祖母等長輩，由於文化因素，台灣殺害直系血親尊親屬的刑罰非常重，尤其如果有殺人之故意，其法定的刑是「處死刑或無期徒刑」。1998 年，林口人林清岳為了奪取父母財產，便和女友及其他三位朋友共同設計殺死其父母，總共砍了 109 刀，手段極其殘忍，震驚社會，最後最高法院以殺害直系血親尊親屬罪判林清岳死刑，2002 年 5 月執行槍決。

義憤殺人罪乃指行為人在當場面對某特定足以引起公義、憤怒的情狀而殺人者稱之，例如：發現女友遭性侵而殺人。義憤殺人的罪刑較普通殺人罪輕，為七年以下有期徒刑。

母殺子女罪，「母於生產時或甫生產後，殺其子女者，處六月以上五年以下有期徒刑」。母親殺子女罪的刑責較普通殺人罪為輕，但如果母親非因生產緣故而殺子女者，以《刑法》第 271 條，殺人者，處死刑、無期徒刑或十年以上有期徒刑判決之。以最近之判決為例，2022 年 10 月，一位 37 歲女子於樹林租屋處以枕頭悶死其就讀小學一年級的兒子，之後持刀自盡未遂；該女稱，不捨自己兒子一人在世，因此攜子自殺。新北地方

法院經過三位職業法官與六位國民法官之評議，以殺人罪判該女子十六年五個月徒刑。

加工自殺罪指受他人囑託或得其承諾而為之者，此刑責較重；至於教唆或幫助他人使之自殺者刑責較輕。

過失致死罪指因過失而致人於死者。法定刑責是判二年以下徒刑、拘役或 6 萬元以下罰金。一個人如果開車不小心撞死人，屬於過失致死罪。

殺人犯罪情境面分類

在犯罪研究文獻上有關殺人犯罪之分類依殺人犯罪之人數、殺人期間、動機、加害者與被害者之關聯性等呈現差異，然基本上，有下列四個主要類型，包括：系列殺人、集體殺人、瘋狂殺人，以及隨機殺人，是屬於較為特殊，並引起廣泛大眾關心的殺人類型。說明如下：

系列殺人（Serial Murder）

指犯罪者在一定期間內不斷地殺害許多無辜者。根據 Holmes 與 DeBurger（1988），系列殺人可細分為幻想殺人者（Visionary Killers）、任務取向殺人者（Mission-Oriented Killers）、享樂殺人者（Hedonistic Killers）及權力取向殺人者（Power/Control-Oriented Killers）四大類。

惟值得注意的是，犯罪學家基本上對於此類型的殺人犯罪可說所知不多，各種不同的因素如心理疾病、性挫折、精神分裂、孩童忽略及不良的親子關係等皆有可能是殺人犯罪的原因，但大部分的專家認為，系列殺人犯具有反社會人格病態傾向，享樂殺人，對於被害者的痛若和折磨無動於衷，且於被逮捕後耽溺於閃光燈或大眾傳播媒體的大幅報導。

嘉義市人、黑道「鬼見愁」林來福，自 1986 年 11 月在嘉義持香腸刀殺死賣香腸小販陳榮昆開始到 1990 年被捕，共殺 27 人，是台灣殺人人數

排名第一的黑道，屬於系列殺人。林來福疑心重，討債、談判動輒殺人，也射殺身邊的人。可以說，只要林來福看不順眼者，或威脅他安全者都遭殺害，這讓他人見人怕，而被稱為「鬼見愁」。

另外，發生在 1981 至 1986 年間，犯罪集團首腦吳新華為搶劫強盜殺人，在新竹湖口營區奪槍殺了兩名軍人，路邊搶車也殺人滅口，共計殺死至少 14 人，也屬系列殺人。吳新華後來被判十個死刑，1988 年 5 月 27 日執行槍決。

1997 年 4 月，陳進興、高天民等犯罪集團在綁架白曉燕並撕票後，於逃亡半年多期間又殺警，侵入整型外科診所，並殺害醫師方保芳及其太太，以及姦殺護士。陳進興等的犯罪為系列殺人，而陳進興的案例也說明此類殺人同時觸犯其他重大犯罪事件。陳進興後來於同年 11 月 18 日侵入南非武官官邸，挾持武官及其家人，隔日落網，並被判死刑，於 1999 年 10 月 6 日執行槍決。

集體殺人（Mass Murder）

指在一個很短的時間內殺死數人，殺人的地點也同時具有相同地域性，例如：校園或工作場所、餐廳等。1984 年間發生於美國聖地牙哥麥當勞餐廳之瘋狂殺人案件屬之，J. O. Huberty 一人殺死 21 條人命。

1966 年 8 月 1 日，25 歲的美國退伍軍人也是該校學生的 Charles Whitman 於德州大學 Austin 校區的殺人事件也被稱為集體殺人，死亡人數達 17 人，包括一位尚未出生的小孩，以及 2001 年死亡的最後一位受害者，這是美國近代第一起的集體、也是隨機殺人事件。Whitman 應該是精神疾病發作，他被許多怪異念頭控制而失去控制自己的能力。在殺了自己的母親與太太之後，他攜帶大量武器進入校園地標德州大學塔樓（UT Tower），在塔樓內、周邊及屋頂隨機射殺路人。

Charles Whitman 和他的太太 Leissner（攝影不詳）。

　　集體殺人通常分為三類：恐怖主義、宗教，以及個人。2001 年 9 月
11 日發生於紐約市的恐怖主義攻擊是近代史最嚴重的事件，攻擊者挾持
四架商用廣體客機，同一時間發動四個標的物的自殺式攻擊，包括：世界
貿易中心南北兩棟大樓、國防部五角大廈以及美國國會。宗教殺人乃指
以宗教為名的殺人暴力，最著名者為美國人 Jim Jones 所帶領的人民聖殿
（People's Temple）。1978 年 11 月 18 日，Jim Jones 在南美洲北部的蓋亞
那瓊斯鎮（Jonestown），逼迫高達 900 多名信徒大家一起集體自殺。人
民聖殿集體自殺案將在第十二章以神為名的宗教暴力中討論。

　　美國社會集體殺人事件甚多，James Fox 與 Jack Levin（2017）於
Laura Wilson 主編的《集體殺人心理學》第三章中指出，從 2006 至 2014
年，就有 200 個集體殺人事件，都涉及至少四人死亡，攻擊者則有 246
位。另外，依據《瓊斯母親雜誌》（Mother Jones）的報導，2019 年造
成三人死亡的集體殺人事件，且是隨機殺人，就有 10 件，死亡人數共達

73 人。

　　傳統上，多數學者認為這些犯罪者行為極端、怪異、有心理疾病問題，其中，美國學者 Lunde（1976）就從精神醫學之觀點切入，將集體殺人犯區分為妄想精神分裂型（Paranoid Schizophrenia）及性虐待型（Sexual Sadism）兩類型。妄想精神分裂型具有被迫、誇張、嫉妒等妄想症，極易在妄想及幻聽覺之情況，激情失去自我控制而殺人。性虐待型則以凌虐、切割肢體方式殺害他人以獲取性滿足。

　　但前面的 Fox 與 Levin（2017）在檢視 156 起涉及 675 條人命的個案指出，集體殺人犯並無心理、精神或基因上的異常；相反地，他們認為集體殺人犯常是「邪惡勝於發狂者」，少有精神妄想症者，大部分表現出社會病態人格傾向，缺乏良心和罪惡感。

　　台灣也發生過集體殺人暴力事件，1996 年的桃園縣縣長劉邦友血案，在同一個犯罪地點——縣長官邸內，近距離地射殺九人。前面系列殺人提及的陳進興犯罪集團，他們在方保芳外科診所一次殺死三人，也是集體殺人事件。1996 年發生八堵油庫槍擊事件也是集體殺人事件，二兵蔡照政持步槍連續射殺輔導長、上兵後，也射傷上兵劉順為、陳信宏、下士許智偉等三人，蔡照政在瘋狂殺人後自盡。

　　另外，台灣的多起滅門血案也屬於集體殺人事件。1983 年台北市合江街發生自助餐滅門血案，自助餐店離職廚師徐鎮廷向前老闆借錢不成，竟一次殺死老闆全家四個人，警方拘捕時，徐鎮廷自殺身亡。1995 年虎林街一位老師殺了女友全家，為滅門血案，憤怒性的滅門。2001 年，洪若潭殺死全家，屬於自殺性的滅門，以及 2006 年花蓮吉安五子命案，也是自殺性的滅門。

　　滅門，英文為 Family Annihilators，犯罪學者認為屬集體殺人的一種形式。

瘋狂殺人（Spree Killings）

犯罪嫌疑者一人或二、三人，在一段相對較短的時間內連續殺兩人或兩人以上者，殺人時不一定集中於同一地點，但殺人時情緒高亢，無法冷靜，即稱為瘋狂殺人。

2014 年發生於台北捷運的鄭捷殺人案是典型的瘋狂殺人。

瘋狂殺人與系列殺人或集體殺人不同，差別在於情緒特性，前者高亢、無法冷靜；但系列殺人或集體殺人不強調情緒，而強調殺人期間和殺人地點的特性問題，系列殺人的期間較久、地點較多，而集體殺人的期間很短、地點較為集中。

不過，集體殺人者在殺人過程中的情緒自然是高亢的，這和瘋狂殺人相同。

隨機殺人（Random Murder）

指殺人對象是隨機的，殺人也看不到任何合理動機者（Murder without Motive）。瘋狂殺人與系列殺人很多時候也被視為隨機殺人。鄭捷於捷運上的瘋狂殺人是隨機的，系列殺人的陳進興進入整型診所殺人也是隨機的。因此，隨機殺人和瘋狂殺人、系列殺人的犯罪特性有相似之處。

2016 年 2 月 20 日晚間發生在美國密西根州的小城 Kalamazoo 瘋狂殺人案，殺人者是 45 歲的 Uber 司機 Jason Dalton，他在包括公寓、汽車商、餐廳等三個地點，從車內朝外隨機射殺，造成六人死亡。這是典型的隨機殺人事件。

美國學者 Lankford 與 Tomek（2018）曾經研究從 2006 到 2013 年間的集體殺人，指出這種隨機發生的集體殺人和社會大事件並無關聯，未出現暴力事件的社會感染、擴散作用。

台灣也有很多隨機殺人事件，2009 年 3 月黃復康隨機殺人事件：

2012 年 12 月台南曾文欽隨機殺人案；2015 年 5 月北投文化國小龔重安隨機殺人案；2016 年 3 月內湖王景玉隨機殺人，殺小燈泡案。基本上，受害人都是無辜的市民，他們和加害人不認識，也無冤無仇。

隨機殺人也稱為無差別殺人（Indiscriminate Homicide）（周愫嫻，2016）。周愫嫻的研究發現，無差別殺人大多發生於白天，多數攻擊者是男性（女性殺人機率極微），年齡約 40 歲，職業背景為勞力或服務業，教育成就不高，犯罪工具使用刀械，有 5% 的無差別殺人有心理疾病或殘疾歷史；另外，有一半的殺人事件是早有準備的。

犯罪動機的分類

殺人的動機很多，可簡單分為如下四類：

1. 感情目的：得不到愛殺人，吃醋殺人。
2. 功利目的：要得到錢、財產或保險金。
3. 情緒或人格因素的殺人：生氣殺人、報復殺人、思覺失調殺人等。
4. 性侵目的的殺人：要得到性滿足而殺人者。

前述功利目的也稱為工具性目的（Instrumental Purpose）殺人。

台灣有的為取得保險金而殺人者，或因強盜、搶奪而殺警者，屬功利目的。有的殺人發生在黑道之間，他們為了搶奪地盤而殺人，通常都由年紀小的去執行，也屬功利目的殺人。彰化洪若潭夫婦的三子滅門命案、花蓮吉安劉志勤夫婦的五子滅門命案，因為集體自殺而殺人，屬情感目的。為了性需要而殺人者也不少，1992 年吳忠財強姦殺人、1993 年陳錫卿強姦殺人、1996 年板橋割喉之狼、1996 年彭婉如命案、2020 年長榮大學外籍生姦殺案，都是發生於台灣的重大強姦殺人案。殺人也有因為報復目的，例如：情殺。另外，殺人也有看不順眼殺人者，屬情緒殺人。

台灣有一些人因為精神失常而殺人，是生病殺人，無法在殺人動機中

歸類。

　　美國聯邦調查局之《官方犯罪報告》（*Uniform Crime Report*）將殺人犯罪區分為如下類型：重傷害之謀殺、有重傷害嫌疑的謀殺、起因於雙方爭執的謀殺（無犯罪預謀）、其他動機或狀況而起的謀殺（非屬前一項的任何已知動機之謀殺）及動機未明謀殺等。顯然，傷害程度與傷害動機是美國聯邦調查局分類的依據，乃基於刑事偵查與司法的法律責任考量而設計。

最殘酷的分屍案

　　分屍（Dismemberment）指完整地除去被殺者身體器官，可能是活人也可能死了再分屍，通常分屍有頭、手掌、手臂、腳、軀幹等。分屍多數是為了湮滅證據，稱為防衛性分屍；也有性侵分屍、憤怒分屍者，稱為冒犯分屍。

　　分屍案為殺人暴力中最為殘忍者，惟過去以來，台灣一直都有分屍案。

　　1959 年的屈尺分屍案應該是台灣近代史第一起分屍案，在當時的農業社會裡震撼了全國民眾。被害人是一名退役軍人，全身被分屍成三塊，包好後丟棄於新店溪。凶手應為兩人，另一人否認，都是軍中同袍，為了被害人的退役金而殺人、分屍，屬功利目的暨防衛性目的的殺人。

　　其後的防衛性殺人分屍案有：1961 年瑠公圳分屍案，這起案子發生在台灣大學旁，受害者是一名年輕女性，只有頭顱及上半身屍體，當時轟動整個社會，動員許多人力，惟一直未能破案。

　　1977 年江子翠張明鳳遭分屍案，死者張明鳳是一名會計，加害人是一名家境不錯的林憲坤，在其住家附近張貼小廣告高薪徵求女會計，引人上當，張明鳳因此受害，遭性侵並分屍、棄屍。

2008 年星光幫參選者黃士翰遭同性戀男友殺害分屍案，殺人者是一名通緝犯黃家慶，殺人的動機在於取得黃士翰的身分。

2013 年嘉義水上發生醃頭案，凶嫌陳佳富為了保險理賠金，殺了妹妹並分屍。法官最後判陳佳富無期徒刑，因他對母親孝順，而母親必須照顧精神不穩定的女兒已十分辛苦，不希望再剝奪其子，徒增其精神之苦。

以下屬冒犯分屍，分屍在於洩憤或得到性滿足。1986 年合江街分屍案，此案發生於 1986 年 8 月 29 日，殺人者陳雲輝曾在阿根廷屠宰場打過工，因貪圖岳父母莊書讀夫婦之財產，將岳父母勒昏、刺死，支解成 32 塊屍塊，分裝於行李袋中準備丟棄，幸經莊書讀兒子識破報警。1988 年 3 月 4 日陳雲輝被判死刑，同年 3 月 11 日執行槍決。分屍顯然是對岳父母的不滿，同時也要滅跡。

1994 年台北市發生方金義性侵分屍案。方金義曾於 1979 年間連續搶劫 20 名舞女，並性侵三名舞女，被判無期徒刑，因在獄中表現良好，於 1993 年假釋出獄，然於保護管束期間又犯下殺人分屍案。法官於 2005 年判他死刑，惟 2012 年，當他還在等待槍決時，病死獄中。死者是張惠慈，為一名舞女，因方金義向她借錢遭拒，雙方發生衝突而殺人。其後，方金義在浴室內用刀子、鋼鋸肢解屍體，分成七塊裝在垃圾袋，到處棄屍。

1999 年台中市發生潘阿愛母女三人遭分屍命案。嫌犯吳應弘是一名計程車司機，有多項前科，如竊盜、侵占、偽造文書等，並多次出入監獄。死者潘阿愛與吳應弘是同居關係，同居期間兩人常因金錢問題而吵架。吳自稱是為財而殺潘女，至於殺害潘女兩名女兒則是為了滅口。吳應弘將屍體泡在浴缸再予支解，並丟棄於日月潭，做案手法殘忍。根據調查本案的檢察官表示，吳應弘在犯下母女三屍命案後，相當冷靜，毫無悔意，顯然他有反社會人格的特質。另外，分屍也在於湮滅證據。

　　2003 年 12 月，台灣發生一起強姦殺人分屍及食人肉的命案，做案地點在台中龍井的一家機車行，受害人是國泰人壽女保險員施金池。警方於 12 日在機車行水塔內找到施金池部分屍塊，機車行老闆陳金火與學徒廣德強立即遭到逮捕。案情如下：陳金火為了得到性滿足，設計車行學徒廣德強約保險員施金池談保險事宜，施金池獨自赴約，卻遭不幸。陳金火將鐵門拉下，用繩子勒昏施女，與廣德強兩人輪流性侵。其後，陳金火用刀將施女殺害並支解，子宮、胸部等女性器官被丟棄，其他部位以塑膠袋包好後放置於水塔內。廣德強只承認與陳金火輪流性侵被害人，他否認殺人。2004 年 3 月 19 日，陳金火接受精神鑑定時，承認他把人肉一片片割下炸來吃，但他說不好吃。2007 年 9 月 6 日，最高法院判決陳金火和廣德強死刑。2012 年 12 月 21 日，法務部執行陳金火、廣德強兩人的槍決。精神鑑定時，陳金火意識清醒、情緒穩定、態度合作，言語方面可切題回答，思考能力正常，知覺方面也沒有幻覺或錯覺情形。陳金火的暴力應該是社會學的，他沒有溫暖的家，父母親經常吵架，也常常打他出氣，在國小期間，陳金火就曾幫賭場把風賺取零用錢；在學校裡，陳金火因學習上的困難常被同學嘲笑，這使他感到十分挫折。依據台中榮總的精神科鑑定，陳金火對自己有較低自尊、低自我評價，社會因應能力也不佳。可知，陳金火的社會化是不完全甚至是缺陷的，他有強烈的反社會人格。加以，他從小就有自殘行為，常以鮮血誘殺田鼠來吃，殺人、食人肉顯然來自這樣的經驗。

　　陳金火的性侵、分屍、食人犯罪手法與美國 Milwaukee 食人魔案近似，也因此有人質疑陳金火的受害人不會只有一人。

　　分屍為暴力犯罪中最為殘忍者，多數為防衛性分屍，在於湮滅證據。分屍還有兩個元素：其一是分屍者的憤怒；其二是分屍者有反社會人格。憤怒是因嫉妒、衝突，小時成長不愉快的經驗，或因彼此有過節的緣

故；反社會人格如 Cleckley（1976）所述的病態人格，學習意願低，沒有罪惡感，而這往往是成長過程中經歷了挫折，或受到拒絕、隔離、社會關係不佳，或者是他們社會資源不足所造成。

殺人犯罪加害者與被害者關係

　　學者 Williams 與 Flewelling（1987）在殺人犯的分類中依加害者與被害者之關係分為：家庭殺人、熟識者（Acquaintance）間殺人與陌生人間的殺人；美國聯邦調查局《官方犯罪報告》（*Uniform Crime Report*）亦採同樣的分類。殺人犯罪的關係說明如下：

1. 家庭間的殺人：指被害者與加害者之間具有親屬關係（Relatives），或是家庭中的成員間發生的殺人犯罪行為，而一般論及家庭殺人可從夫妻間殺人（Spousal Homicide）、殺害尊親屬（Parricide）及幼兒被殺（Infanticide）等方面加以探討。台灣父母自殺的滅門血案、殺親人詐領保險金的殺人，都屬這類案件。

2. 熟識者間的殺人犯罪：所謂熟識者殺人係朋友或是彼此認識人間之殺人行為而言，在 Wolfgang（1958）的研究中，550 件可辨識出殺人關係的犯罪中就占了 293 件（53.3%）。Rojek 與 Williams（1993）的研究亦有相類似的結果，熟識者占第一位，將近四成。

3. 陌生人間的殺人：近年來陌生人間的殺人案件已漸為公眾所注意，Riedel（1987）研究陌生人間的殺人犯罪，發現兩項特質因素密切相關。首先是與被害者或加害者的特性有關，例如：族群背景、宗教背景等；再者是與其出入的場所相關聯（如酒吧、運動場所）。有許多在自發性的（Spontaneous）會造成彼此間話題或言語上的不快，使得兩人之間的熱度升高，若是在飲酒之後，更是容易造成殺人行為。

　　侯崇文（1999）有關加害人與被害人關係，對殺人犯罪事件影響的研

表 6-2　犯罪人與被害人關係類型

關係類型	次數	百分比
陌生人	98	31.8
普通朋友	57	18.5
熟識朋友	92	29.9
男女朋友或夫妻關係	39	12.7
親戚	22	7.1
總計	308	100.0

究摘要發現如下：

1. 樣本中殺人犯罪發生在陌生人之間的比例達 31.8%（見表 6-2）；其次為熟識朋友關係，樣本中有 92 件，占 29.9%；普通朋友關係有 57 件，占 18.5%。如果把關係類型分為陌生與非陌生，則非陌生者的殺人仍占最多數，這結果與多數研究是一致的。

2. 情感性殺人動機遠多於工具性殺人動機。

3. 殺人動機與加害人與被害人的關係類型有關，其中，因口角衝突而引起的殺人事件以發生在朋友間或陌生人間為多；因工具性目的而引起的殺人事件也以發生在朋友間或陌生人間為多；再者，因情緒失控而引起的殺人事件則以發生在親戚關係者為多。

4. 加害人與被害人如為陌生關係時，加害人的年紀通常較輕，而如為親戚關係時，加害人的年紀則較高。我們也發現，男女情感關係之下的殺人事件，加害人的年紀以 30 歲至 40 歲的青壯年居多。

5. 加害人如為單身，加害人與被害人的關係以陌生人類型的可能性最高，至於加害人如為已婚，加害人與被害人為親戚的可能性最高。

6. 陌生人與熟識朋友關係的殺人事件中，加害人的前科數較其他的關係

類型為多。

7. 殺人犯罪的時間以發生在晚上最為常見，而發生在晚上的殺人事件中，又以發生在陌生人間為多。

8. 在陌生人及普通朋友的殺人事件中，犯罪現場在公共場所的機率較高；再者，筆者的研究也發現，隨著加害人與被害人社會關係距離的縮小，其發生在街道上的殺人犯罪事件也隨之減少。

9. 殺人事件中，加害人與被害人的關係越密切者，其導致死亡的機率就越高；其中又以男女朋友或夫妻關係下的機率最高。

10. 加害人與受害人的關係影響到犯罪行為是否為臨時起意或為預謀；其中，如為普通朋友或熟識朋友，預謀殺人的機率最高；如為陌生人、男女關係或親戚關係，臨時起意殺人的機率最高。

11. 在普通朋友與陌生人關係裡，男殺男的機率高；至於情感關係的殺人事件則以男殺女為多；女殺男的比例亦相當顯著。

12. 在非親戚關係中的殺人事件中，往往是年輕的殺年長的；而在親戚關係中，往往是年長的殺年輕的。

　　上述研究顯示，加害人與被害人不同的關係裡，確實存在著許多犯罪行為差異，這包括殺人動機、事件特性、加害人與被害人的人文特性等。顯然，犯罪加害人與被害人的關係與犯罪事件產生一種有意義的互動，雙方的關係可以左右犯罪事件的發生及其結果，而避免殺人也要從雙方互動過程思考之。

結論

　　暴力犯罪的原因主要有社會學與反社會人格的解釋，本書第一、二章皆有討論。另外，殺人犯也有思覺失調者，因為生病了，他們沒有辦法和正常人一樣思考與行為，法律上，他們不需要負起行為責任。

　　社會學的解釋強調社會情境因素，尤其當個人出現了突然的變化，例如：失去家人、失去經濟來源，這時，傳統的社會規範失去了約束他們的作用，其結果便出現迷亂，並可能伴隨著殺人。

　　社會學也強調結構性因素，包括：區位解組、社會歧視（Discrimination）、財富分配不均，或是個人長期受到經濟剝削等，這些都是助長挫折、憤怒與殺人的因素。

　　另外，依據社會學互動的解釋，殺人犯罪的出現往往係因殺人者與被害者在互動過程中持續被激化，進而提升至殺人。2014 年台北市信義區夜店殺警案，警察薛貞國遭 50 名黑衣小弟圍毆致死，顯然，這是一個加害者與被害者互動出現對立情境，加上黑幫小弟人多，搖旗助聲，鼓譟吶喊，在群眾心理的影響下，進而升高衝突的結果。

　　反社會人格的解釋則認為，殺人犯罪者具有某些獨特的心理與人格特性，通常是有別於常人，例如：他們容易生氣、自我中心、未能關心他人、行為也不負責任。他們脾氣火爆，人際關係也差，易衝動，挫折容忍度低，動輒與人發生衝突，甚至殺人。

　　本章討論台灣殺人犯罪的特性，以及殺人犯罪的分類，同時討論殺人犯罪加害者與被害人的關係。我們看到殺人本質十分複雜，類型也多，動機念頭涉及心理、生理、社會環境，也與個人反社會人格、態度、價值觀有關，犯罪預防自然必須是全方位的。

　　殺人天天上演，不管是在現實的世界中，還是在電視劇、電影、小說裡。雖然殺人的人數逐漸減少，也只占各種死亡數極低比例，但其本質暴力，手段殘忍，往往震撼社會共同情感，因此，殺人一直是大家關注的議題。

　　期望本章的討論帶給大家對殺人有更深入的認識，不同類型殺人則在其他章節中介紹。

參考書目

周愫嫻（2016）。無差別殺人犯罪：一種罕見而荒謬的暴力型態。犯罪與刑事司法，26：83-111。

法務部（2023）。2022 犯罪趨勢關鍵報告。司法官學院 112 年研究計畫。法務部司法官學院。

侯崇文（1999）。殺人事件中犯罪者與被害人關係研究。刑事政策與犯罪研究論文集（二）。法務部。

Cleckley, Hervey (1976). *The Mask of Sanity*, 5th ed. C. V. Mosby Company.

Durkheim, Emile (1997). *The Division of Labor in Society*, translated by W. D. Halls. Free Press.

Fox, James & Levin, Jack (2017). "Explaining Mass Shootings," in Laura Wilson (Ed.), *The Psychology of Mass Shootings* (pp. 36-56). Wiley.

Holmes, Ronald & DeBurger, James (1988). *Serial Murder*. Sage Publications.

Lankford, A. & Tomek, S. (2018). "Mass Killings in the United States from 2006 to 2013: Social Contagion or Random Clusters?" *Suicide Life Threat Behavior Disorder*, 48(4): 459-467.

Lunde, D. T. (1976). *Murder and Madness*. San Francisco Book Company.

Pinker, Steven (2012). *The Better Angels of Our Nature: Why Violence Has Declined*. Penguin Books.

Riedel, Marc (1987). "Stranger Violence: Perspectives, Issues and Problems," *Journal of Criminal Law and Criminology*, 78: 223-258.

Rojek, D. G. & Williams, J. L. (1993). "Interracial vs. Intraracial Offences in Terms of the Victim/Offender Relationship," in Wilson, A. V. (Ed.), *Homicide: The Victim-Offender Connection*. Anderson Publishing Company, Cincinnati.

Williams, K. R. & Flewlling, R. L. (1987). "Family Acquaintance, and Stranger Homicide: Alternative Procedures for Rate Calculations," *Criminology*, 25(3): 543-560.

Wolfgang, M. (1958). *Patterns in Criminal Homicide*. University of Pennsylvania Press.

第七章
黑幫的暴力與地盤

從街頭幫派到暴力黑幫

犯罪學幫派（Gangs）研究，是由著名犯罪學家 Frederic Thrasher 與 James Short 兩位首開其端，他們是幫派研究傳奇人物。

Thrasher 於 1927 年出版了《幫派：芝加哥 1,313 個幫派研究》（*The Gang: A Study of 1,313 Gangs in Chicago*），他特別強調變動中的社區是幫派的溫床。該論點延續當時 Robert Park 指導的芝加哥社會學學術傳統，幫派孤立於都市團體，這是十分普遍的，不過，每一個團體在都市環境中發展出屬於他們自己的情感、態度，以及團體規範，這些成為幫派的最主要特性（Thrasher, 1927）。

Short 畢業於芝加哥大學社會系，深受人文區位學派學術資產薰陶，對都市解組與幫派問題的發生特別感興趣。在 1958 至 1962 年間，Short 參與重要的《少年研究計畫》（*Youth Studies Project*），他訪問超過 20 個幫派，300 個幫派成員，同時也訪問非幫派的不良少年，以進行學術比較。他留給犯罪學幫派研究一個重要的學術資產——社會情境很關鍵。幫派的出現來自於時代的種族隔離與族群歧視，這種社會情境使生活在都市的幫派成員感到無助、挫折與憤怒（Short, 1990, 1996）。

研究幫派的 James Short（來源：Washington State University Libraries）。

　　這是幫派出現的背景，在台灣也是這樣。本書黑幫少年的迷亂中有說明，不過，這裡討論黑幫，黑幫和幫派有很大不同，但他們很多是從街頭幫派走入黑幫，從小弟變大哥，從廟口小混混到幫派老大，甚至當上公司總裁。

　　暴力可以使人害怕、屈服，黑幫就是利用人類本能，大欺小、強凌弱；暴力使人害怕、屈服，且排除任何阻擋，以得到好處，這些好處再用暴力使其鞏固者就成為地盤，地盤是黑幫得以生存的空間。

　　通常，黑幫遊走於法律邊緣，都是一般人不願意也不敢去做的活動；也就是，他們在合法和非法之間流動，讓警方很難取得犯罪證據，黑幫在這夾縫中求生存，非常危險，隨時可能被捕，進監獄，這是他們的生活方式。對一些人來說，雖然他們享受著不錯的日子，早年開名貴 BMW，現在是 ALPHAD MVP，代表他們身分地位，但他們也隨時要有丟掉生命或自由的準備，這就是黑幫，他們在充斥暴力的世界裡生活。

　　在台灣，黑幫有許多使用名詞，黑道、幫派分子、黑社會等，都指相同事物，也經常交叉使用。

　　本章我們討論台灣黑幫問題，歷史、非法活動、黑幫暴力與黑幫多角

化地盤等，最後討論台灣政府的黑幫政策，以及打擊黑幫的做法。

　　從社會學角度，我們想要了解黑幫作為社會分工系統之一環是如何和其他社會系統整合，例如：政治或經濟，以強化其作為社會事實的功能，進而形成社會系統中極具意義的團體，關係著人類生活與社會秩序。

　　黑幫是特定人共同利益結合的團體，有它自己的組織、階級。另外，黑幫通常擁有地盤，這是他們取得利益主要的地方，暴力則是掌握利益、維持利益最常使用的方式；也因此，黑幫與暴力往往被畫上等號。早年竹聯幫為了要進入中山區八大行業，還和舊勢力發生一次槍戰；今日黑幫為了要取得廟會、市場或公共工程控制權，往往也是訴諸暴力。暴力是黑幫的本質！

　　黑幫與黑幫之間經常械鬥、火拼、流血、殺人，是台灣社會暴力的重要源頭，黑幫之間的恩恩怨怨可能是源於地盤利益衝突，也可能只是彼此因幫派、族群、歷史或地域背景差異而產生，看不順眼就打一架，這是黑幫次文化的一個特色。

　　台灣幫派用暴力尋求在正常法律體系中得不到的東西，通常從開始時的自我生存暴力，隨著得到的好處越來越多，他們也快速成為社會上的大怪獸，介入政府工程，和政治掛勾，甚至參與政治，尋求更多社會資源，以擴大、鞏固其勢力範圍。

　　黑幫亦積極建立自己的社會建構（Socially Constructed）[1]，白話來說，黑幫刻意經營他們要給社會的符號、價值與意義，例如：社會階級、暴

---

[1]　人類社會有形、無形的事實，例如：制度、金錢、價值觀、宗教等，都是社會建構的產物，社會學家認為，社會建構是人們互動的產物，是人類自己所創造出來的。這裡，黑幫刻意呈現給社會的符號，是他們自己和社會互動的產物，有他們特別的意義，反映了黑幫的認知、價值、態度，而很多時候更是黑幫刻意要建立社會大眾對他們的認知。

力，或生死態度等。我們都知道，黑幫喜歡開雙 B 名貴車，黑幫大哥的喪禮場面都很大，他們要讓社會大眾看到他們很有辦法、很有錢，也有社會地位；黑幫也都留平頭、穿黑鞋，他們要告訴社會大眾，他們是黑幫，要讓人害怕。如此，黑幫建構了他們的組織、價值觀、次文化及經濟系統，成為台灣社會一股很特別的社會事實，整合在人們日常生活之中，左右社會運作，是我們不容忽視的一股社會力。

黑幫如何興起，做了些什麼，都關係著我們的生活，也關係著社會秩序，是犯罪學重要議題。

台灣黑幫歷史

台灣有三大黑幫組織：竹聯幫、四海幫、天道盟，其中以竹聯幫的人數最多，組織最大，也有跨國的據點，其成員主要為外省族群。

來自眷村的竹聯幫

中華統一促進黨總裁張安樂的故事，可以讓我們認識竹聯幫。

張安樂，1948 年生於南京市，1949 年就隨父母來台灣，屬外省人；高中讀建國中學夜間部[2]，這時他加入竹聯幫。竹聯幫多數成員來自外省族群，為 1949 年隨國民黨政府來台的移民，他們有著不同的口音、言語、生活習慣，外省次文化與台灣主流文化互動與衝突，出現社會學文化衝突現象，導致犯罪或偏差行為。尤其，台灣早年多數青年面臨失學、失業壓力，加上許多家長為職業軍人，經年在外，缺少對小孩的監督，許多人因而流落街頭，加入幫派，參加打鬥，這也是為了保護他們自己。

2　早年，台灣一些後段班學校被認為是流氓學校，學生奇裝異服，穿緊身褲，戴變形帽子，經常在火車站或人多的地方遊蕩；建國中學夜間部屬流氓學校。

張安樂的故事讓我們認識竹聯幫（來源：Kokuyo 攝影）。

1956 年夏天，約有 200 名左右的中學生，都是外省幫派分子，來自軍眷區，他們在永和鎮竹林路成立「竹林聯盟」，這是竹聯幫的起源、前身。當時幫派活動集中在台北市古亭區、水源地，以及中和、永和一帶。

下述歷史與竹聯幫發展內容有關，涉及黑幫的暴力文化與黑幫企業化。

竹聯幫一開始是因為對抗省籍衝突而組成的團體，但後來發展為暴力犯罪，和其他幫派打架、搶地盤，主要是向夜市攤販索取保護費。今天，台灣黑幫收保護費的情形一直存在，也時常發生，通常黑幫派年輕人穿著黑色衣服去向商家索取費用，如不肯給，黑衣人會掀桌、砸店，讓商家無法經營。

竹聯幫發展的另一階段與陳啟禮有關。1968 年，陳啟禮從軍中退役，他到台北市中山區民權東路的西餐廳擔任經理，但卻讓地方幫派非常不滿，隨即藉由收取保護費而發生衝突，除武士刀械鬥外，亦出現散彈槍、土製炸彈等，當時的衝突震驚台灣社會各界。餐廳事件之後，竹聯幫正式踏入企業經營，尤其是特種行業、賭場、餐廳等，他們這時已經不再是街頭幫派，而是黑幫，開始建立事業與地盤（見維基百科，竹聯幫）。

根據維基百科的描述，竹聯幫核心成員約有 2 萬人，而如果包含準成

員與海內外相關團體成員則可能高達 10 萬人，成為全球最大幫派之一。不過這數字並無科學根據，實際數字也由於幫派的祕密性很難得知。竹聯幫的活動區域主要在台灣與中國大陸，但在香港、澳門，以及東北亞、東南亞，甚至北美地區也都有他們活動的蹤跡。

外省將官的四海幫

「四海之內，皆兄弟也」，這是台灣四海幫的格言。和竹聯幫一樣，其成員來自外省家庭第二代，只是他們的家境較為富裕，多數來自政黨、政治、軍隊高官、將官家庭。

四海幫成立於 1954 年，最初是在台北車站與西門町一帶活動，因為在那時候這一帶是台北市最熱鬧的地方，也由於四海幫成員家境富裕，幫派的目的以情感性為主，街角的聚會、交友聊天，當時並沒有要和其他幫派發生衝突、搶地盤。

四海幫由於其將官的家庭背景，早年創幫即積極訂定完整的組織架構，且依據公司組織而設計，能迅速招募成員，在 1960 年時人數已接近萬人，為一個大幫派。1971 年，四海幫的新生代劉偉民、陳永和與蔡冠倫等積極經營事業，除在傳統特種營業場所外，還經營期貨、營造廠、建築公司、影業公司等，積極擴大企業的版圖。

然而，迅速的發展卻帶來與竹聯幫的衝突，並發生震驚社會的幫派鬥爭流血事件，包括：「杏花閣血案」、「天廚餐廳事件」及「法庭喋血」等，也使四海幫與竹聯幫衝突不斷，成為兩幫派的歷史仇恨。

1984 年，台灣實施全台掃黑的「一清專案」，四海幫的幫主劉偉民、蔡冠倫、陳永和都在掃黑名單內。蔡冠倫、陳永和入獄服刑，劉偉民則偷渡至日本新宿，此時四海幫發展出現危機，尤其因掃黑而躲避日本的劉偉民遭當時十大槍擊要犯楊雙伍所殺。1987 年 10 月，這時四海幫發展嚴重

鴻源地下投資公司負責人沈長聲被捕，法院判七年徒刑，關四年後假釋出獄（來源：文化部）。

受挫。

　　此外，四海幫在 1980 年代，沈長聲、劉鐵球、於勇明等三人創辦的「鴻源」地下投資公司吸金上千億，但在 1990 年初，「鴻源」突然宣布倒閉，導致有超過 16 萬投資民眾血本無歸，有些人更是一無所有，嚴重破壞社會與經濟秩序，這時四海幫聲望與聲勢已一蹶不起。

　　1990 年代初期，出獄的四海幫陳永和成為實質掌權幫主，他嘗試壯大版圖，但 1996 年陳永和在自己經營的海珍寶餐廳遭射殺身亡，四海幫發展受挫。隔年（1997）2 月，四海幫董克誠以副幫主名義，帶七位成員至台北市刑警大隊，宣布解散四海幫。

　　解散後，四海幫以「中華四海同心協會」社團法人組織運作，他們投票產生幫主，稱為主任委員，也以法人名義舉辦活動，例如，2010 年 3 月在圓山飯店舉行春酒晚會，只是今日四海幫在台灣黑幫的影響力已不可同日而語。

地方角頭的天道盟

　　台灣的角頭乃指地方上的惡勢力、流氓、遊手好閒、欺壓百姓之

人，天道盟主要成員來自台灣地方角頭。

　　台灣是移民社會，早年民眾以廟宇為宗教信仰中心，具有凝聚共同情感功能，也是建立社會秩序的基石，而陣頭則是廟宇一個具有符號意義的活動，各式陣頭，如宋江陣、官將等，盛裝參與，配合遶境抓鬼、酬神敬神，熱鬧非凡，為地方的盛事，使廟宇成為農業社會不可或缺的生活方式與文化，廟宇也是人口聚集的地方。

　　然而工業化造成鄉村人口外移，廟宇逐漸在社會變遷中邊緣化，但這給了那些在學校失意挫折者一個可以參與、有他們角色的空間，同時更是這些少年聯絡情感聚集的場所。隨著少年的成長，他們開始利用廟宇作為據點，組幫派，發展他們的勢力，並和其他幫派對抗、搶地盤，追求他們自己的未來，典型的台灣本省角頭在此背景下出現。

　　台灣角頭各地都有，隨著社會變遷與發展，其型態從廟宇發展為社區或公共場所，例如：火車站、夜市、地方的地標等。只是，多年以來角頭並未能整合成為台灣大型且有組織的幫派。

　　根據維基百科，直到 1984 年，政府推出「一清專案」掃黑執法，一些本省角頭進入監獄，他們在獄中遭外省幫派欺負，且看到他們很有組織，深受威脅，所以決定成立幫派。

　　「除暴安良、替天行道」乃為其設立之宗旨，也是命名依據。大家同一心志，團結對外，追求幫派最大利益，天道盟在此背景下出現。1986 年 10 月 31 日天道盟在土城台北看守所成立，台北文山角頭羅福助任監督人，也是實質幫主。

曾被提報流氓的立法委員羅福助（來源：立法院）。

2023 年查詢維基百科，天道盟成員在台灣約有數千名，成員多數有前科，屬地方角頭型，其經濟來源多數透過合法行業運作，並以合法掩護非法，建立地盤，例如：經營 KTV、酒店、六合彩，但亦涉及販毒、職業賭博之類非法活動。天道盟近年發展快速，在海外也有活動，地點在中國、美國、澳洲，以及東南亞。

另外，天道盟長期經營台灣地方政治，與地方政治界建立良好關係，甚至透過買票進入議會，擴大實力與地盤，其犯罪活動甚多，包括：敲詐、勒索、詐騙、賭博、討債、毒品、軍火、走私、賣春、洗錢、綁架等，其也有合法事業，例如：工程公司、餐廳、KTV 等。

基本上，天道盟的組織結構已出現，地盤亦逐漸形成，成為台灣大黑幫之一；偶有打架、槍擊角頭事件，但不多，如果有，多數也是因利益衝突而造成。2021 年 4 月，天道盟濟公會八里分會會長林文章遭槍擊致死，槍手蔡易昇隨即帶槍投案，雖說殺人動機乃因曾被林文章毆打，懷恨在心所導致，但一般皆認為關鍵原因乃與林文章長期把持砂石運輸利益有關。和其他黑幫一樣，用暴力排除競爭，搶地盤。

以上是台灣三大黑幫的歷史背景介紹。台灣黑幫較著名者還有松聯幫、北聯幫，屬黑幫次要幫派。松聯幫目前還有活動，但北聯幫已消失。

台灣的次要黑幫事實上還不少，地方角頭的黑幫，例如：海線大哥、縱貫線大哥等都是；另外有以廟宇知名標的形成的黑幫，例如：西門町的萬國口、艋舺的芳明館也是；以地名形成的次要黑幫，例如：竹南幫、高雄七賢仔等。

　　筆者必須指出，雖然黑幫有組織、有階級，但筆者支持社會學者Chambliss（1978）的論點：「黑幫一點組織也沒有。」的確，黑幫是最沒有組織的團體，他們的組織非常脆弱，除成員流動性高以外，幫派分子彼此也沒有太強烈的情感，很多時候，他們的友誼是短暫的，沒有利益可圖就解散。尤其，有的坐牢，有的就業，有的受傷養病，沒多久就分道揚鑣，各走各的路。台灣黑幫的組織確實沒有大家認知中的嚴謹、階級分明或是分工細密。另外，台灣黑幫幫主的溝通或中央組織的命令，這些都不是很有明確性，很多時候，幫主的話下面不見得就願意聽從。

黑幫自首後沒有停止活動

　　1984 年，台灣政府實施「一清專案」，以及辦理「不良幫派自動解散登記」，警方總共逮捕 3,000 多名幫派分子，登記解散的幫派多達 500多個。

　　「一清專案」是台灣戒嚴時期的政策，幫派對執政的蔣經國政權帶來負面傷害，尤其政府透過情治單位派竹聯幫分子到美國洛杉磯刺殺寫《蔣經國傳》的華裔美籍作家劉宜良，這重創執政權威。加以當時黑道橫行，殺警搶賭場的林博文、殺警搶運鈔車的林宗誠犯罪集團、殺人最多的林來福犯罪集團、至少犯下 14 件搶劫殺人案的吳新華犯罪集團，以及殺警奪槍綁架勒索的胡關寶等，都帶給社會極度不安，「一清專案」之執行也在於安定民心，恢復秩序。

　　雖然有很多幫主帶小弟到警察局自首，宣稱解散，但他們真正的目的

則是配合政府政策，幫助執政權威，也和執法警察建立互動關係，屬名義上的解散而已。幾經自首後，黑幫並沒有消失，仍持續發展。後來台灣又發生鄭太吉議長殺人案、身揹 14 條人命的竹聯幫劉煥榮殺人案，以及劉邦友大屠殺、民進黨婦運人士彭婉如遭姦殺等震撼社會的案件，政府遂於 1996 年再度推出掃黑專案，定名「治平專案」，顯然「一清專案」沒有成功，黑幫一直都在，並沒有因為辦理自首就消失。

其實，在「一清專案」後的第四年，1988 年，台灣政府宣布釋放 300 多名被捕幫派分子，這時候各幫派又再度聚集，重新出發，尤其是竹聯幫，不斷投資與控制各行業，可說發展迅速，同時竹聯幫亦擴展至海外，成為國際性黑幫組織，只是這時的竹聯幫，比起過去，其黑幫組織沒有以前的嚴謹，殘暴兇惡的本質也少了許多。台灣政府 1988 年釋放黑幫分子的做法，讓人質疑黑幫與政治勢力密切往來的關係。

再者，中正大學犯罪研究中心 2021 年 1 月公布的民眾治安滿意度調查也顯示，高達 90% 的民眾對治安感到滿意，但對「掃蕩黑幫」的成效的滿意度卻僅有 61.4%，是各項治安指標滿意度最低者，可看出黑幫存在的事實，以及對社會治安威脅之持續。

多角化的黑幫地盤

只要有金錢的地方，黑幫就想要從中奪取好處，通常用暴力脅迫方式取得之，如此，暴力加上金錢就構成了黑幫的地盤，其型態多元，主要者為：八大行業、宗教廟會、夜市、影視、政治、公共工程、傳播業等。黑幫的地盤甚多，有政治、廟會、掌握工會、商會、農、漁會、賽鴿協會等各大工會、介入工程、收保護費、圍標、綁標、恐嚇勒索、經營六合彩、賭場、地下錢莊、放高利貸、暴力討債、走私、販賣毒品與軍火、販毒及其他刑案等。最近，黑幫則介入全球性詐騙犯罪。

圖 7-1 可看出黑幫地盤多元性，以及多角化運作的模式。

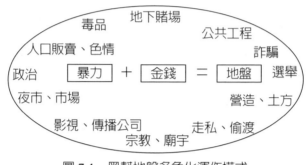

圖 7-1　黑幫地盤多角化運作模式

地盤建構方式有三：

第一，暴力強收保護費。一群黑幫小弟強銷茶葉、水果，店家不買就砸店、破壞，這是典型的用暴力取得地盤的方式，店家要營業就必須交出保護費。夜市、市場也往往是黑幫強收保護費的地方，有些夜市直接由黑幫收取；有些則以管理委員會收取清潔維護費，臨時擺攤也必須繳交清潔費。

第二，暴力控制特定合法事業、政治選舉，或公共事務的農會、漁會。八大行業、地下錢莊、廟會、影視傳播事業，都可以看到黑幫參與。另外，台灣選舉出現暴力，亦可看出黑幫積極經營政治地盤，掌控政府資源。相同地，農會、漁會的選舉也經常出現暴力，顯然這都是黑幫想要控制的地盤。

第三，直接從事非法犯罪活動建構地盤，例如：走私、販毒、詐騙、人口買賣等。

上述地盤算是黑幫的領土、勢力範圍，具獨占性、排他性，黑幫往往用暴力排除任何利益衝突或威脅對象。黑幫地盤說明如後。

八大行業

　　八大行業通常指舞廳業、舞場業、酒家業、酒吧業、特種咖啡茶室業、視聽歌唱業、理容業，以及三溫暖業，這些行業公司或營業場所必須經過許可才能營業。

　　「八大很多經營者是黑道」，這是台灣社會大眾的認知。八大消費動輒好幾萬元，利潤甚高，黑道早已介入。

　　黑幫和八大有如下關係，第一，八大往往是黑幫聚會、談判的地點；第二，八大內的傳播妹，涉及人口控制、買賣違法行為，是黑幫才做得來；第三，八大往往有毒品需求，製毒、販毒，這些是犯罪行為，也只有黑幫做得來。

　　以下新聞告訴我們八大與黑幫的密切關係。

　　2021 年 11 月，台灣疫情趨緩，政府要解封，要讓八大行業復業，以活絡經濟，這時，黑幫開始積極活動，準備投入市場，尤其是滿足八大毒品需求。後來警方發動搜索，破獲竹聯幫明仁會、萬華角頭芳明館與桃園血鷹幫旗下的販毒集團，查

黑幫販毒集團投入八大行業（來源：刑事警察局）。

扣超過 4,000 包毒咖啡和 K 他命等毒品。（見中國時報，2021-11-21）

影視傳播界

黑幫在台灣1980年代就已介入影視傳播圈，以下報導可說明這事實：

1983 年，高凌風，已過世，爲早年知名歌手，他在高雄市藍寶石歌廳作秀時，遭到黑幫分子楊雙伍開槍射傷，因爲高凌風未付 60 萬元保護費。楊雙伍後來偷渡到日本。這是黑幫早年介入傳播界暴力的歷史，帶給當時社會極大震撼。

在 1980 年代，台灣尚未出現資訊科技，那時秀場、歌廳、西餐廳等事業可說蓬勃發展，利潤也可觀，這讓黑幫想要介入、分食此一大餅。

黑道介入影視界、演藝圈最早且最著名者是，飾演《獨臂刀》的王羽，本名王正權，他出名之後，四海幫找上他，設下賭局，要他輸，交出

王羽主演的《獨臂刀》讓他出名，但也帶來和黑幫的糾紛（來源：電影海報）。

王羽捲入竹聯幫與四海幫的衝突（來源：中央通訊社）。

保護費，他只有出席一次，但對方認為不夠。於是 1981 年發生天廚餐廳事件，王羽遭砍重傷。

後來，王羽尋求竹聯幫協助，竹聯幫派人砍了四海幫劉鐵球 14 刀，以回敬王羽被砍的那七刀。

王羽遭四海幫砍，劉鐵球遭竹聯幫回敬砍傷，成為兩大幫派的歷史事實與歷史記憶，帶來兩黑幫其後更多的衝突與暴力。

楊登魁是黑幫介入影視傳播圈的典型人物。

楊登魁，1939 年生，年輕時就進入黑幫，因殺害角頭而入獄。出獄後他投入秀場娛樂圈。一清專案時，他曾被捕，也被提報流氓，在綠島被管訓三年多。出獄以後，他投入錄影帶、電影事業，也拍了《悲情城市》電影。1990 年，他又因經營職業賭場再度被提報流氓，進監管訓。出獄後，他開辦娛樂公司，錄製秀場節目，也經營有線電視頻道，賺了很多錢。楊登魁於 2013 年過世，喪禮時有許多知名影視人士出席，也可看出影視圈和黑幫之間密切的關係。

　　前面提及，黑幫進入影視傳播圈與龐大利益有關，早年電影票房、影星酬勞為數可觀，給了他們可以控制的空間。另外，影星要排進節目時，有的便透過黑幫安排，演員才能上節目拿片酬等，這時黑幫可以取得回扣，基本上這些是合法的，但影視界演員被逼喝酒，配合拍某公司的電影，甚至交出保護費等，時有所聞，也很暴力。此外，黑幫也利用影視圈進行洗錢，透過影視活動虛報所得，使黑幫犯罪所得成為合法收入。

販毒

　　台灣黑幫販毒的方式多數透過從國外走私，例如：漁船或透過海關進口，把毒品藏在進口物品中。進口之後，再分裝，並賣給毒品買家，他們再由小弟到夜店、酒吧、八大行業或私人派對場所販售。

　　原料主要是透過走私，但分裝的地點通常在出租套房內為之。黑幫通常採用不定期地更換地點，以降低民眾懷疑感。另外，幫派大哥與買家直接聯繫、交易，把錢要回來。

2023 年 7 月刑事警察局偵破竹聯、四海合資進行跨國大麻走私（來源：刑事警察局）。

依據高等法院檢察署的統計，2016 年 5 月至 2017 年 2 月間，走私至台灣的毒品來源主要是香港，查緝數量共 1,995.3 公斤，占緝獲量 35%；其次是中國大陸，查緝數量共 1,749.9 公斤，占緝獲量 31%。另外，毒品也有在海上製造者，完成製毒後丟入海域，讓其漂流至岸邊。

調查局曾破獲監守自盜毒品的人——航基站組長徐宿良，他曾勾結黑幫，將查扣的毒品分批用化工氯化鈉、檸檬酸等原料掉包，交給黑幫在外販售。此事件發生的時間從 2012 年 12 月起到 2019 年 3 月止，徐宿良犯罪期間長達八年。徐犯罪手法是：將破案查扣的毒品用化工原料調包、偷走，之後將毒品交給配合的黑幫分子張某，黑幫再派小弟與毒蟲交易，金錢交易完成後，徐到黑幫張某任職酒吧處收款。

徐宿良的故事告訴我們，黑幫與毒品密不可分，黑幫需要毒品以販售獲利；黑幫也走私毒品，供應市場需求。

宗教、廟宇

廟宇的香火錢有利可圖，自然黑幫角頭不會放過。

黑幫的做法主要有三：第一，直接控制廟會，收香火錢；第二，強迫、要求廟宇讓八家將參與廟會活動，給工資，形同收取保護費；第三，利用廟宇作為犯罪據點。

下面例子可看到黑幫介入廟宇的方式及其暴力本質。

大甲鎮瀾宮媽祖遶境是民間自 1988 年後每年的大型宗教活動，但經常出現衝突與暴力，遶境團隊經過彰化市區民生地下道是最常發生衝突的地點，多年來常爆發搶轎流血衝突事件，各地黑幫動員搶轎，過程中信號彈四射，造成公共危險，也爆發肢體衝突，相互叫罵聲，場面十分火爆。2022 年的遶境爆發竹聯幫張安樂率眾企圖闖進管制區搶轎衝突事件。

更早以前，大甲鎮瀾宮副董事長鄭銘坤曾遭其他黑幫綁票勒索，顏清

標乃依角頭處理方式請黑幫人士協調，最後確定贖款金額高達 2,500 萬，鄭銘坤也在高雄大寮河濱公園遭釋放。這起綁架事件顯然與黑幫介入宮廟地盤、彼此利益衝突有關。

筆者認為，黑幫介入宗教遶境活動，此與宗教龐大地盤利益有關，不同幫派者企圖透過暴力對於大甲鎮瀾宮龐大利益表達抗議，更有藉此壯大幫派勢力者以取得其他黑幫地盤利益。

根據 2019 年的統計，台灣寺廟、教堂數總計達 15,175 間，宗教密度之高是世界之最。其中，又有許多大街小巷的神壇，藉由宗教讓民眾得到安心與慰藉，有些宗教更表示能替人消災解難或收驚算命，有些直接定價錢，有些由民眾自行奉獻，稱為香火錢。一些香火鼎盛的廟宇容易引起黑幫注意，欲分食大餅，也讓清靜的宗教世界出現世俗的衝突與暴力。

夜市

黑幫介入夜市可以分為兩種型態：第一，直接對個別攤商強收保護費；第二，以管理委員會之名收清潔費。過去，竹聯幫剛成立時即在商圈收取保護費，其他地方角頭也是如此，黑幫收保護費已有很長歷史，至今仍廣泛流行，從未消失。

台灣許多地方夜市都有黑幫分子強收保護費的暴力事件，以下兩則新聞可略知黑幫用暴力介入夜市攤商的做法：

> 高雄金鑽夜市，因為生意太好，攤商被幫派盯上，收保護費，其實這樣的事情，不是第一次發生。這個月初，警方就逮捕一群黑道，他們自稱是夜市管委會，向通化夜市的攤販強收清潔費，一年就勒索了 800 多萬。（見華視新聞，2013-12-17）

台灣夜市小吃美食很出名，但常遭黑道強收保護費，照片背景是台中逢甲夜市
（來源：Rybloo）。

　　2018 年 11 月，台北市刑大在知名士林夜市逮捕了一名 43
歲的吳姓黑道，是天道盟會長，他看到龐大觀光攤商利益，便
率眾鬧事，向業者強收清潔費，就是保護費，攤商不配合，隔
幾天又會派小弟上門恐嚇。（見東森新聞，2018-11-15）

農會

　　2000 年前後，台灣許多農會信用部因惡意超貸，發生擠兌、倒閉案
件，造成社會風暴，中央最後負擔巨大虧損以解決、安定民心。農會信用
往往是農會理事長的私人金庫，濫用職權，違法超貸，讓國家蒙受損失，
也因為農會有如此龐大利益，許多黑道早就看到這塊大餅，積極要進入、
掌控農會。

　　台大教授趙永茂、黃瓊文（2000）在台灣威權體制轉型前後農會派系
特質變遷的研究中指出，地方派系控制農會，黑金政治進入農會，成為
1990 年代台灣威權體制轉型的特色。政治體制轉型，帶來迷亂，威脅秩
序，也給黑幫有介入的機會。

政治、議會

議長鄭太吉殺人事件是黑幫介入政治的代表案件。

台灣黑金政治代表人物鄭太吉（來源：中選會）。

鄭太吉，1959 年生，國中教育程度，1984 年因「一清專案」入監，後來當選屏東縣議會議長，1994 年 12 月，他拿槍殺死他的結拜兄弟鍾源峰。鄭太吉於 2000 年 8 月 2 日在高雄監獄遭槍決。

2010 年 3 月，嘉義市議會發生選舉暴力，嘉義市議會議長與副議長的選舉由於選前選情緊繃，相關單位接獲檢舉指黑幫介入，有人拿槍要議員「選邊站」。黑幫視政治為其重要地盤，必須占有，所以要用暴力取得。

2022 年，民進黨雲林縣議員顏旭懋與 10 多人組成走私毒品集團，由其擔任幕後金主，以一位陳姓漁民之漁船作為運送毒品工具，從屏東東港鹽埔漁港出航，之後在東沙島附近接駁裝有約 800 公斤重的安非他命運回台灣販售，後遭警方查獲。令人感嘆者，顏旭懋過去都還拿縣府補助款辦理反毒宣導活動。總之，顏旭懋欲利用其政治影響力，以降低警方對其犯罪行為之懷疑，減少被捕風險。

　　黑幫地盤具排他性，任何地盤受到威脅、遭侵犯者，黑幫以暴力對付，排除之；通常，黑幫用恐嚇的口語、電話，或丟汽油彈，甚至用槍等，迫使競爭者因懼怕而退選，進而達成控制政治地盤的目的。因此，選舉出現暴力，直到今天都存在，黑幫的目的在於控制政治影響力。

　　高永光（2000）在分析黑道兄弟和地方派系的互動時指出，地方派系人物與黑道合夥做生意外，亦藉其為公職人員身分取得營業執照，應付警調單位，然實際出資以及保護生意場所者多數為黑幫人士。

　　顯然，黑幫介入政治有利於取得政府營運許可，這是行政執行的優勢；而如為八大行業，則可以降低經營風險，這是執法的優勢。另外，黑幫介入政治可影響政府政策規劃方向，讓其關係公司取得政府工程，這是政治監督的優勢。

其他犯罪活動地盤

　　人口販賣、偷渡、色情、走私、地下賭場、偽造商品與醫藥用品、野生動物、跨國木材走私、製毒、販毒等，都是法律所禁止，懲罰亦重，但因利益大，黑幫往往甘願冒險介入也要占有地盤。最近，網際網路時代，黑幫犯罪已逐漸轉型到資訊與網路詐騙活動，且發展趨勢擴大甚速。

　　看看下面兩則報導：

　　　最近黑幫從事詐騙越來越多，警方逮捕詐騙集團發現成員多數為黑幫背景，例如，2021 年，警方發現竹聯幫靖安會吳姓男子從事假租屋真詐財的詐騙。（見匯流新聞網，2021-8-20）。

　　　新北市永和警分局掃蕩黑幫，卻意外破獲詐騙集團。警方表示，2022 年 4 月底，警方發現新北市簡姓黑幫分子控制旗

下八名成員，用假投資手法詐騙民眾，犯罪地點在三峽、桃園等地，詐騙已成爲一個新興起的黑幫犯罪模式。（見聯合報，2022-4-22）

上面是黑幫以暴力取得地盤的介紹，黑幫地盤往往有地域性，也有排他性，包括：人口販賣、地下錢莊、毒品等，通常以地理區為之，也有以行業為之者，禁止其他人進來搶生意；如果有其他黑幫要強行介入，黑幫會以暴力排除地盤侵略，這是黑幫暴力的源頭。

當然，黑幫為了地盤，他們賄賂政府官員、國會議員，排除競爭，有利於他們自己的事業，只是他們的事業往往都是追求短期獲利，傷害社會道德規範（Van Duyne, 1996）。

黑幫暴力

以下介紹黑幫暴力方式，包括：敲詐勒索、暴力討債、殺警奪槍、黑幫火拼、殺角頭的抽死籤等。

工程敲詐勒索

用暴力、威脅或不正當方式，從他人取得好處者稱為敲詐。台灣黑幫敲詐對象很多，如影視圈藝人、建築工地或進行中的公共工程，如果業者抗拒，黑幫便訴諸暴力，使對方因心生恐懼而屈服。

工程敲詐在暴力數量上應該是最多的，其做法很多，例如，帶人到建築工地舉牌抗議、鬧場、鬧事，有的甚至用槍對工地掃射，也有匿名向政府部門到處檢舉工程違規者，皆試圖干擾工程或使工程停擺、延宕工期。

最近，台灣都市更新大幅展開，也看到黑幫介入。依《都市更新條例》，房屋重建之申請，應經建築物所有權人超過二分之一之同意，黑幫

便以暴力威脅地主簽同意書，以達申請條件。

　　2012 年的 9 月，新北市淡水區發生黑幫試圖敲詐工程包商的事件，曾經是敵對的竹聯幫與天道盟兩黑幫，雙方合作派了 13 名辣妹和 50 名黑衣人，到淡水一處建案外舉牌抗議鬧場，嚇到許多看屋買家，警方後來發現原來後面是黑幫向包商索討佣金不成，所做的勒索手段。（見自由時報，2012-5-3）

　　2015 年 3 月，竹聯幫成員陳俊男，鎖定泰山、五股一帶建案業者，指揮小弟前往業者辦公室，恐嚇「我是這邊的土地公，賺錢之前不先打聲招呼？」要求保護費，如不從即持棍棒砸店、毆傷業者，還稱手中握有違法施工光碟，不配合會被迫停工。（見自由時報，2015-3-5）

　　2023 年 9 月，台北市大直基泰建設建築工地因施工不當，造成隔壁建築嚴重傾斜倒塌，受害戶達 197 戶，立法委員高嘉瑜後來在臉書上指控，該公司經常找黑衣人、黑幫分子，以順利推動工程，尤其是都市更新案，強迫住戶簽都更同意書。高嘉瑜說，若住戶不同意，基泰建設的人就會圍事威脅，例如：開車堵門、挖斷瓦斯管線，讓民眾恐懼；還威脅：「再不同意就會有人採取行動。」（見高嘉瑜臉書，2023-9-8）

　　黑幫威脅、敲詐工地案例甚多，遍及台灣各地，工程也不分大小，這裡僅呈現整個問題的冰山一角，實際情況應進行科學研究調查以得知。

暴力討債

　　下面是黑道暴力討債的做法：

2023 年 7 月刑事局掃蕩地下錢莊暴力討債集團所查獲贓證物（來源：刑事警察局）。

　　黑幫成立的資產管理公司多數未經登記，他們或以個人或以其他公司，透過法院的拍賣系統取得破產公司的債權，通常是破產倒閉但仍擁有他人債權者，黑幫公司在取得破產公司債權時也同時取得這些欠款人，即債務人的債權，便以暴力向這些欠款人催款。

　　另外，黑幫直接向銀行低價標得銀行信用卡或是欠銀行的呆帳（銀行通常會公開標售），黑幫在取得債權後，直接強迫債務人拿錢出來，就是通稱的討債。

　　再者，由於債權具有可轉換性，有些時候，黑幫直接向得標的公司購買債權，之後由他們進行暴力討債。

殺警奪槍

　　殺死保護民眾的警察，這類事件並不多，但每每發生便震撼社會、人心惶惶，且犯罪者多數來自黑幫。老兵李師科殺警奪槍是少數例外。警察於執行勤務時遭黑幫殺害，槍枝被搶走，黑幫在奪取槍枝後逃離現場，並用槍枝作為其他犯罪的工具，如綁架、搶銀行。

1983 年 1 月 3 日，吳新華犯罪集團於新竹湖口犯下「雙哨兵命案」。1984 年 4 月，林宗誠犯罪集團，成員有洪敏雄、林順健與溫錦隆等人，先持刀砍殺基隆市警局員警廖國棟、薛東城重傷，搶走配槍。1985 年 10 月又在台北市攔截運鈔車，槍殺保護運鈔車的保二員警林明侯，搶走配槍，運鈔車上的 234 萬元也被搶。同年 11 月又槍殺台北市警局警員蕭益勝並搶奪配槍。林宗誠犯罪集團總共犯下三起殺警奪槍案件，三名警察遭殺，其目的主要是搶銀行，包括土銀運鈔車搶案、華南銀行搶案，以及其他大小刑案共計 113 件。

1985 年 12 月，胡關寶犯罪集團持卡賓槍殺害新竹兩名警員並搶走配槍。胡關寶等人用警槍搶劫華銀和平東路分行，並殺害襄理林永泉。

早年台灣槍枝管制嚴格，槍枝取得不易，才造成殺警奪槍，多數也在戒嚴時期發生，犯罪者以黑幫分子為主。1987 年解嚴以後，槍枝逐漸增多，尤其改造槍枝氾濫，殺警奪槍事件也隨之消失。

黑幫火拼

幫派打架主要以少年為主，年少氣盛，動輒拿棍傷人；這些少年多數來自不穩定家庭，在學校的學習是挫折與失敗的。然而，黑幫火拼不同於幫派打架，其目的往往是為了搶地盤或捍衛地盤，手段極其凶狠，有黑吃黑的死亡暴力、殺老大，或用生死籤決定殺手執行者等。

前面提到，黑幫火拼、黑幫彼此之間的衝突，以王羽的案子最為經典，影響也最深遠，後來竹聯幫與四海幫的火拼一直沒有停止過，與這段歷史不無關聯。以下說明竹聯幫與四海幫的火拼。

2014 年 2 月，四海幫一位蔡姓黑幫成員到中山區酒店喝酒，與竹聯幫分子發生衝突，遭殺成重傷，事後蔡帶 100 多名黑衣小

弟前往酒店砸店，雙方準備火併。北市刑大獲報後，即前往林森北路，並逮捕嫌犯，共查扣 4 把制式手槍、82 發子彈，另有 62 發霰彈。（見中時新聞，2014-3-6）

　　雖然四海幫和竹聯幫的衝突有其歷史背景，然今天省籍因素在幫派的影響力已遠不如昔，兩幫派間之火拼已不明顯。事實上，幫派火拼原因主要來自地盤間的衝突，是今日任何幫派衝突的本質，也包括槍殺角頭老大的暴力。

　　下述黑幫火拼涉及槍殺黑幫的角頭、老大發生於 1987 年，殺人者為地方角頭楊雙伍，被殺者是四海幫老大劉偉民。

　　楊雙伍，1952 年生，父親是國民黨來台警官，曾任分局長，娶日本女子為妻。楊雙伍小時候因他是台日混血經常被人嘲笑、欺壓，加以他不喜歡讀書，高一就輟學混江湖，進入黑幫。17 歲時，楊雙伍因一起衝突事件殺了一名船長，而走入黑幫世界，無法抽身。1982 年 12 月間，楊雙伍令手下槍殺積欠賭債的王仙楠；1983 年 4 月，藝人高凌風在高雄市藍寶石歌廳作秀，遭人開槍射傷，也是楊命手下幹的（該案件前已敘及）。之後，楊雙伍逃往日本並取得日本護照，改名加藤祥康。在東京期間，楊雙伍開賭場，並與四海幫結仇，1987 年，楊雙伍在日本東京擊斃四海幫老大劉偉民及王鎮華，後遭日本警方拘捕，並在日本服刑。

　　出獄後，1990 年，楊雙伍在泰國被捕，遭送回台，被判處無期徒刑並入獄服刑，共在監獄待十二年。2003 年 9 月，楊假釋出獄，定居高雄市，現經商，投入公共工程生意，亦擔任「高雄市歌舞藝能服務人員職業工會」理事長。惟出獄後仍涉及圍標公共工程，以及暴力介入砂石生意，曾遭警方逮捕，但並未被判刑。

　　黑幫火拼以 1996 年 1 月，四海幫老大陳永和在自己開設的餐廳遭槍

殺達最高點。陳永和時任四海幫第四任幫主，他在自己開設的餐廳內遭二名蒙面黑衣人射殺，身中八槍，該起事件震驚社會各界。原本位於台北市復興北路的海珍寶餐廳，如今已經變成辦公大樓，但這起命案至今卻仍懸而未破，無法得知殺黑幫老大之動機，但殺了老大絕對可以讓黑幫地盤有重新分配的機會。

下述也是殺角頭案，2010 年 5 月 28 日，翁奇楠在自己的日月生物科技公司遭槍擊身亡，在旁的角頭賴榮振也受波及身亡。翁奇楠是一名有綁架、強盜殺人等前科的地方角頭。翁案槍手是廖國豪，未滿 18 歲，殺人後沒多久便向警方自首投案。警方認為幕後主使者是地方角頭楊定融，他6 月 26 日從大陸返台後警方立刻給予逮捕。顯然，這是一件買凶殺人案，台中地方黑幫分子集資買凶槍擊角頭。

殺角頭的抽生死籤

殺角頭往往有抽生死籤的做法，這是黑幫殺人的次文化。要殺一個人，由抽籤來決定動手的槍手。角頭老大通常不會親自動手，畢竟殺人須冒很大風險，可能會被殺，也可能會被捕、進監獄，代價都很大。

2013 年 8 月 7 日，天道盟天德會前副會長劉芳成遭槍殺身亡。劉芳成因為在新莊輔大花園夜市，以及新北市家禽屠宰場等事業經營，與人發生糾紛、結怨，仇家可能召開「抽生死籤」會議派出殺手。犯案當日晚間11 時許，殺手騎機車跟蹤劉芳成並製造小擦撞，當劉芳成停在新莊中山路與中環路口等紅燈時，殺手當場拿出槍枝近距離朝劉芳成射殺，共 11槍，劉芳成當場身亡。殺手吳俊廷深夜在律師陪同下到警察局投案，吳俊廷後來遭法院判刑十九年。

2020 年底台灣直播知名人物館長陳之漢槍擊案，據報導是黑幫抽生死籤決定槍手，槍手劉承浩自己也承認是他抽中執行。

　　抽生死籤是黑幫做法，殺手必須會用槍，有勇氣，因此通常是由幫派分子中挑選參與，並抽籤決定槍手人選。殺手通常是年紀輕的，最好是未成年人，因為刑責較輕。但若只是年輕，第一，勇氣不足；第二，經驗不足，不一定能達成任務。執行完畢，通常殺手會主動向警方自首；如此，理論上會有人幫殺手籌安家費。

黑幫的犯罪學解釋

　　筆者從犯罪學中找了以下幾個理論，可以用來說明何以參加黑幫的問題。

社會學習理論（Social Learning Theory）

　　經由相互接觸而學習犯罪，這是黑幫分子必經之路。他們模仿犯罪者，模仿黑幫，並且學習黑幫價值觀體系，知道幫派分子如何被尊敬的路程，以及對權威的認識等，這些都是他們學習成為幫派分子的過程，也是他們學習的內涵。

　　黑幫成員學習的價值內涵有：會用刀或槍、兇狠殘酷、敢衝敢殺。另外，也要學習對組織、對幫主的絕對忠誠。台灣一些黑幫於選定成員後還會送往國外接受訓練。

社會解組理論（Social Disorganization Theory）

　　社會解組理論在於解釋社區的幫派分子、幫派的活動。他們的社區是解組的，幫派的組織較為鬆散，幫派分子通常具有地域性，他們都來自相同的社會經濟背景，在學校也很挫折，甚至他們和家人的關係也不好。解組理論來自芝加哥學派，強調區位的解組，弱化社會控制力，尤其是貧窮與不平等，增加挫折與敵意，進而帶來犯罪與幫派活動（Sanchez-Jankowski, 1995）。

　　基本上，黑幫分子經歷了貧窮，見證了他們被剝奪、無法用傳統的方法成功，他們生活的社區造成他們生氣、敵意，社會不公平、挫折的生活環境使得他們加入幫派，嘗試用非傳統的方法達到成功。

　　台灣生活條件差的軍眷區、海岸線的貧窮地區，這些地區的人文經濟特性讓他們走入黑幫。

迷亂理論（Anomie Theory）

　　Merton（1968）的迷亂理論指的是個人結構適應失敗所產生出來的偏差行為，失敗者嘗試在適應過程中以非法的方式達到成功。依據 Merton 的說法，由於文化上強調以合法方法取得成功，但社會結構本身卻有其缺陷，無法滿足每一個人。因此一些人，主要是貧窮者或少數族群，因為以合法方式達到成功相當不易，造成社會化目標和方法之間出現差異，產生迷亂情境，成為導致犯罪的先決條件。在毫無選擇下，這些人必須以自己所能想得到的方式達成目標來適應自己的迷亂情境，而這些方式往往是偏差的、犯罪的。參與幫派在於用非法方法達到成功目標。

文化偏差論（Cultural Deviance Theory）

　　犯罪是他們的生活方式，不同於工人、中產階級、上層階級的人，這就是次文化理論。他們的次文化是暴力的，用暴力解決問題，凶惡是他們的特質。他們的文化是犯罪的，多數在於從事犯罪活動、毒品交易、色情業者，敲詐是他們的角色。他們也拒絕政府權威，認為沒有必要依據政府法令做事情。

文化衝突論（Cultural Conflict Theory）

　　該理論強調，族群、移民或者那些非主流社會的族群，在文化上與主流文化的衝突是組織犯罪的來源（Smith, 1976）。台灣的竹聯幫、四海幫

都來自大陸的移民族群，其語言、價值觀、生活方式常與主流社會衝突，尤其擔心受到台灣人欺負，因而組織幫派，此為台灣竹聯幫、四海幫出現的解釋。

社會移動奇怪的梯子理論（Queer Ladder of Mobility）

輪替，被壓迫的團體，他們嘗試要促進他們的社會地位，幫派似乎是一個可行的管道，該論點稱為社會移動奇怪的梯子理論（Vito & Maahs, 2015）。

基本上，邊緣的族群、移民或者那些非主流社會的族群，透過組織犯罪，在被壓抑的地區從事犯罪活動，以取得金錢和控制權力。

沒停止的政府掃黑專案

政府掃黑並沒有成功，但是掃黑也從沒有停止過，以下是警方自1955年開始的專案。

1955年推出「伏妖專案」，這是台灣第一次掃黑，當時約有2,000人被送進警總管訓隊。當時黑幫火拼，衝擊治安，黑幫、流氓都被送進警總管訓了。

1962年推出「安民專案」，鎖定對象為社會上的混混。

1963年推出「靖民專案」。

1976年推出「除四害專案」，主要是掃蕩幫派組合、職業賭場。

1980年的專案有二：第一個為「捕鼠專案」，因為竊盜慣犯，如扒手，影響社會秩序，造成社會不安而執行。另外，第二個為「撲牛專案」，乃針對買火車票、電影票，遭一些人惡意排隊，再以高價賣出者，所謂黃牛，特別執法，予以嚇止。

1984年11月12日推出「一清專案」，當時是因為江南案而推出。

　　1990 年 7 月 9 日推出「迅雷專案」，針對情節重大者或再犯流氓的掃黑。

　　1995 年 3 月起實施第一階段的「治平專案」，以及 1996 年 8 月起實施第二階段「治平專案」，直到今日，主要目的在於執行黑幫掃蕩，遏止黑幫組織犯罪滋事。

　　另外，政府也辦理幫派自首、解散專案，分別在 1973 年、1978 年、1984 年以及 1997 年等，共四次。

　　目前政府已停止推出掃黑專案，但是仍繼續執行「迅雷專案」與「治平專案」。前面提及，「迅雷專案」以情節重大者為執行對象，「治平專案」則以一般的黑幫為執行對象。執行到案者會依司法程序，由檢察官起訴與法官審判，過程很長也很複雜，多數案件都沒有起訴或定罪，這是警方執行掃黑專案最感無奈之處。

　　隨著時代變遷，專案名稱可能會改變，但是掃黑還是會繼續，因為黑幫不會消失。

違憲的檢肅流氓條例

　　台灣用來處理黑幫的法律是《檢肅流氓條例》，該法於 1985 年制定，2009 年廢止，實施長達二十四年。

　　條例廢止由大法官會議決議。2008 年大法官會議第 636 號解釋文揭示，《檢肅流氓條例》違憲，並要求該條例一年後失效。

　　過去，依據《檢肅流氓條例》，警察可以對於一些不良犯罪分子，給予認定為流氓，並經過法院同意確定後，可以拘留一年，稱為感訓處分。大法官認為該條例第 2 條第 3 款中，對於霸占地盤、白吃白喝、行為惡劣、遊蕩誣賴等，作為流氓認定之依據，這與法律明確性原則不相符，而認為該條文違憲。

另外，流氓認定由審查委員會決定，委員有警察、檢察官，也有犯罪學家；筆者曾參與，深知審查與提報程序。然，2008 年大法官會議認為，在審查程序中，被提報流氓的人沒有到場陳述意見，這也與法律上公開審理的精神明顯不符，被認為違憲，而在西方，被告與指控的證據相互對質（Confront to the Witness），這是刑事司法體系中非常重要的法律精神，可惜審查委員會缺少這精神。

《檢肅流氓條例》實施多年，自然有其維持社會秩序的功能與貢獻，但也有批評。很多人認為，黑幫一直存在，沒有消失，條例沒有實質功能，尤其很多少年幫派分子往往以是否曾被提報流氓、有沒有接受感訓處分作為進入黑幫的重要指標，使得條例本身更具黑幫認證作用，而非該條例原始目的：防止流氓破壞社會秩序。

台灣黑幫的司法控制

台灣黑幫犯罪的法律懲罰主要以特別法《組織犯罪防制條例》為主，《刑法》上的恐嚇、詐騙、重傷害罪等也是司法機構處理黑幫的法律依據。一般的法律程序由警方逮捕、留置，之後交給檢察官，再由檢察官認定是否犯罪、是否提出告訴，最後由法院做出判決，共同建構黑幫司法控制。

全台灣 2022 年 1 月到 3 月，警方移送檢察官的組織犯罪案件有 1 件。2021 年 10 月到 12 月有 3 件，7 月到 9 月有 1 件，4 月到 6 月 0 件，1 月到 3 月有 3 件，總共 2021 年有 7 件。之前，2017 年組織犯罪發生之件數為 38 件（見 2019 年內政部警政署刑事警察局統計）。不過，警方的資料還有補報發生件數 95 件，合計 133 件。警方補報反映了黑幫蒐證與移送的難度，同時更可能是警方工作績效要求的結果。

下述統計事實也告訴我們組織犯罪的定罪率很低。2019 年，檢察署

起訴起訴違反《組織犯罪防制條例》者有 5,153 人，多數是警方提供，但同一期間，被法院裁判確定有罪人數則只有 46 人，而到最後交由地檢署執行的人數更低，統計上只有 9 人。當然，法院判決往往延後好幾年，用同一時間的統計比較並不恰當，但可以確定者，被法院裁判確定有罪機率很低，反映透過法律懲罰黑幫的困難。

　　近些年來，組織犯罪不管是警方或檢方處理件數明顯減少，有下列可能原因：第一，黑幫往往都聘有自己的律師，他們越來越能夠知道如何去避免刑事上組織犯罪之移送；第二，警方移送的組織犯罪案件被判成立者寥寥無幾，降低警方移送的意願。

黑幫定義

　　《組織犯罪防制條例》所稱犯罪組織，係指三人以上，以實施強暴、脅迫、詐術、恐嚇為手段或最重本刑逾五年有期徒刑之刑之罪，所組成具有持續性或牟利性之有結構性組織。據此，人數因素、暴力或詐騙、其犯罪行為最重可達五年之徒刑者，或是否屬於持續性或是取得利益之犯罪，皆影響組織犯罪之構成。

大額罰金

　　依法，發起、主持、操縱或指揮犯罪組織者，處三年以上十年以下有期徒刑，得併科新台幣 1 億元以下罰金；參與者，處六月以上五年以下有期徒刑，得併科新台幣 1,000 萬元以下罰金。

　　如果再犯，罰金更高，可達 2 億元以下之罰金。另外，犯罪者於刑之執行完畢後，令入勞動場所，強制工作，其期間為三年。有關再犯之罰金已於 2017 年 12 月 15 日修法廢止。另外，《組織犯罪防制條例》中的強制工作也已於 2021 年底被大法官會議認定違憲，釋字第 812 號解釋認為

《組織犯罪防制條例》有關強制工作的相關規定違反《憲法》第 23 條的比例原則。

沒收犯罪所得

依據《組織犯罪防制條例》第 7 條第 1 款，參加、招募、資助之組織所有之財產，除應發還被害人者外，應予沒收。另外，對於參加組織後取得之財產，未能證明合法來源者，應予沒收。

檢舉獎金

依規定，檢舉人於其所檢舉之犯罪，經法院判決有罪者，給與檢舉人檢舉獎金。

檢舉人、被害人及證人身分之保密

基本上，檢舉人、被害人及證人應予保護，檢舉人的身分資料應予保密、封存，也不得放入移送審理的文書內。

證人的姓名、性別、年齡、出生地、職業、身分證字號、住所或居所等資料，應由檢察官或法官封存，也不得閱卷。

不得登記為公職人員候選人

依法，經判決有罪確定者，不得登記為公職人員候選人。

警察大學柯雨瑞等人（2020）在我國打擊組織犯罪機制現況、困境與對策研究中指出下列幾個問題：1. 組織犯罪型態非常多元化、多樣化，大幅增加防制困難度；2. 組織犯罪利用合法企業掩飾非法；3. 組織犯罪定義不清；4. 被害人及證人之證詞反覆；5. 打擊組織犯罪偵辦人員能力尚待精進；6. 防制跨國組織犯罪缺乏國際犯罪情資來源。

柯雨瑞等人（2020）正確點出台灣打擊黑幫的困境，他們主要是從警

方執法的角色分析之；筆者則認為這些困境很多是政治過程的結果，黑幫成功地建立地盤，影響政治，甚至參與政治、干涉政治，使得政府一直沒有辦法建立強而有力的政策。當然，司法部門亦須承擔責任，同樣缺乏一個打擊黑幫的共識。

結論

本章討論台灣黑幫問題，三大黑幫歷史發展、黑幫組織、多角化型態的黑幫地盤，以及黑幫暴力。另外，我們也討論警方，以及司法上對抗黑幫的做法，以對黑幫問題有深入認識。

黑幫是人類社會的產物，黑幫用暴力求生存，破壞社會秩序與傷害人類共同情感，衝擊社會公平、正義價值，這是黑幫不容於社會之處。

然，不管執法者如何努力壓制、對抗黑幫，黑幫都沒有消失；事實上，隨著黑幫進入資本市場，擴大經濟規模與地盤，透過政治權力，已嚴重扭曲資本市場機制，成為當今各國政府都很棘手的問題。

黑幫的犯罪打擊成效有限，但如果不打擊，黑幫更是肆無忌憚，對社會帶來更多傷害，因此，持續打擊黑幫是唯一的路，尤其是幫派首領，他們的消失可以挫折黑幫組織發展，同時斷送黑幫地盤。另外，金融改革也是必要的，讓黑幫從犯罪所得到的金錢無從流通於金融體系，若發現則給予沒收。

政府對抗黑幫犯罪不易和黑幫設下保護網有關，黑幫有層層的保護網，他們透過政治權力、警察關係、小弟或車手、人頭等，黑幫往往躲在後面，不讓其地盤組織受動搖，這是打擊黑幫需要思考的問題。

不過，就犯罪預防來說，還是要回歸問題源頭，這些與黑幫犯罪生涯發展有關，黑幫如何出現，如何加入黑幫，如何從小弟到大咖，都需要深入了解，從源頭解決才能做好預防工作。另外，黑幫一直沒有消失，被抓

了、被關了、被殺了，但很快就有了接手的黑幫，這是幫派分子與地盤替代的問題，也值得探討。

　　台灣黑幫政策還有一個困境，由於台灣國際政治地位特殊，參與國際刑警組織（Interpol）、歐盟執法合作署（Europol）、東協警察組織（Aseanapol）有高度困難，使台灣在打擊組織犯罪上受到許多限制，尤其是跨國詐騙、人口販賣、洗錢、毒品運送等問題。為了防制國際性之組織犯罪活動，政府可以做的是由政府授權（可能是非營利機構），與台灣友好的外國政府共同合作打擊黑幫。

參考書目

高永光（2000）。台北縣地方派系與黑道互動模式之研究。國科會研究報
　　告。

柯雨瑞、呂倩茹、馮貴顯、黃翠紋（2020）。我國打擊組織犯罪機制現
　　況、困境與對策。2020 年台灣公共行政與公共事務系所聯合會年會
　　暨國際學術研討會。

趙永茂、黃瓊文（2000）。台灣威權體制轉型前後農會派系特質變遷之
　　研究——雲林縣水林鄉農會一九七○及一九九○年代為例之比較分
　　析。政治科學論叢，13：165-200。

Chambliss, William (1978). *On the Take: From Petty Crooks to Presidents.*
　　Indiana University Press.

Merton, Robert (1968). *Social Theory and Social Structure*, rev. ed. Free Press.

Sanchez-Jankowski, M. (1995). *Ethnography, Inequality, and Crime in the Low-
　　Income Community.* Stanford University Press.

Short, James (1990). *Delinquency and Society.* Prentice-Hall.

Short, James (1996). *Gangs and Adolescent Violence.* Center for the Study and

Prevention of Violence.

Smith, Dwight C. (1976). "Mafia: The Prototypical Alien Conspiracy," *The ANNALS of the American Academy of Political and Social Science*, 423(1): 75-88.

Thrasher, Frederic (1927). *The Gang: A Study of 1,313 Gangs in Chicago*. University of Chicago Press.

Van Duyne, P. C. (1996). "Organized Crime, Corruption and Power," *Crime, Law, and Social Change*, 26(3): 201-238.

Vito, Gennaro F. & Maahs, Jeffrey R. (2015). *Criminology*. Jones & Bartlett Publishers.

第八章

自殺與迷亂

自殺與迷亂

本章要討論死亡人數遠遠超過殺人犯罪的暴力——自殺。

著名社會學者 Durkheim（1897, 1951）寫了《自殺論》（*Suicide*）一書，開啟了社會學犯罪問題研究，他脫離當時盛行的生物學與心理學的犯罪解釋，提出了社會事實、社會情境，亦即社會迷亂的解釋。

Durkheim（1897, 1951）定義自殺如下：它是一個直接或者間接的正面或負面導致死亡的行為，由受害人自己主導執行，自殺者也清楚知道行為帶來死亡的結果。

Durkheim 進一步說明，自殺是一個社會事實的產物，與人和社會整合程度有關，且受制於集體生活道德約束的程度，即自殺與社會迷亂情境密不可分，且與集體生活的道德約束有關。下面是 Durkheim 著名的自殺解釋：自殺與社會的分工程度成反比的關係，社會越分工、社會整合程度高者，自殺率越低；反之，社會迷亂、分工的功能喪失、社會整合程度低者，自殺率越高。

這裡，Durkheim 並沒有要解釋個人何以犯罪的問題，他要說明的是導致自殺的社會情境因素，他並以實際數據來顯示社會迷亂情境與自殺的關係。他指出，男生自殺率高於女生，老年人高於年輕人，離婚者高於未離婚者，沒有小孩者高於有小孩者。另外，他還發現，基督教自殺率高於天主教、猶太教。男生、老人、離婚者、沒有小孩者，與社會整合的程度

較低，自殺率較高。天主教徒與神父關係較親近，天主教會的社會整合程度高於基督教，天主教自殺率明顯低於基督教。

總之，對 Durkheim 而言，自殺雖然是個人行為，但他關心的仍是整體的社會情境、社會整合情況，這些才是使人類自殺的原因。

確實，自殺雖是個人行為、個人的決定，但自殺者本身往往試圖要傳達一些訊息給他生活的世界。男女綁紅絲帶一起自殺，象徵祈求來世要在一起；炸彈自殺的人，他們可能想使社會動盪不安，可能也想要表達對於政府政策的不滿，或可能想表達對特定人、事、物的不滿或抗議；有的自殺可能想控制人或要換取某種的利益；有的則可能是為了逃避內心深處的罪惡感及無價值感。

自殺不會只是個人自己結束自己的生命而已，很多時候更是要給和他有關係的人或者是整個社會，一個很強烈的訊號。簡單地說，自殺是一種人類溝通方式、一種符號語言，自殺與人類社會情境有密不可分的關係。

四種自殺類型

Durkheim 提出四個著名的自殺類型，他們都與迷亂情境本質有關。這裡僅做簡單說明，詳細內容寫於侯崇文（2019）的《犯罪學──社會學探討》。

利他式自殺（Altruistic Suicide）

當一個人存在的基礎遠超過他個人的生命價值，這時便會出現利他式的自殺。利他式的自殺通常發生於社會凝聚力非常高的社會，團體也有很強的整合力量，在此情況下選擇自殺，我們稱為利他式的自殺。利他式的自殺，往往視自殺為一個人的責任，他們為了團體的存續而自殺，於第二次世界大戰期間，許多日本軍人選擇自殺，犧牲自己，捍衛國家，這是利

他式自殺著名的例子。

自我式自殺（Egoistic Suicide）

　　當一個人發現自己不再有生存的目的，此時的自殺稱為自我式自殺。這類型的自殺很多是源於個人所經歷的社會情境十分迷亂，所有的社會連結都不足以對個人產生意義，這時個人看不到其生存之價值而結束自己的生命。

　　自我式自殺者往往認為自己沒有價值，沒有活下去的理由，有些時候，個人對社會或團體的情感可能沒有那麼弱，但自我否定，不願意融入這個社會，因而選擇自殺。舉個例子，母親因病過世，唯一留下的女兒十分寂寞，隨之自殺；台灣一些年輕人相約自殺，他們在找不到自己生存的價值之下，結束自己的生命。

迷亂式自殺（Anomic Suicide）

　　迷亂式自殺指當社會結構變化太大，一個人的行為缺乏社會規範約束而自殺。當社會對個人的影響削減，社會力量控制不了我們的慾望，這類型的自殺便發生了，例如：921 大地震後，台灣自殺人數攀升！另外，社會經濟大蕭條、股票市場崩盤，或投資失敗導致個人家庭經濟支持力消失，一些人便以自殺方式結束自己生命。2012 年，新北市張啟德夫婦載著 7 歲、3 歲幼女到淡水，在車上燒炭自殺，原因是投資期貨失敗，屬迷亂式自殺的例子。2023 年，新北三峽一位六旬婦人因投資失敗走上絕路，屬迷亂式自殺。

宿命式自殺（Fatalistic Suicide）

　　宿命式自殺與馬克思的異化（Alienation）觀念有關，我們社會有太多的規範，卻沒有足夠的整合力量，人們沒有能力或者意願來解決他們

過多的規範與壓力問題，便選擇自殺。2006 年，一位武陵高中學生周孟君，她選擇在自己父親遭母親殺害的那天來結束自己的生命。她承受不了母親殺死父親的社會道德壓力，而選擇自殺，這是宿命自殺的例子。2008 年，寶來投信老闆白文正，被媒體指控以金錢換取交通大學榮譽博士學位，受到政治與社會的批判，不堪壓力下，他選擇跳海而亡，即是一例。

Durkheim 進一步指出，自殺有混合型者：自我迷亂、利他迷亂、自我利他等，結合兩種社會情境的因素導致自殺。攜子自殺的有的是迷亂式的，經濟情況太糟，同時也是利他，為小孩子好，不想讓小孩和他們一樣受苦。父親生病厭世，帶著和自己有深厚情感的太太與小孩一家自殺，這是混合型自殺，是自我式自殺加上利他式自殺。

台灣自殺分析

自殺者無法律責任

在台灣自殺的人於法律上是沒有刑責的，如果殺人犯於犯後自殺，這時法院不但不會起訴他，也會結束他所涉入的刑事案件。

發生於 2006 年吉安鄉滅門血案，父母殺了五個子女，後來父母自殺，他們的屍骨約十年後被發現，花蓮地方法院檢察署最後表示該案已經偵查終結，並對兩位夫妻所涉殺害其子女的刑事案件做出不起訴的處分。

雖然自殺沒有法律刑責，但你如果是幫助他人自殺，這時不管當事人自殺是否成功，你可能觸犯《刑法》加工自殺罪，這時你可能必須面對一年以上七年以下的徒刑，如果造成死亡，刑責會更重。

台灣自殺情況沒有減緩

台灣自殺自 1999 年 921 大地震以來一直呈現高檔狀態，人數上，當年 2,471 人；2002 年，自殺人數突破三千人，為 3,053 人；此後，台灣每

年自殺人數從沒有少於三千人。在 2005 年時自殺人數高達 4,282 人！隔年（2006）更來到歷史高點 4,406 人，其後自殺人數略有下降，但每年人數都維持在 3,500 人以上。2022 年自殺死亡人數是 3,787 人。

大地震後的自殺潮是社會學上的社會情境迷亂使然，失去了家人，尤其父母親是受難者，房子倒塌，財產一瞬間消失，經濟依靠也沒了，這是一生中的大悲劇，失去了曾經所擁有的，一些人承受不了，這時社會任何事物對他們已失去意義，他們選擇結束自己的生命。

想要自殺者人數甚多

想要自殺者，有自殺念頭者，社會上有很多這樣的人，且隨著政府部門的宣導、通報機制的建立，以及越來越多的人願意把自己的問題拿出來談，有自殺念頭的人數有增無減！成為社會一個不可忽視的問題，現在大家都知道，許多人想自殺！

2007 年自殺通報人數是 2 萬 3,031 人，2008 年是 2 萬 4,245 人，之後每年增加，2009 年是 2 萬 5,813 人，2010 年是 2 萬 6,870 人，2012 年是 2 萬 8,471 人，2014 年是 2 萬 9,047 人，2017 年達 3 萬 427 人，筆者查到最近幾年的統計，2019 年來到了 3 萬 4,889 人，2020 年為 3 萬 8,296 人，2022 年是歷史上最高的數字，4 萬 2,381 人。

通報多數為有自殺意念者，由自己、家人或親友通報，政府部門才能得知並介入，社會上還有更多想自殺未通報者，這是想自殺者的黑數，其數字更為龐大！顯然，在當今社會裡想要自殺的人很多，是一個很值得關注的問題。

根據政府部門的統計，自殺通報與死亡比為 9：1，九個通報個案中，有一個自殺死亡，機率甚高，也因此，提醒家中或者朋友中有想要自殺的人，要設法防範，避免憾事發生。

　　另外，自殺通報女性明顯多於男性，但男性自殺死亡比女性多！可知，許多男性想自殺時都不會讓親友知道，他們直接就結束自己的生命！

　　根據政府部門統計，自殺死亡以吊死方式成功率最高，其次是農藥51.2%、燒炭47.9%、跳水34.9%、高處跳下26.7%。顯然，上吊是台灣自殺最普遍有效的方式。另外，也有以燒炭、跳樓的方式自殺者，這也是台灣社會經常看到的。然而，筆者必須指出，死亡的方式往往隨著時代不同而改變，詳細情況仍需犯罪學者做進一步的調查分析。

學生自殺人數也不少

　　台灣青少年自殺率年年攀升，究其原因主要為感情問題、人際關係、情緒障礙和憂鬱等因素。

　　教育部於2005年11月曾公布學生死亡統計，在總計死亡人數508人中，自殺事件有75人。教育部同時表示，2004年一整年的自殺死亡人數為70人，2003年為55人。

　　學生自殺問題持續發生，並沒有因為近些年學生人數減少而減少，相反地，學生自殺的案件有增無減。根據教育部的統計，2018至2019年共有187名學生自殺，2020年為106名，人數上都比之前高，尤其是發生在大專院校學生的自殺更多，顯然大專院校學生面對著的是一個迷亂的情境，許多人不知道自己讀書的目的，或者讀完書要做什麼，他們與讀書角色失去連結，他們也與生活的世界失去連結，因為很多學生不知道畢業要做什麼工作，這是迷亂的源頭，是大專院校學生自殺人數近來攀升的主因。另外，面對情感問題，許多學生認為當另一半選擇離開時，他們失去了生活的意義而自殺。

遺書的意義

死之前留下的信、紙條的文字訊息，是一個社會學或是語言學的問題，對自殺者來說，遺書反映了面臨死亡之前的種種情緒，以及在死亡之前要留給他們重要關係人的話。只是，並非每一個自殺者都想要留下遺書，而留下的遺書也往往只有幾句話，且通常不會提及自殺的動機，是無言抗議或絕對失望的反應。另外，日本的研究也指出，約只有 25% 到 30% 的自殺者會留下遺書（Shioiri, et al., 2005）。

台灣心理師哈里斯整理了 2020 年 11 月上旬的幾則大學生自殺新聞，他發現有遺書的比例是 25%，該比例相當接近日本，也看出多數自殺者不留遺書的現象；畢竟，人走了一了百了，任何的人情債、金錢債，就此一筆勾銷，沒有必要留下任何話語。

筆者也發現，如果自殺者留有遺書，通常也只是簡短幾個字，一位成功大學化工系三年級的同學，他在系館上吊，留下遺書，只寫著：「不要再找我」，這是自殺者絕望，或者是對人、事的抗議，或者是心理混亂的反應，他們已沒有心情好好寫遺書了。

社會學者 Douglas（2015）曾提出呼籲，強調欲了解自殺則需要科學家檢驗自殺者個人如何看他們自己的行動，檢驗個人對於他的行為的社會建構（Individual's Construction of His Actions）。白話來說，就是指自殺者如何看他們自己自殺的行為，從他們的日記、信、筆記、與人往來的對話等，找出他們內心要表達的意義，可能是要報復、逃避，或者要表示他們某種的態度或價值。

以下是筆者發現幾個自殺者嘗試要表達的社會意義。

對於指控的抗議與負面情緒

2019 年 2 月，剛當選嘉義市議員的廖天隆在議會研究室自殺，留有

遺書，特別是要給記者，以公開給社會大眾，還其清白。遺書還說：他是遭地檢署設計，陷害說他選舉賄選，他要「以死明志」，他沒有犯法。他也留話：死後會找「小商人」，真正的幕後黑手，要陪他們喝茶。小商人是臉書以及在網路上的一個帳號，「小商人靠北幹古股份有限公司」經常透過網路評論嘉義市政治人物。這次自殺事件，小商人在批踢踢實業坊批評廖天隆，說他背景黑到不行，選舉也買票。

對時代的不滿

國民黨前立法委員龐建國，也是文化大學教授，在 2022 年 1 月跳樓身亡。他在一個兩岸相關的群組裡發文：「不公不義的台灣，我生不如死！」在短短的五分鐘內，連續發文三次，遺言很明顯地在表達對當前政治的不滿。龐建國自殺的另一個原因，是大腸癌症問題的困擾。龐建國自殺屬於混合型者，是宿命型的自殺，太多的社會規範，帶給他承受不了的壓力，另外就是自我式的自殺，生病讓他看不到生存之價值而結束自己的生命。（見聯合報，2022-1-12）

歉疚

2020 年，一位東吳大學畢業的校友和其他東吳畢業生組了東吳五人幫，成立公司招攬投資，共吸金 7.4 億，最後付不出高額利息而選擇自殺。他寫了「對不起大家」幾個字，表示對投資人的歉意，顯然這位先生的自殺屬迷亂式。

雖然自殺者表示歉意，但自殺者卻缺乏安慰的訊息，只是簡單道歉的一句話，對受害的投資人並未表達要他們寬心，以及交代對於所欠的錢會如何處理、解決，這應該是自殺者十分複雜與矛盾心理的反應，人都要走、要離開這世界了，又是他自己帶給大家問題，就沒有必要去寬慰其他人了。

西方的研究（Paraschakis, et al., 2012）指出，自殺留遺書與未留遺書是一個系統性差異行為，他們蒐集了兩年（2007 年 11 月至 2009 年 10 月）希臘自殺資料，發現留有遺書的比例是 26.1%，另外，自殺手法是上吊、拿槍自戕者；沒有精神病史者留下遺書的可能性高於其他自殺者。

台灣方面，自殺動機可能和是否留下遺書有關，情感性自殺、政治性自殺，留遺書的可能性較高，對人生無望者留有遺書的可能性較低，只是這些都需要更多資料來證明。

被霸凌與自殺

霸凌對受害人的影響是嚴重的，甚至是毀滅性的。美國 Georgie 州一位 17 歲少年 Tyler Long，在長期受到同學霸凌後，2009 年 10 月 17 日早晨上吊自殺。Long 患有亞斯伯格症（Asperger Syndrome），一般來說，亞斯伯格症者有社交能力方面的困難，他們行為上也經常出現重複性的動作，尤其是肢體及語言表達的方式異於常人，這也成為他們在溝通上很大的障礙，容易遭到同學的攻擊、嘲笑或排擠。

亞斯柏格症在台灣民間稱為白目，是指行為不合邏輯。白目的人不知道別人的期望，例如：在班級裡經常拿橡皮筋打同學，或是去看看同學的書包，他覺得很好玩，但別的同學卻不這樣以為，也因此，這種人的社會關係差，他們的動作容易惹同學討厭，而遭霸凌。

筆者實務經驗中看過不少患有亞斯柏格症者在學校遭同學霸凌的案例，但受欺凌而自殺的事件在台灣是較少見到！

台灣曾發生因同性戀傾向在學校被嘲笑而自殺之案例。

下面案例較為特殊，屬關係霸凌的自殺事件，發生時震驚社會。事件發生於桃園，一名高中女學生遭受同學的排斥與霸凌，後來選擇自殺。她留有遺書，要給她學校的導師：

　　對不起，

　　我是真的很喜歡管樂，

　　但我沒有機會了……

　　這些天一直很痛苦不為什麼

　　那種言語集體霸凌的感覺一直揮之不去，

　　我不知道還能做什麼，

　　蚊子的世界裡也不會有霸凌吧，他們連說話都不會，這一年，我很累也很開心，

　　老師，也許對於您這個年齡這種事並沒有什麼，但對於我來說，我只是個高二生，想要集體生活的高二生。

　　這位同學遭受同學欺負，集體拒絕她加入音樂社團，同時她亦受到同學的語言攻擊，讓她十分痛苦而選擇自殺。從社會學 Durkheim 的角度來看，這案子屬典型的自我式自殺。這位同學想要參與學校活動，但遭同學集體拒絕，她失去跟同學連結的機會。而作為一個學生，她在學校社會分工上沒有角色，校園裡沒有一個屬於她的地方，她感到沒有功能、沒有價值。這樣的結果，讓她陷入一個迷亂情境，社會規範對她已無任何意義，她感到無助、無所謂，便選擇自殺結束自己的生命。這是發生在被霸凌者身上最壞的結果。

　　雖然台灣霸凌導致自殺的案子並不多見，但西方研究顯示，小學、國中、高中生之霸凌受害者比起未受害者，出現較高的憂鬱癥狀，且受害者也有較高程度的自殺意念（Suicidal Ideation），較有可能嘗試自殺（Klomek, et al., 2011）。霸凌受害者的憂鬱癥狀、自殺意念程度，以及實際可能採取自殺的方法、實施的步驟等，都值得犯罪學者研究與了解。

攜子自殺

攜子自殺是父親或母親，有些時候是雙方帶著小孩一起自殺。在自殺之前，通常先殺親密的家人，之後自己才自殺。至於小孩自殺的可能性是較低的，多數是父母用各種方法殺害小孩，自己再自殺。在西方，這種親密家人關係的殺人，之後再自殺者，稱之為家庭滅門（Familicide）。

家庭滅門往往引起社會極大關注，台灣較為重大的家庭滅門案件發生於 2001 年，彰化洪若潭、姚寶月夫妻，他們經營一家製造膠帶與貼紙的公司，夫妻兩人沒有異狀，家庭經濟也沒問題，但他們自殺並留有遺書，說他們的三名子女，其骨灰皆已磨成粉，並撒入海中。檢察官後來以洪若潭、姚寶月兩人自殺，子女失蹤滿七年，宣告死亡，簽結該案。

另外一個攜子自殺案件是發生於 2006 年的花蓮吉安鄉。警方接獲民眾報案說一民宅發出惡臭，警方破門而入發現屋主劉志勤與妻林真米疑似於家中殺害五名子女，劉志勤與其妻失蹤。警方後來在劉宅發現兩張求救字條，顯然，五名子女是被他們的父母親殺害的。2015 年 6 月，劉志勤夫婦屍骨於山區被發現，然由於殺害五名子女的劉志勤、林真米已死亡，該案地檢署做出不起訴處分。

兩件攜子自殺的案子至今都無法得知殺全家的動機，我們也無法給予犯罪學銓釋。

長庚醫學大學醫院醫師張家銘曾對攜子自殺問題蒐集了自 1992 至 2005 年的資料，總共找到 198 件，其中父攜子自殺有 75 件，母攜子自殺顯然較多，為 101 件，全家自殺者則有 22 件（見 https://www1.cgmh.org.tw/）。

張家銘進一步以 2002 至 2005 年之母攜子自殺的案件做分析，他發現：加害者平均年齡為 34.1 歲，被害者僅只有 9.3 歲，年紀很小。就母攜

子自殺的原因中，經濟與生病是主要因素；其次是感情與家庭因素。張家銘也指出，父母帶孩子走，主要是出於為孩子好，以及不想讓孩子孤獨留在世上痛苦；當然，這也表示，父母無法幫助小孩在社會生活的困境。

雖然台灣攜子自殺的案子甚多，然其原因只是單純的夫妻情感失和，抑或是家庭生活上的困難，讓父母親狠心殺害自己小孩，仍需更多科學證據與探討。

未來研究

自殺研究是法國社會學家 Durkheim 留給犯罪學的資產，也開啟犯罪、偏差問題研究的里程碑，使犯罪學得以脫離心理學自殺的解釋，並建立社會事實探討自殺的理論傳統，強調自殺源於社會，和人與社會的連結有關，人若失去了社會連結則社會規範無法發揮作用，形成犯罪學上的迷亂，也帶來自殺。

只是對於自殺我們還有很多問題都沒有答案，這是筆者於此處要特別提出來的，也是未來犯罪學探討的挑戰。

第一，殺人之後為什麼要自殺？

第二，台灣攜子自殺很多，父母把孩子一起帶離開世界，為何如此殘忍？

第三，年輕人相約自殺，情侶一起自殺，是什麼機制促使參與者同意大家一起結束生命。

第四，自殺成功和想要自殺，差異在哪裡？

第五，台灣進入高齡化社會，但老年人自殺很多，他們的心理疾病、人格特質、社會支持，以及身體健康的情況等和自殺有何關聯？

第五，家庭暴力、酗酒、吸毒與自殺關聯很高，為何呢？

這些問題都有待未來探討與了解。最後，西方常出現的宗教集體自殺

事件，會在第十二章以神為名的宗教暴力中討論。

參考書目

Douglas, Jack D. (2015). *Social Meanings of Suicide.* Princeton University Press.

Durkheim, Emile (1897, 1951). *Suicide: A Study in Sociology*, translated by John A. Spaulding and George Simpson, edited with an introduction by George Simpson. The Free Press.

Klomek, Anat Brunstein, et al. (2011). "Bullying and Suicide: Detection and Intervention," *Psychiatric Times*, 2(28): 27-31.

Paraschakis, A., Michopoulos, I, Douzenis, A, Christodoulou, C, Koutsaftis F., & Lykouras L. (2012). "Differences Between Suicide Victims Who Leave Notes and Those Who Do Not: A 2-year Study in Greece," *Crisis*, 33(6): 344-349.

Shioiri, T., Nishimura, A., Akazawa, K., Abe, R., Nushida, H., Ueno, Y., Kojikamaruyama, M., & Someya, T. (2005). "Incidence of Note-Leaving Remains Constant Despite Increasing Suicide Rates," *Psychiatry and Clinical Neurosciences*, 59(2): 226-228.

第九章

性拒絕的強姦

強姦自古以來為法律所禁止

西方《舊約聖經》十誡說：「人不可姦淫。」姦淫是重罪，為古代猶太人法律所禁止。姦淫在當時就是和非婚姻關係以外者的性行為。《舊約聖經》的法律規定，男人強姦已訂婚的女人者要被石頭打死，而如果強姦沒有訂婚者，男人要給女子父親銀子，且還要娶她為妻。

中國唐朝亦立法禁止強姦，《唐律疏議》：「和姦者，男女各徒一年半；有夫者，徒兩年；強姦者各加一等」。和姦就是通姦，也就是說男女雙方通姦各判刑一年半，如果一位已經有太太的男人和婦人通姦，雙方各判徒刑一年半。另外，如果是有夫之婦和男人通姦，罪刑較重，判兩年徒刑，這是男女不平等的地方，當時較不能容忍已婚女人通姦的行為。另外，觸犯強姦罪則罪加一等，多半年徒刑。古代強姦和通姦歸為一類，強姦罪較為嚴重，刑度較高，通姦刑度較低。

《大明律》與《大清律》皆禁止強姦與和姦。中研院近代史研究員賴惠敏（2005）的研究指出，大清有關犯姦案，主要聚焦於親屬和主僕之間的犯姦，也就是長幼，以及尊卑的犯姦。賴惠敏認為法律這樣設計在於避免農業社會女性受到侵犯。

今日《刑法》源出民國時期，當時因法律已受工業化、都市化暨西方文明的影響，已將強姦定為重罪，以符合社會變遷的需要，並作為建立社會秩序的基礎。民國的《刑法》法典第 221 條規定，違法者處五年以上有

期徒刑，很明顯地，強姦是重罪；實施百年之後，1999 年，《刑法》做了修訂，強姦改處三年以上十年以下有期徒刑，雖然刑度略有變動，最高徒刑做了限制，但仍是法律所禁止之重罪。

至於古代的和姦罪，當代稱通姦罪，台灣於 2020 年 5 月 29 日已經除罪，大法官會議確認《刑法》第 239 條條文之通姦罪違憲，過去有規定：有配偶與人通姦者，處一年以下有期徒刑。通姦除罪化的原因與性自主權概念之提升有關，個人可依其意願自主決定性生活，而婚姻的關係也因為通姦除罪化得到新的定位。

從四個強姦個案說起

2020 年 10 月 28 日晚間，台灣發生一起強姦殺人案，由於受害人是就讀長榮大學的馬來西亞外籍生，震驚台灣與馬來西亞，台灣蔡英文總統向學生家屬及馬來西亞政府表達歉意。被害人鍾筱玲於當日晚間 8 時左右獨自從校園回到校外租屋處，遭到無業的梁育誌強押帶走、強姦，並殺人棄屍。梁姓嫌犯遭檢察官求刑死刑，移送法院。2023 年 3 月 23 日，法院於二審時宣判死刑。

強姦殺人是強姦類型中最殘忍者，但是卻一直發生，記得 1993 年底，中興大學法商學院（台北大學前身）學生被兩名出獄的人所騙，前往應徵家教，結果遭強姦殺人。為何強姦還要殺人？這是令人不解的。

2012 年，台灣一位富有家庭的二代，元大金控董事兒子李宗瑞，利用夜店活動與時尚派對，對與其交往女孩乘機性交，或迷姦強制性交，且偷拍性愛影片等，受害人高達 30 位，帶給台灣社會極大震撼，該案法院最終判決徒刑二十九年十個月確定。

犯罪學十分關心夜店、時尚派對的強姦暴力，似乎是這些活動很特殊的次文化，是出入夜店的人，特別是富有的人，他們利用金錢、權力所進

行的性攻擊，這是這圈子的人的生活方式，強姦在這類團體十分普遍，其問題實值得社會各界關注。

還有一個強姦人數極多的案例，也是強姦犯罪很典型的案子。台北市大安分局在 1996 年 7 月 7 日逮捕一名男子劉承德，他一年來曾犯下近 30 件類似電梯之狼的強盜強姦案。劉承德生於 1972 年，小時父母離異，由父親養大，缺少母愛；他曾嫖妓，但未能得到愛，在無法控制自己的行為的情況下，透過強姦得到滿足。他的強姦主要在於取得女性的滿足感，犯罪型態屬補償型強姦，強姦與他的人格發展很有關係。

劉承德的父親是老兵，其獨子劉承德被捕時他已高齡 85 歲，法院後來判處無期徒刑，依當年假釋之規定最少須服刑十年，也就是 2016 年，劉承德才能出獄，但老兵說：「他還是想等待他的孩子回來。」老兵也說：「他在國中交了壞朋友，從此變壞，犯罪不斷。」

劉承德有留言，說他的身體總是不舒服，無法控制自己時就強暴，最多一天高達五人；他受不了自己。他犯罪的地點都選在台北市德惠街、林森北路、中山區一帶。他說，大樓電梯有監視器，所以不在電梯強姦。他具理性，做案手法是等女人從電梯出來，就拿刀在樓梯間下手。

劉承德強姦的故事告訴我們許多犯罪學有興趣的問題，他的家庭背景、性發展模式，更重要者，人格發展方面的問題，這些都是造成他犯下強暴罪的原因。

從上面四個個案，我們略可窺見台灣強姦問題的一些面貌，有些是權力關係造成，也是特殊團體的次文化使然，有些是個人缺陷的社會化，以及一些人的性慾永不滿足的問題，這些都是我們在本章想要探討的。此外，台灣強姦發生的情況如何？如何進行強姦犯罪的分類？犯罪學的解釋又如何？以及國際社會對強姦者的懲罰與預防方法如何？台灣又建立哪些的預防方法？這些議題是本章要討論者。

台灣強姦犯罪者的特性

筆者與台北大學周愫嫻教授、台大醫學院吳建昌醫師等（2000）曾經探討性侵害者的家庭背景、性發展模式、犯罪動機、強暴迷思、犯罪手法等，嘗試發展出一套犯罪者約略的行為模式，作為犯罪者的描繪（Criminal Profile）之用。犯罪者的描繪是美國聯邦調查局幹員犯罪偵查的技巧，建立於行為科學的基礎，從犯罪現場的資訊，判斷與推測可能的犯罪嫌疑人。

筆者與周愫嫻、吳建昌等（2000）共蒐集九個性侵害犯罪案件，經過分析，嘗試建構性侵害的犯罪模型，研究發現簡述如下：

1. 我們發現受訪的性犯罪者，他們的智商屬中等，且個別間的差異不算太大。可以說，他們不是很聰明的人。

2. 我們發現受訪者的自貶層次值甚高，自卑性格、缺乏自信、易於放棄自己，他們也過於自私自利，往往無法克制自我。

3. 我們發現受訪者的成就需求低，攻擊需求得分也很低，他們對自己的未來並沒有積極作為，也沒有特別的規劃與追求。他們對人的反應冷漠，朋友也不多，經常退縮到自己生活的世界。

4. 我們檢驗九位性侵害者的精神病特質，發現他們具有較高的自私、無情、冷酷特性；然而，在反社會特質上，則遠低於一般的受刑人。

5. 強姦犯罪者主要來自問題家庭。我們研究分析的個案幾乎都有個不愉快的童年，多數的受訪者從小就有問題行為或犯罪行為，屬於 Wolfgang、Figlio 與 Sellin（1972）所謂的終生犯罪者（Career Criminal）。

6. 性侵害者之性發展模式與一般的男性最大的差異在於多數的受訪者都有嫖妓的行為，嫖妓是性侵害者的次文化，他們經常出入賓館、茶室

等色情場所，熟知風塵女子的價值觀及生活方式，也因此，性侵害者往往以從事色情工作者為犯罪標的。

7. 性侵害者的犯罪動機中，補償性目的的強姦犯型最多，計有六位；其次是臨時起意型者，研究中有二位；另外一位則是性攻擊的強姦犯，這種人的性攻擊往往帶著濃厚的暴力色彩。補償性的強姦目的在於從性攻擊中彌補失敗的自我。再者，國外替代攻擊型的強姦犯（指藉由性侵害、羞辱女性，從被害者的痛苦中獲得快樂和滿足）在國內則較少發生。東西方兩性關係文化及社會情況不盡相同，這也造成了性侵害犯罪動機上的差異。

8. 我們的研究指出，不少受訪的性侵害者都存有強烈的強暴迷思，性侵害者認為他並未傷害被害人，強姦是很自然的事；此外，做案後也沒有產生太明顯的罪惡感，這種性侵害迷思可能是職業次文化，小孩成長過程或是同儕團體影響的結果。

9. 我們的研究發現，性攻擊者的歷次做案手法均具有一貫性和重複性，不論是做案時間、做案地點、做案工具，以及做案使用的語言，前後案件都相同，例如：一位受訪者，其做案的時間通常選擇在凌晨 2、3 時，並以計程車為工具，做案時都用衣服蓋住被害人臉部；另一位做案時都是直接進入住宅，假裝要買房子、看房子。

　　上面共九項發現，可以幫助我們看出台灣強姦犯者的約略特性。

性犯罪的定義

　　以下是我們經常看到的強姦定義，乃指使用暴力或威脅，在違反他人的意願之下，強迫他人與其發生性行為者。這是行為面的定義，有下列三個重點：

　　第一，使用暴力或威脅。這裡涉及使用暴力或威脅的問題，攻擊者使

用足以傷害或者限制他人身體自由之方法，並意圖完成性行為者，其方式可以是毆打、吼叫、捆綁、摔東西，甚至拿刀威脅等。此外，用言語威脅另一方進行性行為亦構成強姦，其方式可以是如果不從將公開裸照或對其社會關係採取不利行動，或「再動、再叫，就殺了你」等。

第二，違反當事人意願。此乃是指在當事人未同意下所進行的性行為，例如，兩個認識的人交往，一方要求性行為，但另一方拒絕了，要求的一方在此情況下仍進行性行為就構成強姦。

第三，性交行為的發生。這涉及性交的定義，以及性侵害樣態問題。性交指的是以個人性器官進入他人的性器官者，或是以性器官以外的其他身體部位，甚至是以器物進入他人性器官者。另外，除性器官外，如果是進入他方的肛門或口腔者，亦構成強姦。

以下是強姦的法律面定義。強姦的法律定義也值得我們關注，因為這是法律審理之依據，也可以看出台灣社會對性侵害的反應。

前面提及，台灣《刑法》強姦罪寫於第 221 條，並明定：「對於男女以強暴、脅迫、恐嚇、催眠術或其他違反其意願之方法而為性交者，處三年以上十年以下有期徒刑。」

早年《刑法》第 221 條的強姦罪屬於妨害風化罪，指：「對於婦女以強暴、脅迫、藥劑、催眠術或他法，至使不能抗拒而姦淫之者，為強姦罪，處五年以上有期徒刑。姦淫未滿十四歲之女子，以強姦論。前二項之未遂犯罰之。」強姦排除男生被強暴、姦淫行為。

《刑法》第 225 條定義乘機性交罪，指一個人的精神狀況因處於不能或不知抗拒之狀態，而被強姦者。

發生於 2015 年輔仁大學心理系的強姦案，法院判決為乘機強姦，判處徒刑三年半。該案發生於校園內，心理系三年級學生王凱民是受害人巫姓女學生的直屬學弟，受邀參加畢業晚會，算是歡送會，大家喝酒，聊天

持續到隔日凌晨 3 時。王凱民看到巫姓學姊酒醉，向學姊表明願意送其回宿舍，但王並未將女方送回宿舍，反而乘機在電梯旁的走廊性侵意識不清的學姊。由於王並沒有自己灌醉巫姓學姊，被害人喪失意識、不能抗拒的原因是為畢業的晚會是大家喝酒造成的，非王姓同學刻意灌酒給巫姓學姊，法院因而以乘機強姦罪做判決。

乘機強姦罪是較輕的強姦罪。

除強姦罪以外，與性自主有關的罪刑還有強制猥褻與性騷擾，猥褻罪寫於《刑法》第 224 條，謂：「對於男女以強暴、脅迫、恐嚇、催眠術或其他違反其意願之方法，而為猥褻之行為者，處六月以上五年以下有期徒刑。」為告訴乃論之罪，須有當事人提出告訴始能成立。台灣有女性受到猥褻，往往找媒體公開指陳，沒有提告，這時檢察官是不能主動調查，法院也不能受理非被害人之提告。

《刑法》的猥褻罪刑責較強姦罪為輕，六月以上五年以下有期徒刑，也就是可輕也可重，看事件本質，但仍可看出台灣社會保護女性的文化，尤其，最高法院 105 年度台上字第 1443 號刑事判決揭示：猥褻罪的範圍十分廣，只要是性交以外足以引起性慾的一切行為都屬之，舉如：親吻、以手撫摸、用身體親密接觸對方等，基本上，只要這些行為是未獲得對方的同意者，當事人自己願意提出告訴，即可能被法院判定猥褻罪。

至於性騷擾也是告訴乃論之罪，刑責較猥褻罪輕，處二年以下有期徒刑、拘役或科或併科新台幣 10 萬元以下罰金，這罰責寫於《性騷擾防治法》，並未寫於《刑法》，故屬特別法，依據法律，性騷擾案件，除刑罰以外，行政部門也須針對性侵害建立預防與保護機制。

以上是性侵害的行為面以及法律面的定義，讓大家認識何謂性侵害。

性犯罪的分類

美國心理學家 Nicholas Groth（1979）提出的四個性侵害類型廣泛地被引用，其分類依據攻擊程度、加害人的動機，以及反社會行為情況等，說明如下：

第一，憤怒報復型（Anger-Retaliation）。性侵害者在於羞辱、貶損、傷害他的受害人，經由身體暴力，以及汙穢言語，表達他們的心理。此型性侵害有兩個主要目標：權力與攻擊。這類性侵害者乃厭惡女人之人，他們可能被離婚，可能一直都得不到女人的芳心，而其行為模式可能涵蓋單純言語侮辱至殘忍謀殺。基本上，憤怒報復型之性侵害乃暴怒之表現，而被害者以強姦作為替代之被憎恨者，其憤怒則可能累積來自各方不斷的實際或想像的羞辱，如家人、太太或女友等。

第二，權力確保型（Power-Reassurance）。強姦在於補償他們失敗、無能內心的感受。此類性侵害者乃藉著性侵害之行為來補償其作為男性強烈之無能感，一般來說，其並無意要傷害受害人。此類性侵害者相信其自身能力頗為不足，沒有任何一個心智正常的女性會自願與其發生性關係，而暴力通常是在於使受害人屈服下為之，強姦者相信，使用暴力可以讓受害對方更喜歡他。劉承德強姦案屬本類型，強姦在於補償其小時父母離異之家庭的愛，以及社會適應能力的挫敗。台灣強姦案例多數屬權力確保型，介紹於本章案例中。

第三，不尊重他人權力型（Power-Assertive），也稱為反社會型的強姦（Antisocial）。此類型性侵害者之性行為乃為衝動性之掠奪行為，較少有性意涵的幻想，且性侵害亦較無心理上特殊的意義。簡單地說，此類型的性侵害乃於適當之情境或接觸下而產生之衝動行為，往往並無計畫，也不攜帶攻擊性武器。此類型性侵害者之意圖在於要求被害者在性方面的

屈從，他們不關心被害者權益及感受至為明顯，然行為本質則是暴力與攻擊性。前述李宗瑞的強姦案屬本類型，李宗瑞意圖獲得被害人性方面的屈從，其偷拍、不在意被害人的權益十分明顯。

第四，殘忍癖（Sadism）。性攻擊在於造成受害人的痛苦，這通常是加害人生氣與權力慾望引起的攻擊，並從受害人的痛苦上帶來性的興奮與滿足。殘忍癖的性侵害通常會重複，其犯罪行為也是有計畫的，殺人則是最後的結果。殘忍癖在剛開始性攻擊時，憤怒不一定很明顯，但憤怒可能於攻擊者之性興奮上升時隨之出現，也導致怪異而嚴重的性攻擊暴力。台灣殘忍癖的性攻擊應該出現在強姦殺人案件中，但很可惜並沒有這方面的研究分析。

另外，美國麻州有一所專門監禁性侵害者的治療中心——麻州矯治中心（Massachusetts Treatment Center），該中心將強姦犯分為四種主要類型，包括：替代攻擊強姦（Displaced Aggression Rapist）、補償目的強姦（Compensatory Rapist）、性攻擊強姦（Sexual Aggressive Rapist）、臨時起意的強姦（Impulsive Rapist）等四種，該分類由 Knight 與 Prentky（1990）發展出來，分類也被廣泛使用。

Knight 與 Prentky（1990）兩人為 Brandeis 大學心理學系教授，同時也是麻州矯治中心研究部門研究員。四類型說明如下：

第一，替代攻擊強姦：指用性侵害作為羞辱、傷害、對女人降級的手段，受害者往往遭到最殘酷的攻擊，例如：割斷身體（割喉或腿）、咬傷身體。如果被害者抗拒，或拒絕性侵害者的要求，往往導致更多的暴力相向。這類型的性侵害者往往有一股無法控制的內驅力在作祟，迫使其犯罪，但其目的並非在於獲得性滿足，而是脅迫被害者，以及從被害者的痛苦中得到快感。Knight 與 Prentky（1990）指出，這種人在孩童時期往往有遭虐待或疏忽的經驗，成長過程可說極不快樂。此類近似 Groth 的憤怒報

復型。

　　第二，補償目的強姦：暴力不是這類型的特色，性才是性侵害的目標，在於滿足性需求，也在於證明自己的性能力。這種人是真正的性侵害犯罪人，平日對性過度需求，也很容易在日常的生活環境中受到性的刺激，因而引發性攻擊。臨床心理學的研究指出，這類性侵害犯罪人平日可能表現出相當被動、畏縮、內向、低的自我，犯罪則在證明自己的性能力，也在於彌補個人不佳的社會適應能力，因此，臨床上稱為「權力確認強姦」（Power Reassurance Rape）。此類近似 Groth 的權力確保型。

　　第三，性攻擊強姦：指性與暴力攻擊同時存在的性侵害。這是最具暴力色彩的性侵害犯罪行為，性侵害者無法從單純的性行為中得到滿足，這種人還需要暴力與痛苦的配合。性攻擊者通常已婚，但他們有多次婚姻、離婚或分居的經驗，也經常出現家庭暴力問題。這種人在很小的時候就有反社會的行為，小則逃學、逃家，大則嚴重到性侵害或殺人。再者，這種人的自我控制力極低，挫折容忍度也很低。此類型近似 Groath 的不尊重他人權力型。

　　第四，臨時起意的強姦：通常在強盜、搶奪、偷竊時下手，是性攻擊機會的產物，只有在機會來時才臨時起意，性不是最主要的目的。這類型的性侵害犯罪人通常有很長的犯罪歷史，被害者如果不從，並不一定會導致暴力。擄人撕票案陳進興於逃亡期間多次強姦婦女屬臨時起意型，陳進興有很長的犯罪史。

　　從上述討論讓我們認識：強姦不只是性的問題，它是一個複雜、多面向的問題，和權力控制有關，也和個人的人格有關；性犯罪的過程有性需求的因素，也有非性需求的因素！

　　由於性侵害行為很複雜，有些性攻擊行為與兩種類型的性侵害行為有關，如：有因暴力的反社會人格型，但又有沒有能力的補償目的強姦，筆

者與周愫嫻、吳建昌等人所分析的個案，很多具有這兩個特質——有暴力的反社會人格型，且又有殘忍癖特質的強姦。

再者，新型式的性侵害行為也不斷出現，我們這裡介紹的 Groth（1979）及麻州矯治中心 Knight 與 Prentky（1990）的分類，一定有不足之處，無法涵蓋一些強姦案例，但相信他們的分類仍是當今認識性侵害的重要依據。

台灣著名強姦案

筆者以時間序列呈現一些台灣著名強姦案，亦對強姦案做簡單歸類。

1977 年 2 月 23 日屏東美和中學學生鍾正芳遭性侵死亡命案。在保守的年代，當時引起社會極大反應。本案至今未能偵破。

1980 年 9 月 6 日江子翠命案。兇嫌林憲坤利用假求職方式誘騙，對年輕少女進行性侵害，死者張明鳳就是江子翠分屍案當中的受害者。本案屬權力型暨虐待型的性侵害。

1988 年 7 月，士林之狼丁志明是一個憤怒型的性攻擊犯。他在中山、大同和士林地區做案，總是尾隨在婦女背後，以木棍襲擊。

1993 年 12 月 22 日陳錫卿強姦殺人案。受害人為中興大學法商學院（台北大學前身）財稅系的學生。此案背景是剛出獄的呂金鎧在西點麵包店擔任師傅，他在獄中結識有妨害風化前科的獄友陳錫卿；1993 年 12 月呂提議找女人玩樂。陳便在報紙分類廣告中取得一家教中心的電話，並稱係替女兒及他個人找英文家教，家教中心之後介紹法商學院學生范女前往，結果遭陳、呂兩人控制，並性侵殺人。本案主嫌陳錫卿被判處死刑，但直到 2024 年初本案仍未執行。本案屬權力滿足型強姦。

1995 年 11 月 24 日華岡之狼楊文雄案。楊文雄，輔大體育系畢業，1992 年起在文化大學附近鎖定女大學生犯下強姦或猥褻等犯行，1996 年

曾在監獄輔導過楊文雄的黃明鎮牧師（來源：黃明鎮）。

法院做出十六年徒刑的判決，楊文雄現已出獄。期間曾自學考上台大社會學系，但多次申請假釋都未獲得通過。楊文雄後來選擇放棄台大，說不要當個緊握糖果的小孩。假釋後，楊文雄返回花蓮故鄉，並在教會黃明鎮牧師安排下，到信望愛少年學員社幫助少年課輔，另外，他也透過政府多元就業方案到社區餐館工作。該案子是一個典型的權力滿足型強姦，以強姦滿足自己、證明自己。

1996 年 11 月 30 日彭婉如遭姦殺案。擔任民進黨婦女發展部主任的彭婉如，1996 年 11 月 30 日晚上失蹤，三天後被人發現陳屍在高雄縣鳥松鄉，全身赤裸，包括頸、胸、臉在內多處刀傷。本案至今仍未破案，屬憤怒型的強姦案。

1997 年 4 月 14 日，陳進興綁架白曉燕並撕票，逃亡期間亦犯下強姦暨殺人案，屬權力滿足型的強姦犯罪，強姦是陳進興的生活方式。

1999 年 6 月 19 日軍史館姦殺案。負責看管台北市國軍歷史文物館的陸軍二兵郭慶和，誘騙景美女中張富貞同學至館長室浴室內性侵殺害。張同學因為學校軍訓課作業到軍史館找資料，並和她的哥哥約定一小時後來

接她回家，但時間到了她的哥哥卻未接到人，遂向警察局報案。本案負責看管軍史館的陸軍二兵郭慶和坦承是他誘騙張富貞至館長室浴室性侵殺害，郭慶和已於當年 7 月 19 日判處死刑，8 月 3 日槍決。本案因軍方阻礙調查，以及快速槍決，民間質疑兇手可能另有其他人或共犯。

2003 年 12 月 12 日，陳金火和廣德強性侵害台中縣女保險員，並分屍，切下死者的肉炸來吃。本案屬殘忍癖的強姦犯罪類型。

2007 年 8 月，淡江大學助理教授尤本立，任教三年，連續性侵四名女學生，卻稱學生都是他的小女朋友。本案屬權力型強姦，用權力支配學生。

1996 年 7 月 7 日，台北市大安分局逮捕一名男子劉承德，他一年來曾犯下近 30 件類似電梯之狼的強盜強姦案，劉承德強姦人數甚多。本案前面已經做了說明，屬於權力型殺人，犯罪者在於得到性滿足，彌補失去的母愛。

2012 年 7 月，台灣元大金控董事李岳蒼的兒子李宗瑞，涉及性侵以及偷拍妨害秘密的犯罪，被揭露時發現受害人數超過 30 人。警方在李宗瑞住處搜出不少性愛、裸體影片、照片，顯示諸多與其交往者可能都曾遭下藥，成為受害者。該案法院判決有罪，李宗瑞被判處三十年徒刑，並須賠償 12 名被害人。該案前面已做了說明，屬權力型強姦，富二代從性攻擊中得到滿足以及權力的享受。

2017 年 3 月 1 日，殺害小模的兇嫌程宇，冒充梁姓女友身分，誘出陳姓女模外拍，再騙至北市南港某大樓地下室性侵、殺害。這是典型的權力滿足型強姦，也是殘暴型強姦殺人犯罪。

2020 年 10 月 28 日，長榮大學馬來西亞籍學生鍾筱玲於晚間 8 時自校園獨自返回校外租屋處，在台鐵沙崙支線高架橋下遭梁育誌強姦、勒斃，並棄屍。梁是高雄市人，有竊盜前科，無業。該案經檢察官提起公

訴，求處死刑，法院在一審與二審皆判死刑，高等法院高雄分院也維持死刑，惟 2023 年 6 月最高法院以殺人之直接故意暨矯治教化可能性之調查不足理由，撤銷判決發回更審。這是典型的權力滿足型暨殘暴型強姦殺人犯罪。

強姦犯罪的犯罪學解釋

筆者依據美國學者 Larry Baron 與 Murray Straus（1987）所提強姦行為的社會學解釋，提出四個巨觀、社會層面的解釋：1. 性別不平等（Gender Inequality），性別權力不對等，加大了性侵害的動機；2. 文化溢出理論（Cultural Spillover Theory），這是支持暴力的文化規範，影響到其他的社會內涵，例如：社交派對、酒吧，增加強姦的機率；3. 性刊物（The Proliferation of Pornographic Materials），性刊物助長性侵之攻擊；4. 社會解組（Social Disorganization）理論，強調解組地區降低了強姦的社會控制力，詳細說明如下：

第一，性別不平等理論，也稱為女性主義理論（Feminist Theory）。這是長期以及根深蒂固的社會傳統，男人控制了政治、社會及經濟生活。男女的不平等，影響到強姦的發生；越是性別不平等的地方，強姦越容易發生。

印度是最好的例子。依據 National Crime Records Bureau 於 2013 年的報告，2012 年印度有 2 萬 4,923 強姦個案，其中的 2 萬 4,470 個案為受害人所認識的人所為，占了 98.2%。2019 年印度有紀錄的強姦案更達 3 萬 2,033 個案，性別不平等是印度強姦問題嚴重的主因。

一些社會學者則從性別角色的文化定義來解釋性侵害行為，他們認為，犯罪人性意識型態的偏見與歧視是性暴力的導因。持此觀點較為著名者當推美國社會學者 Brownmiller（1975），他強調，性侵害行為是一種男

人意圖加諸在女人身上的敵意行為的表現，其目的是要讓女人感到恐懼與害怕。Brownmiller 也認為，性侵害行為並非是一種非理性的行動，相反地，它是一種偏頗價值觀理性的反應。

犯罪人往往視女人為自己所擁有的財產，這些人認為「女人社會地位低落」，當他們在現實生活中能夠滿足這種占有慾時，他們通常不會訴諸於暴力，但是當他們在生活中遭到挫折，無法感受到自己男性的優勢感時，性攻擊便成為這種偏差態度的不幸結果：這些人用性暴力，用占有女人、貶抑女人，來證明自己的成功。

第二，文化溢出理論。此理論指出，社會上如果強調用犯罪控制，用以暴制暴，報復思想濃厚，就會有高的性侵害犯罪，因為這樣的觀念會傳遞到其他社會生活層面。此理論亦可說明，一些特殊團體，例如：黑幫、特種行業者、出獄的更生人，較容易出現性侵害事件，因為這類團體強調以暴制暴的價值。

文化溢出理論接近犯罪學的暴力次文化理論（Theory of Violent Subculture），強調性與暴力是特定團體成員所內化的價值，是他們社會角色與地位的表徵，也是這些人的一種生活方式。擁有這種價值觀的人往往也以性作為人與人來往的工具，利用性來得到好處。對這些人來說，性攻擊是他們平日很普遍的行為。犯罪學者強調，性暴力的次文化最常存在於低階者中，也因此，這些團體的性侵害犯罪比例較高。筆者認為，台灣黑幫性暴力侵害是一個次文化的結果。另外，台灣夜店、時尚派對特殊的性愛文化也是性暴力頻繁發生的主因。

暴力次文化的社會學解釋自然不會遺漏 Wolfgang（1958）的貢獻，他提出暴力次文化理論，強調社會中的特定團體經常用暴力來解決問題，暴力是他們的價值觀，是他們生活的方式。Wolfgang 指出，低階者或黑人是這種次文化的攜帶者。

第三，色情物的刺激。依據 Diana Russell（1988）在研究色情刊物與強姦關聯性的論文上的說法：色情物的刺激會強化強姦的慾望，以及降低強姦的抑制力；Russell 明白地說，強姦和色情絕對有關。

前面提到的李宗瑞案，警方發現其住處有大量色情媒體。長榮大學女大學生遭到梁育誌姦殺案，他有偷女生內褲的習性，以滿足性需求，該習性強化強姦慾望，讓他越來越大膽，進而做出強姦殺人的犯罪。我們看到色情物刺激強化強姦慾望的案例。

第四，解組理論。該理論源出於芝加哥學派，強調解組地區的社會控制力較弱，所以容易發生強姦攻擊暴力事件。

解組地區的家庭功能較不健全，父母親婚姻關係發生變化者多，社會經濟地位偏低，就業不穩定，也經常必須搬遷，這使得社區維持秩序的力量減弱，容易導致性侵害事件，包括：社區性侵，或父親性侵害女兒的亂倫事件。

我們看到台灣多數的強姦案，犯罪者生活的情境並不好，他們的教育程度都是中等程度，生存的壓力加上生活中的挫折，這往往是推向暴力的因素。

確實，當家庭的成員在社會適應上有了困難，家庭功能又無法發揮，加上社區社會控制力減弱，病態的行為或是暴力行為極有可能出現。當部分的成員對家庭結構的功能無法發揮，甚至造成負面功能時，不幸的性侵害事件便很有可能發生。

就結構不平等的觀點與性侵害犯罪問題的關係，社會學者 Schwendinger 與 Schwendinger（1983）認為，社會結構的情況與性侵害犯罪發生的普遍性有直接的關聯，當社會上階級結構不平等的程度越高時，男人與女人間的暴力事件就越多，而這也包括了性侵害犯罪事件。此處所謂的階級結構不平等指的是社會中失業或低度就業（Under-

Employment）、貧窮或收入不平等，以及男女在經濟上或政治上不平等。據此，解組地區有較多的性侵事件。

性侵害犯罪問題何以與社會結構有關呢？我們也可以參考哈佛大學社會學者 Sampson 等人（1997）有關集體效益（Collective Efficacy）的解釋。他們強調，追求公共利益的居民，以及強烈幫助自己社區生活意願的公民，這些都能提升社會控制力，是成就社會秩序的重要力量。解組社區卻失去了社區的社會控制力，也使犯罪問題容易出現。

當然，社區內存在的貧窮與社會不平等本身會激發人們不同的詮釋，有的視它為社會發展功能的現象；有的卻視它為自己問題的根本，這也激化了社會衝突。此外，社會、經濟、文化上的不平等也導致結構繃緊，衝突一觸即發，暴力或性攻擊則是社會機制無法舒緩結構緊張的必然結果。

強姦犯罪的法律控制

《梅根法》（*Megan's Law*）

這是美國國會通過的法案，《1994 性犯罪者法》（*The Sexual Offender Act of 1994*），通稱為《梅根法》；主要的精神是州政府必須建立性侵害者的註冊制度，向民眾公開並開放大家查詢的系統。過去雖然性侵害者的資料為公開的，但是多數民眾並不知道如何取得。

Megan Kanka 是一位 7 歲小女孩，1994 年 7 月 29 日在美國紐澤西州的 Hamilton 鎮，遭社區一位民眾 Jesse Timmendequas 性侵殺人。這促使《梅根法》的出現，該法案要求犯罪人必須向當地警察局登記。

《梅根法》是針對那些暴力性侵害犯罪者在街頭上的強姦謀殺、綁架小孩等犯罪活動的回應。立法者強調，如果父母知道他們鄰里存在暴力

性犯罪者，他們便可能更小心來保護他們的孩子；另外，《梅根法》也讓地方警察有權力通知社區，讓社區的人知道性犯罪者對於社區可能帶來的危險。

之後，1996 年亞利桑那州通過《梅根法》，要求性犯罪者在社區登記的法律。雖然早在 1939 年亞利桑那州就有性侵害者登記的要求，但當時並沒有這樣清楚地強調。

然而，多數被害人是熟識的人，所以登記也沒有用。

性犯罪者被人羞辱、被標籤，他們沒有任何地方可以去，他們會轉而對社會憤怒，可能變本加厲，出來後會持續犯罪。對於犯罪的嚇阻可說是沒有任何作用。

再者，反對《梅根法》的人主張，這樣是公開的羞辱，是一種另類的處罰；可說是在法院判決後的持續懲罰。地址變更的登記制度，這讓性犯罪者一直在修改他適應的方式，以及他接受責任的方式。另外，這樣可能迫使性侵害者設法提供假消息，因而所造成的傷害、危險可能更大。

最後，批評《梅根法》的人也指出，科學的研究發現，性犯罪者會再犯，或者他們根本就是再犯者，不管你怎麼做，效果還是一樣，沒有任何犯罪預防的作用。

台灣的《性侵害犯罪防治法》

繼美國《梅根法》，台灣也制定了婦女保護的法律《性侵害犯罪防治法》，更重要原因也為 1996 年歲末，民進黨婦女發展部主任遭性侵、殺害，促使立法加速，並於 1997 年公布實施。保護作為有：設立「性侵害防治中心」，二十四小時電話專線，被害人之輔導、治療、安置，以及被害人之救援、診療、驗傷、取得證據等，以及加害人之追蹤與治療。2005年更確立性侵害者定期辦理登記或報到機制，並提供特定人查詢。其他保

護性侵害受害人之主要精神如下：

1. 建立學校教育課程，以及通報系統。

2. 加害人檔案資料之建立，被害人資料之保密。

3. 被害人陳述得為證據之情形，審判不公開。

4. 被害人之一定親屬及社工人員得陪同出庭。

5. 強制治療，並進入醫療機構或其他指定處所，施以強制治療。

6. 再犯危險者，不得申請假釋。

　　2023 年 2 月 15 日修正公布的保護性侵害受害人之作為是：網路平台如果發現有性侵害犯罪嫌疑者之資訊，應限制瀏覽並移除。

結論

　　本章討論性拒絕的強姦，在違反他人意願下，強迫他人與其發生性關係的問題。我們討論性侵害及性攻擊的暴力，呈現台灣性侵害的行為態樣。本章也討論性侵害的定義，包含行為面與法律面。我們也討論性侵害的分類，其中性攻擊和權力的控制、替代，以及補償最有關係。

　　最後，本章探討性侵害的社會學解釋，以及法律的反應，主要討論美國的《梅根法》與台灣的《性侵害犯罪防治法》，惟實施成效如何甚少討論，須進一步評估。

參考書目

侯崇文（2019）。犯罪學——社會學探討。三民書局。

侯崇文、周愫嫻、吳建昌等（2000）。性侵害案件偵察心理描繪技術運用。內政部性侵害防治委員會。

賴惠敏（2005）。立法從嚴執罰從寬：論清代的犯奸案。明清司法運作中的權力與文化學術研討會。中央研究院歷史語言研究所主辦，10 月

13 日至 15 日，台北。

Baron, L. & Straus, M. A. (1987). "Four Theories of Rape: A Macrosociological Analysis," *Social Problems*, 34(5): 467-489.

Brownmiller, Susan (1975). *Against Our Will: Men, Women, and Rape*. Simon and Schuster.

Groth, Nicholas (1979). *Men Who Rape: The Psychology of the Offender*. Plenum Press.

Knight, R. A. & Prentky, R. A. (1990). "Classifying Sexual Offenders," in Marshall, W. L., Laws, D. R., & Barbaree, H. E. (Eds.), *Handbook of Sexual Assault, Applied Clinical Psychology*. Springer.

Russell, Diana E. H. (1988). "Pornography and Rape: A Causal Model," *Political Psychology*, 9(1): 41-47.

Sampson, Robert, Raudenbush, Stephen, & Earls, Felton (1997). "Neighborhoods and Violent Crime: A Multilevel Study of Collective Efficacy," *Science*, 15 (5328): 918-924.

Schwendinger, J. R. & Schwendinger, H. (1983). *Rape and Inequality*. Sage Publication Inc.

Wolfgang, Marvin E. (1958). *Patterns in Criminal Homicide*. University of Pennsylvania Press.

Wolfgang, M., Figlio, R., & Sellin, T. (1972). *Delinquency in a Birth Cohort*. The University of Chicago Press.

第十章
親密關係的家庭暴力

親密關係的暴力

　　本章談家庭暴力，包括婚姻關係、同居關係，或情侶之間的暴力，也有學者稱家庭暴力為親密關係暴力，兩者似是相互使用。

　　1951 年 10 月 18 日，一位陳姓婦人在台北市人來人往的衡陽路上徘徊、流淚，經店家幫忙，以及當時的台灣省婦女會介入，才發現這位婦人遭家暴，她在結婚兩年內遭受先生毆打，所以離家出走，還想要自殺。

　　這是台灣早年出現於報紙的家暴事件，丈夫對妻子施暴，這喚醒許多社會大眾對家庭暴力的意識與認知。當然，在此事件之前家暴早已存在；多數人認為那只是家務事，自行解決就好，沒有嚴重到需要拿出來公開討論。

　　1980 年代台灣的雛妓問題，也喚醒許多人的家暴意識；這是家庭對兒童虐待問題，也是性虐待問題。當時台灣社會出現未成年少年／少女從事色情工作熱浪，許多未成年少女被家人賣出，在人口市場上被交易並被迫和客人發生性行為，他們工作環境差，甚至有的人被迫吃藥、強迫成長，其處境令人同情，亦引起社會各界關注。然而，由於那時候台灣經濟正起飛，市場需求大，人權意識不足，加以，一些父母為了生活需要，把女兒賣出一年、兩年或更久，以解決家庭經濟之需；雛妓的問題始終無法被有效解決，成為台灣社會重大問題。

1987 年 8 月成立台灣婦女救援協會，協助遭父母販賣的少女。中間站立者為創會理事長沈美真（來源：婦女救援基金會）。

　　當時，社會面對雛妓問題唯一能做的就是救援工作，把那些被送入火坑的少女一個個救出。幸好有很多民間人士及宗教團體投入救援工作，如：1987 年為了協助被父母賣去從娼的台灣婦女救援協會，開啟了台灣社會關懷與服務發展。另外，一些團體則依據社會工作專業，投入關懷雛妓與救援，有：現代婦女基金會、勵馨基金會、婦女新知基金會等，他們的推動亦帶動台灣社會工作走向專業。

　　雛妓問題後來經眾多社團努力，喚起大家認識少女受害問題的嚴重性，透過立法、修法，才慢慢使問題獲得解決，尤其，1995 年《兒童及少年性交易防制條例》；1997 年《性侵害犯罪防治法》；1998 年《家庭暴力防治法》；2005 年修訂《刑法》第 222 條，姦淫未滿 14 歲之男女，視為準強姦罪，都是解決問題法律面的努力。

　　台灣家暴問題一直都存在，2021 年 11 月，女性立法委員高嘉瑜遭男友林秉樞毆打，使家暴問題再度浮上檯面；事情是發生於兩人入住飯店時，高在飯店裡被毆打。事後，高嘉瑜前往台大驗傷，但沒報案，而是由媒體披露才將事件爆出來，也由於該起家暴案涉及知名立法委員，引發各界重視，司法單位快速反應，立即給予起訴。

遭男友家暴的立法委員高嘉瑜（來源：立法院）。

立法委員高嘉瑜遭毆打事件屬情侶暴力，權力集於一身的立法委員亦無法倖免，也是本章要討論的。

先介紹台灣家暴防治服務過去的努力。

台灣家暴防治發展簡史

早年在 1950 年代，對弱勢者的救助與服務一直不受重視，直到 1970 年代末期，社會工作專業服務在大學出現，更重要地，民間也開始推動，推動者為天主教修女任兆璋，她成立關懷弱勢者的「台北市華明心理輔導中心」，地點設在中山北路與忠孝西路口的中央大樓。華明心理輔導中心專注於心理輔導工作，現已改名懷仁全人發展中心，這是台灣社會服務的起源，為其後各種家暴輔導與救助專業服務發展鋪路。

台灣家暴防治發展可以分為三個層級與階段，大家彼此分工合作，共同推動，而能有成績。其中，民間團體率先帶頭推動，接下來是地方政府的參與協助，最後則是國家角色介入，以下簡要介紹。

民間推動

雛妓問題出現後，1987 年，天主教善牧修女會首先介入營救，成立

德蓮之家，由天主教台北總教區支持，提供二十四小時婦女安全及就業輔導。德蓮之家設置庇護場所，在於保護被家人出賣的女孩，是台灣家暴防治工作的濫觴。2017 年，德蓮之家已暫停服務。

後來，民間婦女保護團體相繼成立，包括有：現代婦女基金會、婦女救援基金會、天主教善牧基金會、婦女新知基金會、勵馨基金會等，都投入婦女、小孩的救援與保護工作，有法律與政策面的推動，以及直接服務的推動。

地方政府協助

台北市政府在推動婦女保護工作也是不遺餘力，1989 年台北市北區婦女福利服務中心接手成立一年的康乃馨專線，主要是提供婦女求助與諮詢服務，這也正式開啟地方政府保護工作的序幕。

更早之前，1988 年 9 月 23 日，台北市成立全國第一個婦女中心，推出婦女社會大學，報名人數超過 2,000 人，可看出台灣婦女學習能量，以及參與社會的強烈動機。

南台灣的高雄也於 1989 年 7 月成立婦女福利工作組，執行婦女福利服務方案，設立婦女服務專線，提供婦女電話諮商與法律諮詢。

1991 年，台北市政府辦理受暴婦女醫療補助，這是地方政府首次介入受暴婦女補助。

1992 年，台北市政府社會局設立第一所婦女庇護安置中心，稱為安心家園，當時是由善牧基金會以公設民營方式成立。

1992 年 11 月，高雄市婦女福利服務中心成立，服務範圍主要有婚姻暴力、外遇、親子衝突事件。

1993 年，台北市政府社會局北區婦女福利服務中心轉型為婚姻暴力危機處理中心，主要是因為發生受虐多年的鄧如雯殺夫案，促使市政府介

入家暴問題。

1993 年底，台灣省政府訂定《各縣市辦理不幸婦女緊急生活扶助實施要點》，法制化各種不幸婦女的補助。1995 年 12 月，省政府成立第一個婦幼保護熱線，這是屬於除北高兩市外，較大區域性的電話保護專線。

至於北高兩市，1996 年底，台北市成立二十四小時救援服務專線，沒多久，高雄市也設立二十四小時婦女保護專線。南北共同建構婦女保護系統。

此時，全台灣地方政府已建立起婦女保護系統，然而，屬於更為全方位、有金錢補助、更多安全保護及執法協助者，仍需國家介入。

國家介入

國家介入最重要者自然是訂定《家庭暴力防治法》，該法草案於 1996 年 7 月由立法委員潘維剛任召集人，高鳳仙法官任副召集人，開始推動家暴法制化。

1996 年 11 月底，台灣發生民進黨婦女部主任彭婉如遭姦殺事件，喚起社會對婦女人身安全的重視。1997 年 9 月，家庭暴力防治法草案送立法院審議，1998 年 5 月 28 日立法院完成《家庭暴力防治法》三讀，一個月後，立即公告實施。依法，各政府部門要設家暴防治中心，但直到 1999 年，北高兩直轄市才成立家庭暴力暨性侵害防治中心，其他縣市則是後來才陸續設置，或指定承辦人員專責處理。

1999 年，警政部門同樣要求各縣市警局指派一名家庭暴力防治官，負責處理家庭暴力案件。同年，依據《家庭暴力防治法》，法院認為可以依其職權核發保護令，以保護家庭暴力被害人；保護令由檢察官、警察或各地方政府向法院提出聲請。此時，台灣正式實施保護令制度。第一張保護令由新店分局提起，台北地方法院法官游婷麟核發，時間在 1999 年 6

月 24 日晚間 11 時。

其他幾個較為重要的保護變革制度如下：

2000 年 5 月，增加特殊境遇婦女，其子女生活津貼及教育補助、托育津貼及創業貸款。

2004 年 11 月，內政部訂定「落實兒童及少年保護家庭暴力與性侵害事件通報及防治工作實施方案」，在於落實責任通報制度。

2006 年 5 月，中央補助地方政府增聘社工人力。由原來的 185 人增加到 505 人，使處理家暴的社工人力大幅提升。

2007 年 1 月，保護令免收法院裁判費用。同年 3 月，家暴立法定義中增列跟蹤。擴大保護令聲請對象，修正家暴適用範圍，納入沒有婚姻關係的男女同居關係或同性戀關係。禁止相對人查閱被害人及未成年子女戶籍。另外，地方主管機關應設置家暴服務處所，提供被害人緊急生活補助、訴訟、房租、托育、創業貸款補助等。最後，違反保護令罪嫌重大者，警方可以給予拘提。

2015 年，再度擴大家庭暴力的定義範圍：「指家庭成員間實施身體、精神或經濟上之騷擾、控制、脅迫或其他不法侵害之行為」，增列精神及經濟虐待的家暴定義。

總之，台灣家庭暴力防治由民間團體、中央與地方政府共同努力推動，是三條平行線，非一棒接一棒，才形成現在較為完整的建制，發揮家庭暴力物理與預防機制。

家暴的司法數字

1998 年公布的《家庭暴力防治法》，實施之初情況如何？以下做個說明。

實施第一年（從 1999 年 7 月至 2000 年 6 月），地方法院檢察署新收

家暴案件總計為 3,551 件，其中絕大多數屬身體暴力行為，約占有八成，其餘為妨害自由罪，或是違反《家庭暴力防治法》等。

　　檢察官偵查終結總計人數 3,907 人，其中起訴了 2,166 人，起訴人數超過半數，占 55.4%，不起訴人數為 1,655 人，占 42.4%。不起訴主要是以告訴人撤回告訴最多，占 85.2%。撤回告訴者眾多，值得進一步深入探討。

　　經檢察官起訴的二千多人中，法院判決有罪者，計有 358 人，其中又有 23% 獲判緩刑；在有罪人數中，人數最多者為犯傷害罪者，有 255 人。刑度部分，被科處六月以下有期徒刑者 123 人、處拘役者 182 人、科罰金者 26 人，三者合計占有罪人數的 92.5%。簡單地說，家暴被移送的近二千多人中，判刑的比例甚低，他們的刑度也是很低。

　　地檢署偵辦的家暴案件中，加害人與被害人的關係以配偶關係者最多，占六成三，其次是直系血親的關係，包括：父母、祖父母、外祖父母等，再其次為事實上的夫妻關係者。

　　施暴的人絕大多數是男性，年齡以 30 歲至 40 歲未滿及 40 歲至 50 歲未滿之青壯年最多；教育程度以國中程度以下者最多，占有七成，高中者占 22.8%；職業以從事勞力工作及無職業者最多，占三分之二。

　　依據法務部 2017 年的統計，過去約十年間，各地檢署偵辦的家庭暴力案件累計 4 萬 8,277 案，被告為 6 萬 6,866 人。案件與人數都比執行初期增加很多，而 2016 年家暴案為 6,808 案，為執行《家庭暴力防治法》後的高點。

　　家暴案件呈逐年上升，趨勢反映更多的人願意把家裡的問題拿出來尋求司法協助。我們也同時發現，多數受害人基於親情原諒被告或達成和解，而撤回法院告訴，使得家暴的司法控制機制受限，行為上來說，這反映了家暴受害人矛盾的心理，他們擔心提告後會失去一切，但他們也不想

面對家庭暴力的威脅。

西方研究也發現，男人比女人較容易對伴侶進行攻擊（Dobash & Dobash, 1988; Dobash, et al., 1992; Jacobson & Gottman, 1998）。但是，一些研究則認為，男人和女人一樣，雙方暴力行為相差不大，呈現平等對稱的關係（Straus, 1990; Langhinrichsen-Rohling & Vivian, 1994）；如此，合理的解釋應該是：男人和女人使用家暴的方式並不相同，但男人與女人的暴力是相等的。

《家庭暴力防治法》實施初期，家暴案件之加害人與被害人關係以配偶占最多，然而，《家庭暴力防治法》定義增加「現有或曾有親密關係之未同居伴侶」，相信進入司法部門調查的配偶家暴比例會逐漸下降。

家暴的通報數字更高

家庭暴力事件通報案件是由衛生福利部負責，他們也是中央主管機關。

2021 年家庭暴力事件通報案件被害人數高達 11.9 萬人，被害人數比前一年（2020）增加 4,151 人，增 3.5%。這數字又比疫情前更高，多了 1.5 萬件，增 12.6%。疫情期間，社會互動大幅停滯，卻也帶來更多的家庭衝突，許多人成為家暴受害人。

家暴通報數字遠遠大於檢察官起訴數字，反映著家暴問題的嚴重性，也反映人們尋求政府部門介入家庭問題的意願，這是過去所沒有的現象。

性別統計分析指出，2021 年的女、男性被害人占比分別為 64.3% 及 35.7%，該比例比起司法統計，女性是主要的受害人。事實上，女性受害人的比例逐漸降低，反映台灣社會的變遷及男女角色與地位的變化。

社會學的定義與分類

多面向的家暴

家庭暴力有很多種方式，有身體攻擊，如打、踢、咬、推、丟東西，也有口語威脅、性虐待，或情感控制者。有的家暴用經濟控制、人身自由控制、忽略、經濟剝奪等方式為之。有些人直接剝奪他人受教育機會，或禁止醫療治療、禁止與特定人接觸往來等，都是家暴方式，這些多數沒有出現於政府部門統計，屬家暴黑數。

以下為家暴的社會學定義與分類。

家庭暴力，英文 Domestic Violence，指親密關係者一方對另一方的暴力行為，發生於婚姻、同居、約會等關係的暴力。此定義指家庭暴力涵蓋親密關係暴力。

犯罪學也有認為親密關係的暴力包含有婚姻關係的配偶、同居關係，或是親密關係的暴力者。此定義指親密關係涵蓋家庭暴力。

學術界似乎將家庭暴力與親密關係暴力交叉使用，此處筆者採第一個定義，用家庭暴力來包含發生在我們因婚姻、血緣之間的關係，或是同居關係而出現的暴力，以及親密伴侶關係的暴力。這樣的定義符合學術界的想法，也和台灣《家庭暴力防治法》的定義一致。

然而，學術界家庭暴力相關的名詞確實不少，下列名詞可見一斑：家庭暴力（Family Violence），指家庭內成員間的暴力行為；夫妻虐待（Spouse Abuses），夫妻間的暴力行為，兩方都有可能是暴力攻擊者；約會虐待（Dating Abuses），指約會發生的暴力行為；親密關係暴力（Intimate Violence），指情人間的暴力行為，亦稱約會暴力（Dating Violence）。

家庭暴力其他類型

其一，虐待小孩（Child Abuse），指對小孩過度對待，傷害身體或者情感，且沒有足夠的理由來解釋他們行為者稱之。對小孩身體的虐待方式很多，較普遍的有：腳踢、打、綑綁、打耳光等。台灣虐待小孩事件層出不窮，2005 年發生一位 4 歲女童因為午夜哭鬧，遭父親在街道上毆打死亡，稱邱小妹事件；2009 年彰化一位才八個月的女嬰黃湘惠，因父母吵架，遭暴怒的父親丟進煮麵熱水鍋中導致死亡。再者，一少女經常遭母親與繼父拳打腳踢、拉頭撞牆，2022 年 2 月 3 日深夜又發生暴力情形，她向學校聯絡，台北市政府於 4 日凌晨立即派員予以保護安置。現今托兒所對嬰兒的施虐案也時有所聞，亦屬虐待小孩事件。

其二，虐待老人（Elder Abuse），指照顧者或身邊的任何人知悉、故意或忽略之行為，足以對老人造成嚴重傷害者。虐待老人可能發生在家裡，也可能發生在老人照護機構，主要為身體傷害或忽略、心理虐待，或者剝奪物質需要等。根據衛生福利部統計，每年老人遭遺棄、虐待、侵占財產者超過 1 萬人，更有 6 萬多名老人因受不當對待而向政府尋求保護扶助者。顯然，虐待老人問題不容輕忽。

其三，性侵自己的子女，為一種更為嚴重的家庭暴力，社會上稱為狼父。

其四，滅門是家暴中最為暴力、殘忍的犯罪行為。滅門是一種謀殺或者謀殺自殺的行為，至少父母之一以及小孩至少一個遭到殺害者，或者父母其中一人以及其他的小孩、祖父母遭殺害者。殺了父母者稱為殺尊親屬（Parricide）。殺了全家之後自己自殺者稱為謀殺自殺（Murder-Suicide），也稱為家庭滅絕（Family Annihilation）。2001 年 9 月彰化洪若潭的滅門血案，以及 2006 年花蓮吉安鄉的五子滅門血案，算是台灣社會非常殘酷的家暴案件。

親密伴侶的暴力

美國疾病控制和預防中心（CDC, 2019）確定了四種類型的親密伴侶暴力，CDC 稱約會暴力，其定義如下：

其一，身體約會暴力（Physical Dating Violence），指一個人透過打、踢或使用其他類型的身體力量來傷害或試圖傷害伴侶者。

其二，性約會暴力（Sexual Dating Violence），指當伴侶不同意或不能同意發生性行為時，強迫或試圖強迫伴侶參與。一同性戀伴侶強迫另一位進行窒息式性愛，而另一方是反對的，這是性約會的暴力。

其三，心理攻擊（Psychological Aggression），指使用口頭和非語言的交流，意圖在精神上或是情感上傷害另一個人，或對另一個人施加控制者。這種類型的攻擊可能包括口語怒罵、侮辱或威脅親密伴侶等。孤立親密伴侶，不與對方對話，也屬一種心理攻擊。

其四，跟蹤（Stalking），指不必要地跟隨、關注和接觸而引起受害者恐懼或擔憂者。男生喜歡某個女生，每天緊緊跟著該女生，在她的家附近徘徊，進入她上課的教室，跟著她搭乘公車上學、回家，這就是跟蹤。

此外，現今資訊科技時代，一種新形式的約會暴力出現，稱為網路約會濫用（Cyber Dating Abuse），主要是涉及在約會關係背景下，可能不見面，但使用科技技術來控制、騷擾、威脅或跟蹤另外一個人，例如，透過網路每天監控對方行動，或寄送不受歡迎的訊息，或將自己的裸體照片傳給對方，有的人更透過文字在網路平台散播，讓受害人感到害怕、擔憂。

家庭暴力的解釋

解釋家暴的理論很多，有心理學，也有社會學、犯罪學，筆者列出幾個較常被用來解釋家暴的理論。

心理病態（Psychopathology）

　　台灣學者林明傑是台灣少數研究家暴的學者。林明傑等（2007）的研究指出，近年來有許多實務經驗及學術研究均發現人格異常（Personality Disorder）及病理因素（Pathology）的存在，這也使得防治工作必須要深入加害人的核心世界，去探索暴力者的想法及行為的問題；家暴主要是暴力性的妒嫉人格問題和強迫性的行為問題，並具有邊緣性人格，有這些特質的人，家庭暴力傾向較高。

　　忌妒人格常展現於怨恨，在發現他人享有東西或利益時產生了一種難受的心理狀況，這就是忌妒，強烈的忌妒可能會帶來暴力或憎恨。

　　邊緣性人格者容易發火，也常有語言暴力，用粗暴言語相向。他們也很殘忍，殺動物、懲罰動物、虐待動物，也會虐待小孩，是家暴者常見的人格特質。

失去控制（Loss of Control）

　　家庭暴力歸罪於失去控制的結果，例如喝酒、生氣與挫折，他們無法控制，就容易出現家暴。

　　失去控制理論強調，社會對於不同性別有不同的期待，這會使男人不隨便生氣與挫折，但是這些情緒會慢慢地累積，直到他們失去了控制，並透過使用暴力使他們的挫折得以解放。

暴力循環理論（Cycle of Violence Theory）

　　暴力循環理論在美國受到學術關注；該理論由美國心理學家 Lenore Walker（1979）提出，強調暴力有循環的特性。開始時，男人在家裡沒有表達他們的挫折與生氣，這是因為他們被社會教導要忍受這些情緒，但是當緊張與壓力爆發時，暴力就會出現，這時他們的緊張獲得了釋放。接著會進入一個和諧關係的日子，稱為蜜月期（Honeymoon），這時先生會道

歉、表示慚愧。

　　基本上暴力循環理論強調，暴力的發展分階段，由緊張階段開始，透過暴力爆發化解緊張，最後進入緩和或蜜月期。以下是學者解釋暴力特性的說明。

1. 第一階段：緊張累積

　　關係開始之初，暴力很少發生。這是典型的迷惑階段，雙方都表現著最好的行為，壓力、緊張也非常少。但當關係逐漸發展，要求與挫折隨之增加，攻擊行為亦然，開始時是對事物的暴力，而不是對人的暴力。但在暴力之後緊張減少，這樣會逐漸強化暴力行為，並使暴力更有可能發生。最後，暴力會對人進行攻擊，開始時為口語或者情感虐待，逐漸出現身體暴力。

2. 第二階段：暴力攻擊事件

　　挫折與緊張在暴力之後得到釋放。在這個階段，施虐者選擇了何時施暴、哪裡施暴，而這時往往也是警察介入的階段。遭到施暴者這時往往會感到生氣，也經常覺得暴力事件令她們不知所以。

3. 第三階段：緩和或者蜜月期

　　在暴力事件之後，進入了安靜以及關愛的階段。暴力者可能會負起部分責任，表達罪惡感並要求原諒。這樣給了伴侶一個暴力行為改變的機會。只是，後來又有了緊張，暴力繼續循環，且有可能暴力發生的次數越來越多，問題本質也越來越嚴重。

　　該理論的問題是，女性並沒有經歷和諧關係的經驗，以及緊張的關係並非逐漸地建立；相反地，男人的壓力、緊張是不定時的、不能預測的、隨機的，當然也伴隨著暴力行為。

　　學者 Dobash 等人（1992）認為，Walker（1979）的暴力循環理論是靜態而非動態的，暴力循環隨時變遷，第三階段的蜜月期和女人的經驗是對

立的，女人要假裝她們願意和解，女人要接受他們個人的暴力歷史，或者被強迫的歷史，這樣的說法並不正確。

權力控制理論（Power Control Theory）

暴力攻擊者攻擊的目的在於控制其伴侶的行動、思想及情感。這樣的觀點稱為權力與控制車輪（Power and Control Wheel），暴力行為之使用在於控制對方，且利用各種方法來控制。

暴力的目的在於運用暴力來控制女性。小孩看到暴力使用，這可以幫助他們學習使用暴力，但這並非暴力的原因，暴力者的意識知道他們使用這些的技巧在於確保他們的伴侶服從，使他們可以得到自己想要的東西。

權力與控制車輪的概念來自於 Ellen Pence、Michael Paymar 與 Coral McDonald 三人，1982 年他們在美國明尼蘇達州的港口城 Duluth 與受虐婦女團體進行深入對話與了解，之後提出此概念，也畫出車輪圖，並把他們的發現歸功於這些受暴婦女。三人使用的權力與控制車輪概念，當時也被呈現於法庭幫助受攻擊的婦女，但並未有文章出版，筆者無從引註。

暴力學習理論

暴力來自於學習，他們在小時候就學到用暴力對付家人，例如母親受到父親的虐待。也有研究發現，女人在小時候看到家庭暴力，長大後並沒有暴力的行為；在這個基礎上，學習理論是有問題的。

基本上，男生目睹暴力，後來使用暴力的機會很大，這可能是與目睹暴力有關，但是男生可能會從大社會中學習用暴力控制太太的價值觀，進而用暴力控制別人，因此暴力學習理論比較適用於解釋男人的家暴行為。

無助感學習論（Learned Helplessness Theory）

由美國心理學家 Lenore Walker（1979）提出，他研究了在暴力關係中

的女性，發現：女性停留在一個暴力的關係中，乃是因為經常的暴力剝去了她們離開的意志，女性面對暴力情境時展現出完全的無助感，她們忍氣吞聲，完全沒有反抗的勇氣及能力，即持續的虐待剝奪了她們離開的勇氣。

通常，攻擊者有他們自己的規則，他們選擇在私人的地方攻擊，他們要避開任何看到暴力的可能證人，這是他們理性的地方。另外，他們所有的動作都在於控制他們的暴力行為，例如，他們破壞財產、他們做出威脅的動作。當他們的攻擊增加時，他們變得越來越控制自己，變得冷靜，這是攻擊者理性的地方，但卻也使得被攻擊者噤聲，不知如何反抗。

這個理論無法解釋很多社會、經濟、文化因素導致一個女人決定停留在暴力關係中。女人經常有她們自己的理性理由，她們害怕報復，無論是對她們自己或者對她們的小孩；如果她們選擇離開，可能會被社區排斥，這些都是可能的理由。

Satir 家庭諮商治療

Satir 的家族治療是台灣家暴處理暨預防上經常使用的方法。

Virginia Satir

Virginia Satir（1916～1988）是美國人、作家，也是諮商師，其家庭諮商治療最有名。她的理論稱為 Satir 轉換系統治療（Satir Transformational Systemic Therapy, STST），也稱為 Satir 家族治療法（Satir Family Therapy），寫於《Satir 模式：家族治療暨超越》（*The Satir Model: Family Therapy and Beyond*），1991 年出版，2006 年再版。

Satir 的理論強調透過在家庭結構來增進關係及溝通。基本上，她的理論假設，個人的行動、情感、認知都和一個人在家庭單位內的動態關係有關。

美國家庭輔導工作者 Virginia Satir（*來源：William Meyer*）。

Satir 改變模式（Change Model）

　　Satir 提出著名的五個階段的改變模式，描述每一個階段在情感、想法、行為上的作用。五個階段是：舊現況、阻力、選擇、整合，以及新現況。阻力乃是引入新的變化時的抗拒力量。使用此原則，可以增進自我的改變，避免遭到暴力攻擊。

　　Satir 的理論屬溝通學派，她不強調病態的人類問題，相反地，她強調諮商心理治療來幫助一個人的成長，開發個人潛能，積極改變自己，改變現況。

　　Satir 提出她自己治療模式的冰山觀點（Personal Iceberg Metaphor of the Satir Model），這是運用佛洛伊德的冰山架構，代表個人的生命經驗。

　　冰山的頂端，代表了看得到的行為，水面下的每一個層面代表了個人經歷的一部分，很多是被遺忘的，但如果我們加以探索，便可讓我們更認識自我，並且作為改變的力量。可以說，這是探索一個人的自我、一個轉換自我的方法。

行為（Behavior）面，行為在冰山的水面上。這是可以被觀察到、可以測量的。行為受到社會規範，告訴我們對或錯、正義的、道德的。我們說的話、我們做的事情，所經歷的都是屬於行為面。

但是在水下面就沒有判斷的必要性，沒有是非，沒有對錯，思想、感覺、期待、價值、自我等都在水下面，卻深深影響我們的行為。

簡單地說，如果我和我的太太對於小孩管教方式起了爭執，例如，讓小孩上網的問題，這是行為面，我們看得到，但是思想則是與個人主觀意識有關。你的想法會影響你的行為，所以思想幫助我們和可以觀察到的行為連接在一起；思想更和深層的經歷有關，和水底下發生的事情有關。

再舉個例子，渴望（Yearnings）是指我們的需要、我們的夢想、我們的希望。渴望與我們真正的自我最為接近，但對人來說，卻也是人類最為脆弱之處，如果我們有很大的渴望，但是我們卻無法在生活中得到，這時，對我們人類來說，是最為淒慘的事情。渴望也是在冰山的水底下，和人類深層經歷有關（個人的、家庭的，甚至是文化的經驗），往往成為衝突與家暴的來源。

Satir 並沒有要我們停留在過去，在深水處打轉，在過去的經歷中自怨自艾，走不出來；相反地，她要我們從冰山中認識自己，並向前看，往前走，不受過去傷害，繼續建構家庭。

家庭再建構

這也是Stair的重要概念，屬於一個人的轉換過程（Transformational），受傷的人有機會可以擁有一個全新的生活經驗，在經過家庭暴力的衝擊之後再度往前走，繼續建構家庭，且不再受到暴力傷害，這過程就是家庭再建構的概念。

Satir 認為，家庭治療師最為主要的目標是去面對諮商者家庭的痛苦；

家庭的痛苦可以在家庭成員身上找到特徵，並且延伸到所有的家庭成員，可以從這些特徵中找出家庭的痛苦源頭。

Satir 相信，一個痛苦的婚姻關係會帶來失能的教養型態，而這時，家庭成員中受傷的人在痛苦婚姻關係中受到的影響最為嚴重。這也會影響到他們後來的家庭功能，甚至是情感、情緒表達等。

此處 Satir 提出的用溝通尋求生存方法，類似 Freud 治療師與病人的對話。事實上，我們經常因為溝通的問題而無法了解自己、保護自己，甚至讓暴力繼續發生。Satir 將溝通描述成：它是一個巨大的雨傘，遮住也影響我們所有人類，溝通決定了我們和別人的關係。Satir 相信，所有的溝通都來自學習，如果我們活在後悔及過去的悲傷日子，我們還是一直害怕，我們不要溝通，甚至不敢溝通，這時，我們就沒有進步或改變的機會。Satir 相信，缺少溝通只會帶來對立。多數的對立的發生也來自溝通問題。

治療理論與技巧（Therapy Theory and Practices）

Satir 家庭治療模式其基礎是系統理論（System Theory）；系統為一系列行動、反應、互動，是許多變項彼此相關，共同產生正面能量，進而發展出行為轉換的結果。以家庭系統為例，它不是單指成員的組合，更是彼此面對困難的支持、紀律處理、挫折接納、快樂的感受等，許多因素建立家庭系統，共同產生正能量，成為行為轉換的基礎。轉換在於幫助個人能自我決定、自我選擇、增加自尊、讓自己擁有責任感，進而讓自己和其他人能夠相互了解、溝通。

Satir 主張，治療最為重要的觀念是成熟，或者一個人可以完全地有自己的選擇，能夠自己做自己的決定者；家庭治療讓失能的家庭轉變成有功能，這是透過行為轉換發生，個人和其家人的互動才是建構他（她）的

觀念與態度的基礎；自尊在家庭治療是一個基本的要素，低的自尊會影響整個家庭系統，而治療轉換即在於強化自尊。

結論

家暴是很複雜的問題，有來自於個人的行為發生者，也有結構性問題發生者，或社會文化因素造成者。家暴是各階級都有的問題，但低階及解組地區的問題相較之下為多，值得我們注意。

暴力在很多時候來自於學習，如家庭暴力文化的學習，並出現代間循環現象，小孩長大後亦出現家暴行為。然而，許多家庭暴力來自於個人成長歷程，也和個人人格失序有關。

家庭暴力本質上是控制，用暴力控制家庭成員的財務、生活方式、身體自由等，暴力也可能用於滅門，控制家庭每個成員，同歸於盡，這是家庭暴力最為殘忍的方式。

本章介紹了台灣家暴防治簡史，從民間團體、地方政府及中央政府等層面切入，三方面努力，共同成就。我們更相信，社區可以是預防家庭暴力很有效的力量，結合社區的里長、社區家長會、志工團體，或者社區委員會，培訓大家認識《家庭暴力防治法》，並做些社區家暴防治宣導，讓社區人士認識家暴問題，以及政府的處理與受害人保護的方法，可以很有效地減少家暴發生。

本章最後介紹美國學者 Satir 的家庭暴力治療理論，為結合心理學的心理分析與社會學的溝通概念所建構，是被廣泛使用的治療方法。

家暴處理面對許多的困境，如：發現小孩遭到家暴，依法學校必須通報，但卻經常受到家長的抗議與威脅。此外，社工人員人力不足，工作危險性高，而警方陪同社工調查的意願也不高。

社工員在家暴防治系統中的角色最重，也最關鍵，他們工作壓力值得

我們關心，另外，他們在調查時經常面對暴力威脅，急需尋求安全保護的解決方案。

　　台灣已制定許多家暴預防政策，有針對家暴的加害者，也有針對家暴的受害者，有的在於犯罪控制和懲罰，有的則聚焦於被害的協助、救助及輔導。我們現在則需要研究，證明這些策略在降低暴力的作用，同時也鼓勵提出其他可行方案，以發揮更有效果之家暴預防。

參考書目

林明傑等（2007）。有無邊緣型人格傾向之男性婚姻暴力加害人在暴力行為嚴重性之比較。亞洲家庭暴力與性侵害期刊，3（1），頁 27-55。

Dobash, R. E. & Dobash, R. P. (1988). "Research as Social Action: The Struggle for Battered Women," in K. Yllö & M. Bograd (Eds.), *Feminist Perspectives on Wife Abuse* (pp. 51-74). Sage Publications, Inc.

Dobash, R. P., Dobash, R. E., Wilson, M., & Daly, M. (1992). "The Myth of Sexual Symmetry in Marital Violence," *Social Problems*, 39(1): 71-91.

Jacobson, Neil S. & Gottman, John (1998). *When Men Batter Women: New Insights Into Ending Abusive Relationships*. Simon & Schuster.

Langhinrichsen-Rohling, J. & Vivian, D. (1994). "The Correlates of Spouses' Incongruent Reports of Marital Aggression," *Journal of Family Violence*, 9(3): 265-283.

Satir, Virginia (2006). *The Satir Model: Family Therapy and Beyond*. Science and Behavior Book.

Straus, Murray (1990). *Physical Violence in American Families*. Routledge.

Walker, Lenore E. (1979). "Battered Women: A Psychosociological Study of Domestic Violence," *Psychology of Women Quarterly*, 4(1): 136-138.

第十一章

情殺

愛你愛到殺死你！

本章要討論情殺，因為愛情所造成的殺人事件。

愛情是一件很美好、很美麗的事情，你濃我濃，羨煞多少人，而如果雙方都願意，將來還可以結婚生子，經營家庭。只是當羅曼蒂克的熱情消逝了，雙方愛情關係發生變化，這時，有的人選擇分離，有的人則由愛轉恨而傷害對方，甚至殺了對方。「我實在太喜歡他了，我沒有辦法，只能殺死他。」這是日本東京一名女子持刀刺殺男友被捕時所講出的話（見 ETtoday 新聞雲，2019-12-11）。這就是情殺事件，存在於我們現實生活中，但很不幸地，這樣的事件經常發生，台灣每月平均至少有二到三件。親密與羅曼蒂克的關係到後來生變，帶來生命悲劇，可說是「愛你愛到殺死你！」

情殺類型

情殺，男女，也包含同志，因為情感因素而殺人者稱之，基本上犯罪學家將情殺分為下列三個類型。

第一種，迷戀殺情人型。情侶一方太過於迷戀，愛到不可自拔，想把對方給吞吃下肚，於是將情人烹煮吃食。這類案子在台灣未曾發生過，惟西方人類學家曾發現有過這樣的現象。

第二種，殺死情人類型。因為愛不到或愛不能持續而產生恨意，造

成情殺事件，這是最普遍的情殺類型。可能是提出想要分開的要求，被拒絕，而被殺；也可能是一方另有男友或女友而被殺；同志彼此因愛生恨導致殺人，都屬之。早年著名案例為：虎林街滅門血案，一位老師殺死情人全家，原因是女方家人反對他們交往；台大宅王因女友提分手而殺人。

　　第三種，殺死情敵。情殺，但不殺情人，卻殺情敵。女女同性戀人，其中一女另有男友，這位男性卻被女友的前同性戀人殺死；一名女性殺死前男友的現任女友，她沒有殺死情人，卻殺了情敵，這些情況都屬之。這類型的著名案例有：清華大學研究生洪曉慧的溶屍案轟動台灣社會，洪曉慧為了一個她所深愛的人而去殺情敵，減少競爭對手，並證明她對他的愛。

　　本章僅介紹殺情人與殺情敵兩種，大家可以看到許多在台灣發生的情殺事件。

殺情人

牯嶺街情殺案

　　1961 年，台北市發生了牯嶺街情殺案。這起情殺案發生於台灣早期保守時代，震驚整個社會，這起真實事件後來還被搬上大銀幕，由楊德昌執導《牯嶺街少年殺人事件》。

　　一位 16 歲少年名叫茅武，他和 15 歲的劉敏都是建國補習班的學生，兩人在公車上認識並有交往（這裡不是名校建國高中。當年很多人因考不上初中，而必須到補習班補習，準備重考，茅與劉在這背景下成為補習班同學）。依據報紙的報導，茅武是璧玉幫的太保，負責打鬥，後來茅武因行為上的問題被補習班開除。兩個人的故事沒多久就發生變化，劉敏和另外一個男生馬積申，也是幫派分子，在一起。這讓茅武非常不滿，便約馬

談判，但馬並未出現，而這時候出現的是劉敏，她剛放學。茅武與劉敏就一起走到牯嶺街，也在那裡發生情殺事件。

茅武告訴劉敏：「我不喜歡你與馬積申在一起。」但劉卻說：「你管不著。」茅武這時說：「那我要殺了你。」劉則問茅：「你忍心嗎？」茅武這樣子問了四次，劉敏還是不肯。茅一氣之下就拔刀刺入劉胸部，接著兩刀在額部，背部和肩膀也各刺了兩刀，最後劉敏流血而死。茅武因未成年，法院最後判處十年徒刑。

虎林街滅門血案

這起案子是愛不到，就殺死情人及其父母全家的悲劇。在早年保守的台灣，這堪稱是大案件，當時大家以「虎林街滅門血案」稱之。

事件發生於 1995 年 12 月 12 日，犯罪者是杜漢成，他是死者于珊珊的國中老師。兩人交往了三年，但這戀情卻不被于父接受，並要求杜漢成支付 1,000 多萬遮羞費，否則就要上法院告他。杜漢成愛不到又遭女方家人威脅，在極度憤怒與無助之下，他潛入于宅殺害全家人，唯一倖存者是一位租屋房客。

這是典型的情殺事件，愛不到，無法容忍這樣的愛情結果，就殺掉對方，還包括對方的父母。一個美好的戀情沒有結局，卻賠上三條人命。1998 年，杜漢成遭槍決。

王鴻偉情殺案

2000 年 9 月 26 日，新北市淡水區發生一起情殺事件，殺人者為富商第二代王鴻偉，他當完兵後就讀夜間部，家人幫他買了一部賓士車代步。受害人為張雅玲，台南人，畢業後在一家網路公司工作。

王鴻偉與張雅玲於淡水家樂福購物時認識，兩人曾與多位友人一同出

遊，然並未發展男女關係。王鴻偉表示喜歡張雅玲，只是在苦苦追求多次後仍得不到芳心，遂由愛生恨，後來以西瓜刀朝被害人砍了 176 刀致死。

王鴻偉被判死刑，法院於 2009 年死刑定讞，經多次提起上訴、非常上訴，最高法院於 2018 年仍維持死刑原判決，惟至今尚未執行槍決。

劉北元殺情人案

案件當事人為律師劉北元，台北大學博士班畢業的高材生。2007 年 8 月，他因女友提分手，失望之下拿著菜刀當街砍殺女友。劉北元於犯案後自首。後來他賣掉房子，籌措千萬元與女方家屬和解。法官最後以國家法學人才培育不易，判他十二年徒刑。2014 年，劉北元假釋出獄，之後他投身志工，各地演講，鼓勵人悔改。

名醫殺情人案

2007 年，知名醫師黃麟傑因赴大連參加研討會而結識中國女子秦亞楠，兩人也發展出男女關係，後來黃發現秦女另有男友，因而由愛生恨，計畫殺人。2009 年歲末，黃男親自帶著台灣的安眠藥前往中國，在他所住的飯店內下藥迷昏秦女並悶死對方，黃男在殺人後返回台灣。2013 年台灣法院對黃判刑十一年。

以下幾個案例也是男對女的情殺案，只是男的行兇後都企圖自殺，先談最近震驚美國社會的案件。

Laundrie 殺情侶 Petito 後自盡案

美國佛羅里達州情侶男生 Brian Laundrie、女生 Gabrielle Petito，已訂婚，他們計畫於 2021 年 7 月起開始一個長達四個月的旅行。然而，在 8 月底時，女生 Petito 突然消失了，只有男生 Laundrie 獨自一人回佛羅里達其父母家，他也拒絕談 Petito 之去處。後來 Laundrie 於 9 月 13 日離家，

遭男友殺害的 Gabrielle Petito（來源：Steve Petito；家人提供媒體尋找 Gabrielle Petito 的照片）。

之後人就完全消失。

9 月 19 日，警方於 Wyoming 的一個國家森林裡找到女生 Petito 的屍體，並發現是遭到徒手勒斃、窒息死亡。警方將 Laundrie 列為關鍵人物，也發出逮捕令，但法律理由是非法使用 Petito 的金融卡，警方沒有 Laundrie 殺 Petitio 的直接證據。警方持續地追捕 Laundrie，但苦無結果，該過程則成為全美頭條新聞。直到 10 月 22 日，警方在佛羅里達州的一個環境公園內找到 Laundrie 的屍體，證實他自己舉槍自殺，也留有遺書說，Petito 是他殺的，但並未寫下殺人動機。

下面的案子發生於台灣。

馬翊殺女友後自殺案

2008 年 7 月，擁有美國芝加哥西北大學電機系碩士的高材生馬翊，在他與女友交往三年後被女友提出分手，馬翊無法接受，後來他以刀子將女友眼珠挖出、鼻子削掉，還割臉毀容，最後是割喉致死，手段極其殘忍。之後，馬翊從淡水一棟大樓的 31 樓樓頂一躍而下，死意堅決。

張彥文殺女友後企圖自殺案

2014 年 9 月 22 日清晨，台北市發生情殺案。殺人者是張彥文，29歲，建中、台大土木系的高材生，在會計師事務所工作。張男交了一位剛從台中師範大學幼教系畢業、在台大附設幼兒園實習的女友。張彥文因懷疑女友另結新歡，於是前往女友租屋處談判未果，遂於 22 日清晨在街上持刀殺死女友。張男殺人後在女友屍體旁用兇刀劃傷自己的左右頸以及雙手的手腕，企圖自殺，但並未成功。2021 年 2 月 25 日最高法院判張男無期徒刑。

犯案前，張彥文對其女友這樣的告白：

> 我想，正如妳可能永遠也不會知道我有多愛妳；
> 我自己，也永遠都不知道我居然有這麼愛妳。
> ⋯⋯三千年後⋯⋯
> 到時，我們再相遇，好嗎？
> 對不起，謝謝妳，我愛妳。

顯然，張男因太愛其女友，但卻愛不到，得不到女友芳心，他過不了情關就把女友給殺了，同時自己也意圖自殺，同歸於盡。

朱峻穎殺女友，自己亦上吊案

同樣是高學歷的情殺案，受害者是一位台大、政大畢業的高材生。事件發生於 2018 年 5 月上午，板橋一位拳擊教練朱峻穎上吊自殺，遺書上表示自己親自殺了黃姓女友。

事實真相在朱男自殺後才揭曉。原來失蹤多日的黃女早在一週前被朱男所殺，並分屍埋在社區大樓的後花圃，有些則丟棄於附近水溝。死者黃

女，27 歲，是透過交友軟體認識朱男，隨後兩人即展開熱戀，但沒多久黃女就發覺朱男有打架、吸毒、運毒等行為方面的問題，便想要分手，但後來成為朱男暴力人格的犧牲品。

台灣殺情人的事件不少，前述案件加害人年紀都較輕，教育程度也很高，但這並非情殺者之特色，事實上，情殺發生於受教育程度較低者之案例也不少，只是在媒體上較少被報導而已。

殺同志情人

同志殺人也屬殺情人的類型，主要有男同志殺男同志，女同志殺女同志的則數據上較少。

黃家慶殺同志盜身分案

2008 年 11 月初，同志黃家慶，24 歲，與一位中國醫藥大學的實習醫師林靈里同居（林也是同志）。黃家慶因為有前科遭檢察官起訴，面臨緩刑被撤銷及入獄的壓力，他便想要換一個新的身分，就設計這起謀殺案：找一個同志，把他殺了，自己換他的身分來使用。

後來黃家慶就找上黃士翰；黃士翰參加過超級星光大道的校園初選，有一個同志情人，但後來禁不起黃家慶的邀請而交往。黃家慶說他自己是醫學院學生，要進行人體藥物試驗，便對黃士翰注射致死。事後黃家慶又和林靈里一起將黃士翰屍體肢解並丟棄。

2020 年 11 月，台灣最高法院依殺人罪判黃家慶無期徒刑，林靈里則依損壞、遺棄屍體罪，判刑一年又四個月。

黃家慶具犯罪背景，其非關同志感情問題而殺人，而是利用同志關係殺人，以取得死者身分，作為其替代用，屬法律身分目的之殺人，當然，更為關鍵者乃在於克服其生活上的跌跌撞撞，以及他自己必須面對諸多適

應困難，這是社會性的目的。

高喻軒殺同志女友案

2012 年 6 月，新竹科學園區發生女同志砍死女同志的悲劇。女作業員高喻軒懷疑其同居女友羅心禹結交男友，便持著水果刀狂砍對方共 233 刀，導致死亡。羅，26 歲、已婚、有小孩，和丈夫分居後和同在新竹科學園區工作的高喻軒一起租屋同居。高女後來發現羅女手機有和男同事往來的簡訊，懷疑她另結新歡，造成此悲劇。該案高等法院判高喻軒無期徒刑。

同志情殺事件雖然不多，但一直都有，在人數不是很多的同志團體中，其存在象徵著一種獨特的同志次文化，暴力成為一個很可能被用來解決分手的方式。

殺情敵

下面案子殺人的目的都是要除去愛情的障礙，稱為殺情敵。

潘明秀殺夫，殺情人案

這起殺人事件是在 1995 年 10 月被發現。警方在台北市外雙溪山區裡發現了汽車業務員徐志忠的屍體。經過調查，確認這是一起殺情敵案。

殺人的是一位有小兒麻痺的女性潘明秀，她聯合了她的弟弟潘明鴻和情夫鄭連金，三人共同殺害潘明秀前男友徐志忠。

警方後來又發現，潘明秀在殺徐志忠之前，於 1992 年 12 月 25 日聯合她的弟弟潘明鴻和徐志忠，殺了自己的先生周儉。

潘明秀的案子是少數女性殺男性情人的案件，潘明秀先聯合男友徐志忠與其弟殺了她的先生周儉，之後又聯合了她的弟弟和後來的男友鄭連金共同殺害前男友徐志忠。

　　潘明秀殺害其先生可能是因她有新的男友徐志忠，後來又殺了徐志忠，也可能是因為她有新男友鄭連金。為了新愛情，潘明秀殺了舊情人，這是因為愛情殺人的解釋。然而，社會學的因素可能對殺人行為的發生更具關鍵性，例如，潘明秀必須面對其先生周儉的可能暴力，以及兩人都是小兒麻痺症者，亦容易帶來生活方面的壓力與衝突。至於潘明秀殺徐志忠可能更為直接的原因是，徐志忠知道潘明秀殺了自己的先生周儉，除去徐志忠可以減少自己被發現殺人的風險。

　　法院最後判潘明秀無期徒刑。潘明秀在服刑十六年後，於 2011 年假釋出獄。

　　在〈自殺與迷亂〉一章曾經提到，潘明秀有一女兒周孟君，就讀名校武陵高中，於她父親忌日那天，2006 年 12 月 25 日跳樓自殺身亡。她女兒選擇父親忌日自殺，顯然是不願面對母親殺死父親的道德壓力。

洪曉慧殺情敵案

　　1998 年 3 月 7 日，安靜的清華大學校園內發生溶屍案，轟動社會。就讀清華大學研究所的洪曉慧無法容忍情人擁有其他所愛的人，就把情人所愛的人殺了；也就是，殺情敵。洪曉慧沒有殺情人，但卻殺了她的情敵。

　　洪曉慧和同班好友許嘉真兩人同時愛上學長曾煥泰，這時她們兩人從朋友變成為情敵。後來兩人相約談判，發生口角，洪曉慧打昏了許女。之後，洪曉慧拿起化學藥劑讓許女昏迷致死，再以王水腐蝕遺體。

　　想要獨自占有曾煥泰成為洪曉慧殺情敵的動機。

　　洪曉慧被判十八年徒刑，後被減為十六年三個月，2008 年 11 月 27 日，洪曉慧申請假釋被核准，離開監獄後她回到家鄉高雄，以筆名「綵憶」從事翻譯工作，她仍須賠償死者許嘉真家屬 2,400 萬元。男友曾煥

泰後來遭清大退學，之後赴國外留學取得博士學位，並回台擔任電腦工程師。

鄉長王焜弘殺情敵案

2016 年 1 月 29 日晚間 10 時許，嘉義市發生一起命案，員警林進忠前往妻子開設的藝品店接妻子下班時，在店門口遭到已埋伏多時的劉瑞堂持槍近距離射殺身亡；劉為一名通緝犯。原本以為這是一起殺警案，但後來警方發現是一起殺情敵案！涉案人是竹崎鄉鄉長王焜弘，他涉嫌買凶殺情敵。

王焜弘的太太官珈羽與員警林進忠是國小同學，兩人往來密切，擔任鄉長的王焜弘不甘被戴綠帽，憤而買凶殺人。警方破案是因王焜弘透過他的表弟黃俊源將 200 萬殺人報酬交給通緝犯劉瑞堂，交易過程被監視器拍了下來。

這起案子的受害人家屬與加害人後來達成和解，法院判王焜弘十五年六個月徒刑。

王焜弘殺情敵顯然是文化壓力下的產物，一位在地方上有名望的鄉長，其太太與他人交往過密，他承受不了這種綠光罩頂的壓力，遂買凶殺人。

情殺的解釋

男女相互愛慕，同志彼此相愛，都是美好的事情。確實，戀愛中的人每天想要見到對方，甚至接觸對方身體、手牽手或做愛，戀愛這時是很棒，也是幸福的；只是，當對方提出分手或另結新歡，這時兩人面對不能在一起，甚至是永久不再見面這樣難過的情境，多數人會選擇放下，回家大哭一場就過去了，世界上總是會有適合你的人，不需要太難過；然而，

有些人卻由愛生恨，他們喪失自己的認同，失去生存的意義，加上，他們缺少其他能夠生活的資源，對這些人來說，這時是一個最危險的情境，很有可能帶來暴力、殺人，就是殺情人、殺情敵。

為何要殺死一個自己所愛的人？社會學家有如下幾個理論解釋。

暴力人格

暴力人格和反社會人格有關，乃指未能內化社會上的價值與規範，這些人的社會化失敗、有缺陷，他們通常缺少自我控制，毫無同情心，也毫無忠誠度，另外，他們非常自戀，永遠將自己擺在第一位，這些人完全沒有罪惡感，衝動易怒，碰到問題或不愉快就用暴力解決，這是他們行為的主要特性。

前述朱峻穎情殺黃姓女友即是他暴力人格的結果，他的女友受過好的教育，但在交往沒多久之後就發現朱男有暴力傾向，且有打架、吸毒、運毒等行為面的問題，這時黃姓女友雖想要分手但已來不及，具有反社會人格的朱男以暴力對待，使黃女成為愛情的犧牲者。

牯嶺街情殺案的男主角，茅武，是幫派分子，加以他才 16 歲，年輕氣盛，動輒以暴力解決問題，女主角劉敏則成為這種人格特質的犧牲者。

同性戀者黃家慶殺了黃士翰，而黃家慶有前科，殺人在於取代黃士翰的身分，黃家慶的殺人除了這個理性因素外，其反社會人格特質更是這起殺人事件的主因。

我們還可以從其他的情殺案子中找到殺人者的暴力人格，但這方面資料並不多，無法下這樣的結論。然而，西方研究明確指出，反社會人格（ASPD）與親密伴侶暴力有關，Dykstra 等人（2015）嘗試分析 145 位接受毒品治療者，發現 ASPD 可以顯著地預期口語暴力（Verbal Abuse）與身體暴力，只是這樣的結論是否可以推論到情殺，他們並未進行探討。

Levi 的衝突處理理論（Conflict Resolution Theory）

殺人作為衝突解決的方法（Homicide as Conflict Resolution），這是美國學者 Ken Levi（1980）提出來的概念，他訪問了 35 位情殺殺人犯，他們都是愛情的受害人，但卻轉變為殺人犯。他的研究指出，學術界可以從 Simmel（1950）的觀點來找情殺的答案，Simmel Georg Simmel（1858～1918）是德國古典社會學者，以研究互動模式最為著名，稱為型式社會學（Formal Sociology），曾提出「衝突為背道而馳的對立的解決方式」（Resolution of Divergent Dualism）的概念，而 Levi 認為，愛情上的殺人事件正是一個雙方對立與背道而馳的情境，也是一個雙方必須要採取衝突解決的時刻，這時雙方的語言——殺人者與被害者雙方對於衝突的詮釋，他們互動的過程，殺人者對結束另一方生命的心理、殺人的計畫與方法等，這些都影響到衝突解決的方式，其中衝突的情境因素更扮演衝突解決的方式與結果，可能和平結束，也可能導致殺人。

社會學者 Simmel 特別強調兩個人親密團體互動的複雜性，他稱為兩個人的團體（Dyad）。兩個人的團體往往缺少社會規範的約束，情感可以完全地表露出來，也因此很容易發生衝突，但也很快地包容、原諒對方；兩個人的團體是人類社會化重要機制，學習是非對錯很重要的地方，但同時，兩個人的團體的衝突也很容易惡化，進而傷害到對方；相同道理，親密伴侶也是同樣面對兩個人往來、互動上的複雜性，雙方愛情關係存在時，大家都可以完全地、毫無保留地接納對方；但當愛情關係減弱或消失時，大家也可以很容易發生衝突，甚至升高衝突，用人類最原始的方式對付對方，例如，使用身體暴力、口語暴力、關係忽略、隔離等，如果這種衝突情境沒有處理好，加上暴力語言出現了，傷害對方的理由被合理化了，這時親密伴侶發生暴力的機會是很大的。

筆者介紹的幾個情殺案中可以看出面對衝突的情境，雙方沒有處理

德國社會學家 Simmel（來源：Julius Cornelius Schaarwächter 攝影）。

好，暴力隨之出現。兩個人的團體互動的關係左右了愛情衝突的結果！

無能力的伴侶解釋

此理論與男女雙方權力、能力不對等有關。該理論強調，情殺的人往往是弱者，他們能力差，在女方面前展現出較差的社會能力，主要是教育與收入。朱峻穎殺女友後上吊自殺，顯然男方是一位弱者，女方能力勝過男方。

當女人讓男人感覺到她比他有價值，這時，男方會出現極端的需要她、依賴她，而男方如果沒有了她，就感覺沒有任何的價值或功能，這正是情殺的來源。

無能力的男人對於女人的這種依賴心理，之後會轉換成想要擁有女方，控制女方。如果這時男人遭女人拒絕，男人會變得十分絕望，此時他們會以暴力來面對他們絕望的情境以解決挫折。

朱峻穎殺女友案告訴我們，男人愛上了受高等教育的女人，加上男人沒有太好的能力，男人成為一個無能力的伴侶，而當女人選擇離開他時，

他失去了依靠，這男人便覺得他一無所有，此時他沒什麼好擔心的，便成為殺人的源頭。

一些年老人的情殺，或弱勢男人的情殺，通常源於男人的無能力，他們絕望、憂鬱，以殺人作為防禦。另外，他們殺人也往往是有計畫的。

男人至上（Machismo）主義文化解釋

男人至上是許多社會中根深蒂固的文化，呈現於各種社會制度之中，強調男人的重要性、男人至上、男人驕傲的態度與行為，這種價值在我們社會中總是被刻意地建構出來，呈現於社會分工、性別階級差異上。

男人至上的特性也轉化成為人的性別態度特質，這些人認同性別角色差異，男人優於女性，男人擁有權力、勇氣，以及控制與支配權，女人則是被壓抑，並順服於男人，尤其對部分男人來說，在他們男人至上主義的認知中，他們認為男人是榮耀，擁有權力決定一切，可以控制依賴他們的女人。然而，持有這種男性至上主義的男人，當他們的女人要離開或另結新歡時，這等於全盤否定了他們的認知，他們生氣、憤怒、無法接受，他們可能會選擇殺死情敵，或犧牲自己的太太或女友。

失望、絕望、挫折的犯罪學迷亂解釋

Durkheim（1897, 1951）用迷亂來解釋自殺，當社會出現迷亂，例如：突然的社會變遷，這時傳統的社會規範無法再約束人的行為，其結果便是迷亂與病態或自殺的出現。近代犯罪學者 Robert Agnew（1992）再度肯定 Durkheim 迷亂理論，但他看到的是個人層面的迷亂，個人因為階級與生活經驗，產生壓力與緊張，成為犯罪的主因，該理論稱為「一般化緊張理論」（A General Theory of Strain）。

Agnew（1992）顯然將他的理論焦點放在社會上各個階層的人，並認

為：壓力、緊張與每個人每天的各種生活層面息息相關，可能是經濟生活，也可能是學校校園生活，或者是家庭生活、社區生活，其中，經歷壓力與緊張的人才會造成後來可能的犯罪或偏差行為。相同道理，壓力與緊張也出現在婚姻與愛情上，當你所愛的人要離去，要結束和你的關係時，自然出現憤怒、挫折、不公及負面情緒，這是男女關係因素所引起的一種心理狀態，也容易導致犯罪的發生，包括殺死情人或情敵。

結論

我們介紹幾個情殺類型與案例，之後對情殺做了理論解釋，基本上都是社會學理論，有兩個人往來互動關係的特性本質，視為衝突處理過程策略失敗的問題；我們也有提及情殺源於兩個人權力不平衡的問題，當一方擁有更多的資源，而你則是一無所有，這時對你來說，殺死情人似乎是沒有其他選擇的選擇。如果愛上一個人格有缺陷、具反社會人格的人，你就是愛上一個不該愛的人，讓自己身陷危險之中。

前述社會學的情殺解釋應該十分適當的，然學術理論對於情殺問題尚有很多未解之謎，如，何以愛情能激發如此巨大的力量，當愛情生變時，足以讓一個人去毀掉對方？有些殺情人之後自殺的，這又如何解釋？是社會學的挑戰，還是學術上有其他科學可以給我們更好的解釋，尤其是心理學或精神醫學，都是需要進一步研究與探討的。

參考書目

Agnew, Robert (1992). "Foundation for a General Strain Theory of Crime and Delinquency," *Criminology*, 30: 47-87.

Durkheim, Emile (1897, 1951). *Suicide: A Study in Sociology*, translated by John A. Spaulding and George Simpson, edited with an introduction by George Simpson. The Free Press.

Dykstra, R. E., Schumacher, J. A., Mota, N., & Coffey, S. F. (2015). "Examining the Role of Antisocial Personality Disorder in Intimate Partner Violence Among Substance Use Disorder Treatment Seekers With Clinically Significant Trauma Histories," *Violence Against Women*, 21(8): 958-974.

Levi, Ken (1980). "Homicide as Conflict Resolution," *Deviant Behavior*, 3 & 4: 281-307.

Simmel, Georg (1950). *The Sociology of Georg Simmel.* Simon & Schuster.

第十二章
以神為名的宗教暴力

宗教暴力是人的問題

著名法國哲學人類學家 Rene Girad（2004）說了一句名言：

> 宗教暴力的問題最重要的是一個人的問題，一個社會學與
> 人類學的問題。

本章談宗教暴力，以神為名的暴力，不是神的問題，而是人的問題。

Durkheim 於 1912 年出版《宗教生活基本形式》（*Elementary Forms of Religious Life*），強調所有的社會分為兩大類：神聖的（Sacred）與凡俗的（Profane）。後者乃指我們日常的生活，吃、喝、讀書、出門搭車、工作之類的事情；前者則是指由人類生活轉換出來的東西，來自於人類，但通常是集體的形式，大家共同使用，共同認知，他們也和社會分開，是精神面的，例如：教堂、廟宇或是宗教的符號。

Durkheim（1912, 1972）認為，宗教區分神聖與凡俗，在於拉開神的世界與人之間的距離，這種距離通常是透過儀式來區分，例如每日拜拜、每週上教會，台灣有些人每年要參加繞境朝聖，西方有些人一輩子要去耶路撒冷一次，也是朝聖。對 Durkheim 來說，任何東西都可以成為神聖的，或者更正確地說，是社會來決定哪些是神聖的，這也創造了宗教，也因此各國的宗教出現不同。

　　依據 Durkheim（1912, 1972）的觀點，在宗教裡，沒有一個東西或者一個行動在本質上即為神聖。十字架在天主教是神聖的，但在伊斯蘭教就不是；台灣民間信仰的乩童是神聖的，通常由鬼神附身到人的身上，以預言禍福，但西方宗教裡沒有乩童這種角色。另外，在台灣，樹、石頭、狗都可以變成神聖的，同樣地，人也可以化身為神聖的，例如：孔子、關公、天后宮的林默娘媽祖，但是這些神聖的象徵在其他社會則非神聖！

　　Durkheim（1912, 1972）認為要了解宗教，則必須探討神聖的符號，以及這些符號在社會中所代表的意義。這裡，Durkheim 以澳洲原住民（Australian Aborigines）以及美國印地安原住民（North West Native American Indians）的圖騰為例，他說圖騰是最早、最簡單的宗教儀式。

　　我們都知道，許多社會的原住民部落都有屬於他們獨特的圖騰，加拿大印第安人有他們自己的圖騰，台灣多數原住民部落也有自己的圖騰。

　　Durkheim（1912, 1972）利用澳洲原住民的圖騰發展他的宗教理論，他說，原住民社會分為許多部落，有不同的圖騰，可以是動物、植物，基本上圖騰和部落的神話有關，說明了部落的源頭，以及和今日部落歷史的連結。另外，Durkheim 也強調，每一個部落成員都有一些他們必須完成的責任，例如，哀悼部落過世成員的追思懷念，通常都以宗教儀式出現，如果自己部落成員受到外來部落不公平的對待，他們會尋求報復，這時，每個部落都有一個他們自己的圖騰，以凝聚大家情感，共同對外。

　　台灣原住民有許多部落，較大的有：阿美族、泰雅族、排灣族、布農族等，每一個部落都有屬於自己的圖騰，在於區分彼此，也在於凝聚情感。台東東南方的小島蘭嶼，達悟族人也有屬於他們自己的圖騰，其形狀如眼睛，稱為「船之眼」，該圖騰和蘭嶼捕魚為生的社會情境有關聯，除在大海中引導方向外，也在於驅除災難，住民通常會將圖騰放置於船上。

蘭嶼的圖騰（來源：原住民委員會全球資訊網）。

　　Durkheim（1912, 1972）說，崇拜圖騰，族群的成員真正的目的是對於社會的崇拜，也在於提醒大家社會的重要性高於我們個人，這是宗教功能論，個人必須依賴社會，也因此人類需要一個圖騰來崇拜，並透過圖騰建構社會，如此，圖騰絕對不只是崇拜的目的，亦關係社會秩序的建立。

　　依據 Durkheim 的論點，宗教是任何社會必須要有的，也是功能社會運作之基礎，尤其，宗教整合複雜的社會成員，大家在相同的宗教信仰下結合在一起，沒有分裂，並使歷史得以延續。筆者的宗族每年清明節都會聚在一起，有簡單的宗教儀式，最後大家在廟宇神明面前拍照留念，這是宗教整合社會功能的一個例子。

　　宗教自古以來即有，是社會重要制度之一，宗教凝聚了很多人的共同信仰及共同情感，是社會整合與道德社區維持的基本力量；宗教是人們信仰的寄託，具有安定人心、心理調節的作用；宗教指引人生方向，是改變生命的重要力量。宗教還有很多功能，只是有些人卻利用宗教信仰，以宗教信仰為名進行暴力與犯罪活動，傷害宗教原本之目的，這是本章要討論者。

筆者宗族的人整合在一個廟宇之下舉行祭祖（來源：侯崇文）。

宗教的元素

全世界的宗教都有下列幾個主要元素，是宗教的一致性，然隨著宗教與地方情境的不同而出現差異，依據 Durkheim 的說法，差異是人的問題、文化的問題，而非神的問題。

看不到但卻是偉大的神

神是掌權者，掌管這個世界的運作與秩序，有白天，有晚上，也有各種動物，以及人類。神決定人的命運，生、老、病、死，也決定人的未來，包括上天堂與否。這就是神，一個非常偉大的神，只是我們卻看不到、摸不到、聞不到這偉大的神。對於偉大的神，人類有稱祂為耶和華、上帝，也有稱為神明，都是對神的稱呼。

神的代表、神的化身

　　雖然人類看不到神，但神在這個世上有祂的化身，代表神，以讓人敬拜，讓人親近，人也和神的代表溝通、對話。這個代表，有的是耶穌，有的是釋迦摩尼，有的是媽祖，有的則是人物或動物的化身，如關公、孔子、石頭、樹木等。台灣的順風耳、千里眼也是神的化身。耶穌是基督教神的化身，《腓立比書》第二章 9〜11 節說：「所以，神將他升為至高，又賜給他那超乎萬名之上的名，叫一切在天上的、地上的，和地底下的，因耶穌的名無不屈膝，無不口稱耶穌基督為主，使榮耀歸與父神。」耶穌與神有同等地位，是神的化身。

獻祭、獻身

　　台灣民眾每逢節日拜拜時，往往會準備牲禮祭祀神明，這是宗教獻祭的概念，用祭品，如豬肉、雞，且必須是潔淨的，最好是全豬、全雞，以表達對神的敬意。西方宗教也有獻祭儀式，例如，《舊約聖經》第一卷書《創世紀》記載，挪亞出方舟後第一件事就是獻祭，以表示對神的感恩。另外，祭拜的物品也必須是好的、健康的，例如，《舊約聖經》第一卷書《創世紀》記載，亞伯是一個牧羊人，他從羊群中選出頭胎最好的小羊獻祭給上帝，以討神喜悅。獻祭也有以人作為祭品者，這是很多古文明都有的宗教儀式，稱為人祭（Human Sacrifice），現代一些宗教則要求信徒把自己擺上，獻給神，稱為獻身。獻身常被宗教人士所利用，成為暴力源頭。

神的聲音與訊息

　　神給人的話、神的聲音稱為聖靈，即聖靈是神給人類的訊息、神的指示、神要人接受的呼召，如：神要人去哪裡傳教、去哪裡做事的聲音，這種聲音可以引導、指示人類去做事。《啟示錄》第二章 29 節：「聖靈向

眾教會所說的話，凡有耳的，就應當聽！」異象也是神的訊息，台灣民間
信仰的發爐，香爐中的香突然燃燒，是種異象，神有重大的事告知大家。
基督教的彩虹也是上帝給人的異象，是人與神立約重大的記號！

神的殿堂

　　神的殿要特別漂亮，不能和人居住的房子一樣，也因此，教堂、清
真寺、廟宇等，祂們的建築都非常美，其外觀和我們居住的房子完全不一
樣，這才是神的殿。

教義與聖書

　　《聖經》、《舊約聖經》與《新約聖經》，前者強調猶太人的歷史，
後者強調耶穌基督與門徒的傳道經歷；佛經，強調修行；《可蘭經》是伊
斯蘭教的聖書。

神的節日

　　神的生日，以及各種宗教祭拜活動的日子，例如：耶穌受難日、聖誕
節、感恩節、復活節等。

台北市新生南路上的有別於一般房子的清真寺（來源：侯崇文攝影）。

與神溝通的儀式

　　求神問神、禱告、拿香、擲筊，都是與神溝通的儀式。許多天主教徒透過十字架建立和神的關係，這也是人和神溝通的方式。在一些宗教裡需要透過神職人員，例如：天主教的告解，需要神父幫忙，才能和神說話。

趕鬼與醫病

　　鬼、Devil、魔鬼，會破壞這個世界的東西，帶給人厄運、生病或死亡；鬼也會作亂，讓人失去工作或者欠債。台灣農曆7月的抓鬼、遶境、神出巡等，是驅鬼的儀式；有些時候，神職人員得經過一番纏鬥才能將鬼控制下來；基督教神職人員手拿聖經或者十字架，口中唸著神的話以驅鬼。神職人員也醫病，他們有治病的能力。

永生世界

　　永生世界是有關死了以後人的生命問題，宗教相信人死後生命仍在（Life after Death），此即為永生的概念。台灣人拿食物祭拜祖先，或者埋葬時放手錶、衣服、金錢等作為陪葬品，就是相信死了以後生命仍在，陪葬物都是人死後所需要的東西。中國古墓有人、車、馬作為陪葬品，而埃及人也相信永生，因此在屍體旁邊放一本書作為死後旅行用。

末世論

　　末世是基督信仰的教義，在《聖經》中提及，當今日時代終結的時候，耶穌會再來，要給這世界做最後的審判，而這個時刻也就是神降臨來拯救人類的時刻，公理與正義來臨，人類進入永恆神的國度的時刻。對基督徒來說，世界末日，主再來，這是值得期盼的，因為會看到公理與正義的來到。末世論出現在《聖經》許多地方，這裡列出《聖經》收錄的最後一個作品《啟示錄》的經文：

　　我又看見一個新天新地；因為先前的天地已經過去了，海也不再有了。（《啓示錄》第二十一章 1 節）

　　有一些人利用上述宗教元素，尤其是與神溝通的儀式、趕鬼醫病、永生或末世論等，作為宗教暴力的藉口，而出現集體自殺、暴力攻擊、性侵等不幸事件！

宗教暴力的定義

　　對宗教的建物、宗教信仰者、宗教物件等的暴力，這是宗教暴力的定義。宗教暴力者並不一定是指那些有宗教信仰的人，也可以是沒有宗教信仰的人，但他們對宗教團體進行暴力攻擊，或者他們以宗教之名對特定團體進行暴力攻擊，皆稱之。

　　十字軍東征（1096～1291），這是一系列在教皇允許下的戰爭，封建國王帶領地主和騎士對伊斯蘭政權的戰爭，要奪回聖地耶路撒冷，持續有兩百年之久，歷史學家稱這是基督徒以贖罪之名行暴力攻擊的戰爭，是實質的宗教暴力（Riley-Smith, 1987）。

　　1994 年，美國反墮胎極端主義者、牧師 Paul Hill，射殺了在佛羅里達州開設一家墮胎診所「女人中心」（Ladies Center）的醫生 John Britton。他說，他這樣是為神的緣故；他謀殺的動機在於保護許多無知、尚未出生的小孩。這是一種宗教暴力，Paul Hill 用宗教之名進行殺戮，宗教只是暴力攻擊者的工具。

　　在台灣，有人用宗教之名進行強姦；用改運、男女雙修，達性侵害的目的，這也是宗教暴力。

　　世界上其他很多的地方，如緬甸（Burma）、古巴（Cuba）、厄利垂亞（Eritrea）、尼加拉瓜（Nicaragua）、巴基斯坦（Pakistan）、俄羅斯

（Russia）、沙烏地阿拉伯（Saudi Arabia）等，用宗教之名攻擊他人、犯罪或是殺人者，皆屬於宗教暴力。

美國早年由白人基督教信徒成立的 Klu Klux Klan（KKK），他們以攻擊黑人為主，曾經於 1871 年攻擊監獄，絞刑八名黑人，也是宗教暴力。

信仰宗教不是犯罪，我們信基督、信伊斯蘭教、信猶太教、信佛教，這都沒有問題；但是一些人相信他們信的神允許他們殺人，這時，宗教的信仰讓他們變得很有力量，甚至去殺無辜的人，也因此，有些人去殺有色人種，有些人進入酒吧殺同性戀，他們都是以宗教之名為之。

著名宗教暴力事件

Jim Jones「人民聖殿」集體自殺案

宗教犯罪與暴力最著名者為美國人 Jim Jones 牧師所帶領的「人民聖殿」（People's Temple）。1978 年 11 月 18 日，Jones 在南美洲北部的蓋亞那（Guyana）瓊斯鎮（Jonestown），逼迫高達 900 多名信徒，大家一起自殺。

1977 年 1 月 16 日 Jim Jones 牧師參與反驅逐遊行（來源：Nancy Wong 攝影）。

　　人民聖殿屬基督教末日教派，由 Jones 牧師領導。他受過教育，曾取得了印第安納大學學位，他原本屬於一個主流的基督教教派，開始時致力於種族交流的使命，尤其是生病者、無家可歸者或失業者。1950 年代，他在印第安納州擁有超過 900 名信徒。他傳道的內容稱為社會教義（Social Gospel），主要環繞於人類的自由、平等、愛，尤其是那些社會最底層、最為貧窮的人。只是後來他的教義越來越極端，走向社會主義或共產主義，他說白人的基督是偽善的，他要傳的是社會主義的教義。

　　Jones 是一個跨越種族、融合各種背景的人，在保守的印第安納州是從沒發生過的，也導致後來美國政府開始調查他，尤其是他的癌症治療方法、心臟疾病治療方法，這些都是違反法律的。他便決定把他的團體搬遷到加州北部的 Ukiah。之後，他們又搬遷到舊金山，以及洛杉磯。後來有一個雜誌報導他們團體可能涉及非法活動，Jones 牧師最後決定離開美國，帶著他的信徒一起搬到蓋亞那的瓊斯鎮。

　　教會當時承租了 4,000 英畝的土地，位於叢林之中。他們建立了農業合作，他們養動物製成食物，他們取得熱帶水果與蔬菜，部分賣出賺錢。

　　Jones 牧師後來發展出一套信仰，稱為升天（Translation），他和他的信徒要一起死，他們要升天，要移到另外一個世界。他們曾經練習集體自殺，教徒假裝喝下有毒的飲料，躺在地上。

　　在 1970 年代時，Jones 牧師越來越瘋狂，他開始吸毒，這時有謠言出來，說他的團體出現虐待和違反人權的事情。此時開始有人離開，但也有人加入。他的左右手 Tim Stoen 律師離開了該團體，自己組了關心親戚（Concerned Relatives）教派，但這時他對外宣稱：瓊斯鎮有如集中營，很多人被關在裡頭，違反了他們自己的意願與自由意志。這些聲音震撼美國，也使得加州國會議員 Leo Ryan 在 1978 年 11 月去了一趟瓊斯鎮，他想要自己來調查瓊斯鎮的問題。這次的調查在一開始的時候還好，後來

國會議員 Ryan 帶走了 16 位信徒，但這動作讓 Jones 牧師非常不滿，認為是對他的信仰與計畫的否定。當 Ryan 與其他的人在地方型的飛機場 Port Kiatuma，這時有一些人出現並拿著武器開始對人群射殺，國會議員 Ryan 以及另外四個人遭到殺害，其中三位是記者以及一位教徒，受傷的有 11 人。

Jones 自知罪責難逃，同日晚間脅迫信徒與他一起自殺。該起事件死亡人數高達 914 人，其中 638 位成人、276 位小孩。有些人說死亡的人數是 911 人。他們自殺的方式是喝了內含有氰化物及鎮靜、止痛藥物的葡萄汁。顯然，他們都因為中毒死亡。有的則是死於注射，因為身體上看到打針的記號，有些則是被射殺。還有一些人則是因逃離到叢林中而活了下來。

1989 年，Jones 牧師在舊金山所建立的教堂在 Loma Prieta 的地震中被震毀。

這是發生在 1978 年 11 月 18 日的不幸事件，也是近代歷史最嚴重的一次宗教暴力。

人民聖殿自殺事件是典型的宗教暴力，Jones 牧師以宗教之名帶著他的信徒前往蓋亞那的叢林，並發展一套升天的信仰，要大家一起死亡，一起升天到另外一個美好世界，一個有永生與許多天使陪伴的地方。

Jones 接受高等教育，主張人人平等、族群融合，在上世紀的 1970 年代有其吸引人之處，很多人受他感召而加入。另外，Jones 讓他們相信，他們所信仰的是大家追求之典範，是個利他的新社會，可以引領世界！當然，更重要地，他洗腦他的信徒，要他們效忠他、信賴他、服從他，做他要他們去做的事，因而帶來悲劇！

Waco 圍城案

1993 年，美國德州 Waco 發生了宗教信徒 76 人在迦密山中心（Mount Carmel Center）集體燃燒自盡事件，稱為德州 Waco 圍城、Waco 慘案或稱德州大衛教支派（Texas Branch Davidian）放火集體自殺案件。迦密山中心是德州大衛教支派的營地，教派領導人是 David Koresh。

德州 Waco 圍城案源於美國政府要對德州大衛教支派營地——迦密山中心進行槍砲搜查，然受到教會強力反抗，雙方曾一度交火，導致四名執法人員和六名教派成員死亡。其後，雙方僵持，聯邦調查局最後發動圍攻，教會放火毀棄營地，大衛教支派結束和政府對抗。大火中共 76 人死亡，11 人受傷。Waco 慘案從 2 月 28 日爆發槍戰，到 4 月 19 日圍城結束，雙方僵持高達五十一天。

下列是 Waco 慘案的原因：第一，教派領導人 David Koresh 遭指控有虐待兒童與強姦女信徒的問題；第二，David Koresh 的福音營地建立複雜的婚姻信條，他自稱是上帝唯一的選民，只允許女子和他生子，致使一些信徒需要和先生離婚，因而提告；第三，教會經濟壓力，一些信徒被迫變賣家當，支持教會，遭家人不滿與抗議；第四，該教會從事軍火交易，以

1993 年 4 月 19 日迦密山中心大火（來源：美國聯邦調查局）。

增加經濟來源，但卻引起聯邦調查局的注意，因而介入調查，導致雙方對立，最後放火焚城。

太陽聖殿教信徒自殺案

1994 年，太陽聖殿教（Solar Temple）於瑞士、加拿大發生三起有計畫的自殺事件，其中，靠近加拿大蒙特婁（Montreal）的 Morin Heights 死了五人。瑞士的 Cheiry、Granges 分別有 22 人及 25 人死亡。

因為是同一天，且自殺方式一樣，為同一個計畫事件。當時多數受害人穿著很特殊的衣服，自殺時，所有人的身體在地上形成了一個圓圈，並向外延伸，像個太陽光的樣式。

太陽聖殿教是新興教派，成立於 1984 年，以宣揚世界末日論和靈魂升天為主，相信死亡才能進入神的國度。

奧姆真理教自殺事件

東方的日本也有宗教暴力活動，東京的奧姆真理教（Aum Shinrikyo）是一個暴力新興教派，成立於 1984 年，創辦人是麻原彰晃，他們從事恐怖主義活動，並涉及多起犯罪事件，例如：坂本堤律師滅門慘案、龜戶異臭事件、松本沙林毒氣事件、目黑公證人事務所所長綁架殺害事件等。1995 年 3 月，他們又進行一次東京地鐵沙林毒氣攻擊事件，造成 13 人死亡，6,000 多人輕重傷之悲劇。麻原彰晃及其他多名成員後來都遭極刑處死。

麻原彰晃透過宗教信仰的力量，聲稱自己擁有神力，取得信徒相信，並建構其宗教信仰，吸收信徒，人數達上萬人。麻原彰晃更將自己定位為日本之王，世界大部分地區都將納入奧姆真理教的勢力範圍。但麻原彰晃要求信徒不能背叛，導致不少信徒遭到虐待，或拷打、電擊事件，也出現受害人投訴，以及輿論反彈，警方也介入調查。當社會與麻原彰晃敵

對時，他發動殺人暴力，以對抗任何仇視真理教的人。

天堂門集體自殺事件

1997 年，美國加州天堂門教派（Heaven's Gate，成立於 1974 年的新興教派）發生集體自殺事件。該組織由 Marshall Applewhite 領導，他相信，人死後，會有一艘 UFO 將他們的靈魂帶到一個人類之上存在的境界。1997 年 3 月 26 日，Marshall Applewhite 說服了 38 名追隨者集體進行自殺，這樣他們的靈魂就能登上這艘幻想中的飛船。

警方後來發現，天堂門教徒集體自殺都是自願的，他們有詳細的自殺計畫，先用鎮靜劑，加上酒精，導致昏迷，接著用塑膠袋套在頭上，使之窒息。大家穿上黑色的制服，有「天堂門離世隊」（Heaven's Gate Away Team）的徽章，且每個人身旁都放有一個旅行袋。他們還拍了影片和大家道別，每個人似乎都很興奮。

天堂門為一新興宗教，他們要離開地球到外太空的另外一個星球，所以他們不是自殺而是進化，要脫胎換骨，到一個更高層次的世界，開啟新生活。

台灣宗教暴力事件

台灣的宗教暴力事件以男女雙修、性侵暴力最為普遍，而宗教團體對其成員或社會大眾施以身體暴力者並不多見，例如：日月明功對其學員的暴力。宗教暴力團體日月明功由陳巧明女士於 1997 年創立，陳巧明原為舞蹈老師，她因離婚而認為自己婚姻不幸福，所以不斷灌輸信徒一個觀念：「自己最重要，家庭只是附屬品。」陳巧明同時要求學員必須和日月明功學員分享個人經歷與心靈成長的心得，一旦陳述不實，就得在全體學員面前認錯，或安排學員集體譴責，甚至是賞耳光，並要求受罰者寫悔過

書。這種靈修方法導致後來發生死亡命案。

　　一位高中學生，他母親是日月明功成員，懷疑自己兒子吸毒，便將他帶到日月明功，希望陳巧明幫助他戒毒，因為靈修過程中經常透過毆打、禁食，而這也是日月明功之規範，但最後卻演變成虐待致死案。

　　宗教暴力是很複雜的問題，宗教在古老的社會就有，宗教本身並沒有問題，宗教暴力是人的問題、人性的問題，是我們社會產生的問題，而不是有沒有神的問題，或者是神為何讓這種暴力發生的問題。

　　雖然台灣宗教人士利用宗教信仰進行暴力攻擊事件不多，然而，宗教人士假借宗教信仰之名，對他們的信徒進行性攻擊者時有所聞，以下說明之。

台灣男女雙修性侵暴力

　　台灣宗教暴力最為盛行者，主要是性侵或性騷擾，這顯然不同於西方末世信仰的集體自殺，而宗教暴力主要發生於喇嘛教及神祕宗教內，以男女性愛結合能解脫、改運作為他們的信仰，藉此性侵信徒，受害者甚多，但因為受害者指控難度高，以及擔心名譽受損，而不出聲，導致宗教性侵犯罪一直存在，其黑數也高。

　　西藏密宗喇嘛教提倡「男女雙修」，該思想來自古印度，因為古印度種姓階級分明，有錢人可以一夫多妻妾，所以印度出現了《愛經》之類的典籍，就是所謂閨房之術，廣為流傳。只是，這種男歡女愛的觀念卻被宗教人士所利用，和印度佛教結合，發展成為佛教的一個支派，強調人們可以藉由男女性交而修成佛；男女放任做愛享受，這是在修行，在於成佛。

　　台灣一些佛教或道教人士也在他們信奉的宗教內提倡「男女雙修」信仰，有的是和尚，有的則是道士，台灣社會稱他們為神棍，假借神鬼名義到處招搖撞騙，尤其一些信徒因為生命遭到挫折與不幸而登門拜訪尋求

宗教指引，這些宗教人士就用身體內有魔鬼、嬰靈纏身，需要驅魔、治病，以及調氣，以「雙修消除業障」、治病、改運之名義乘機性侵。但是種思想明顯違反社會道德與法律，該宗派往往以神祕方式進行，成為社會問題。

　　台灣也有透過瑜珈而發生的性侵害事件。例如，譚崔瑜珈（Tantra Yoga）和一般瑜珈相同，在於達到身心靈合一，提升自己的能量，只是，譚崔瑜珈以雙修陰陽調和為其信仰，透過男女兩性的身體接觸，交換能量，提高性慾，讓身體更為健康。譚崔瑜珈來自印度瑜珈，因其方式是雙人瑜珈的陰陽調和，部分人士便假借雙修之名，行淫亂之實，尤其在訓練過程中，多名男女學員公開表演，也有性器官接觸者，稱之為修煉，而行為本質就是性騷擾，甚至是性侵害。

男女雙修性侵案例

　　下面是一些宗教性侵案例，為數還不少。筆者依時序呈現，資料來自於報紙、媒體，發生時間介於 2004 至 2020 年間，讓讀者認識一下台灣宗教暴力的本質。

　　2004 年 12 月 18 日喇嘛楊鎬性侵、性騷擾案。做案者藉「調氣治病」，和婦人發生性關係或撫摸對方。

　　2006 年 2 月 15 日密宗仁波切上師性騷擾案。密宗仁波切以加持、驅魔名義，用手指接觸女信徒的胸部，亦被指控其稱可修行、改運乘機性侵。受害人達 10 多人。

　　2006 年 5 月 3 日密宗神壇住持雙修誘騙性侵案。南投縣魚池開設神壇的吳姓男子，設計雙修，性侵女子，謂信徒可消業障。

　　2007 年 4 月 18 日敦都仁波切性侵案。敦都仁波切被指控以雙修之名強姦女信徒。

2008 年 10 月 14 日神棍毋欽儒性侵案。男子毋欽儒自稱「歡喜佛」附身，騙一女大學生，謂該女子嬰靈纏身，更謂只有陰陽合體雙修才可驅邪。

2010 年 7 月 28 日密宗神壇莊姓住持性侵案。一位土城神壇莊姓住持以一女子卡到陰為由，須與他雙修。該案是性侵後兩年被其男友得知才報警。

2010 年 8 月 13 日密宗神壇江坤樺性侵案。嘉義民雄，一名江姓男子自稱居士，可幫人消災解厄，更藉口雙修，性侵女信徒。

2013 年 12 月 25 日歐陽顯性侵案。靈修團體創辦人歐陽顯，稱替他口交能接收正能量，共性侵一女子 17 次。

2020 年 4 月 15 日徐浩城性侵案。徐浩城自創靈修中心，2016 年曾招收「仙女班」，徵選未交過男友、無性經驗的女孩加入，並要求她們要完全臣服及終生獻身給道主，藉靈修之名猥褻少女，共六人受害。

以上是過去幾年來的宗教性侵事件，宗教人士假借宗教之名，男女雙修成佛，進行實質性侵，失去宗教修行本意。相信，宗教性侵只是冰山一角，很多被害者都隱忍、不敢出聲，因為他們擔心事件被公開而聲譽名節受損，再度受害，這是宗教性侵的犯罪黑數，其真實數目可能是難以估計的。

宗教暴力的社會學解釋

迷亂理論

社會邊緣人、適應失調者，這些人進入宗教尋求寄託，但卻成為宗教暴力受害人。這些人中，有傳教的人，也有信徒，他們往往與社會失去連結，社會控制失序，產生迷亂而發生暴力，可能是攻擊他人，也可能是暴

力被害或自殺。

宗教信仰的認知心理

　　犧牲、獻身，這是早期人類宗教信仰的一種方式，拿出潔淨的牲禮，為了神犧牲；把人獻上，在於得到神的原諒或問題的解脫，這也是犧牲。所以才有很多人利用宗教犧牲、獻身的敬拜方式，要求信徒獻身，與宗教人士進行男女性行為的雙修，或者要求信徒集體自殺。加以，人們對於宗教信仰的認知很容易經由互動過程而將這種信仰轉化成為真實符號，行為者完全相信神工作者，他們的話如同神的旨意，致使自殺或完全奉獻，甚至和神工作者發生性行為，都是神的命令，神所允許的。

控制與權力

　　人類比動物暴力，因為人類經常殺人，相互殺人，手段也殘忍，其目的往往是控制與權力。耶穌上了十字架，被剝去衣服、釘死，這是人類的暴力，是因為宗教差異而發生的暴力。宗教人士使用暴力以控制人、排除異己，確保既得的權力。

　　以上是宗教暴力的解釋，主要是社會學的，暴力非宗教信仰的問題，暴力是社會結構性的問題，是迷亂、與社會脫節的問題，尤其生活適應不佳的人尋求宗教依靠，卻被宗教人士所利用。宗教暴力也是人類企圖取得權力以控制人的問題，宗教人士讓宗教信仰成為一種權力，進而左右信徒，使他們聽從，幾起宗教自殺事件都是這種過程造成的。另外，宗教暴力也是心理學的，是人類認知心理的問題，信徒接受宗教錯誤的教義，形成信仰，並成為他們與人往來、解決問題的依據，暴力則是此種錯誤認知的結果。

結論

宗教是人類信仰的集合，人類經常面對人生的不確定性，人類也必須面對各種生活上的適應與挑戰，以及生老病死的威脅，這時人們寄託宗教，尋求那看不到但掌管一切的神的助力、守護與幫助，這是宗教在我們社會最主要的目的。所以，宗教本質上是功能的，絕不是暴力的，宗教會出現暴力是人們利用宗教，也利用人性弱點，對那些挫折的、失意的、極端傷心、痛苦或絕望的人，讓他們相信透過男女性交可以解運、改運或升天，而對一些信徒來說，當他們接受了宗教人士的解釋，他們相信這是神的旨意，這時他們就會變得很危險，很有可能人財兩失，有些時候也很暴力。

宗教人士可以將違法行為轉換成合理化，這是一種符號語言遊戲，透過了看不到、摸不到的神，詮釋男女性交是一個宗教儀式，是修練過程，是一個合法的，對神是更為神聖與虔誠的做法。部分宗教人士就是假借神的名義，合理化性行為是種宗教儀式，讓自己可以有性攻擊的藉口，以滿足自己性慾望。

宗教通常在一個信仰下，大家集合在一起，所以宗教是一個有組織、有結構的團體，他們建立自己的標籤，有個派別，讓信仰者可以加入，大家可以視為一家人，更緊密結合在一起，而有些人更是拋家棄子，願意投效這大家庭。這是宗教的集體特性，性侵害也是在這集體性下進行，信徒都參與其中，例如，當喇嘛的法師仁波切和信徒雙修時，比丘尼還必須在旁邊攝影、助陣，以合法化整個性侵過程。日月明功也看到集體特性，大家共同參與，認同暴力改變行為的合法性。其他像徐浩城的性侵，也透過集體力量，成立「靈修中心」，專收處女，大家臣服及終生獻身給道主，且不得與家人、外界接觸，如此便可成佛，他也將中心女子稱

「宮女」，分階級，並創造機構內性侵的機會與次文化。

另外，宗教的集體性也具有排他性，集體並非共識，而如果你不同意他們的信仰，你會被排斥，你屬於社會學上的外團體（Out Group），這時你不再是他們的成員，你必須離開，有些宗教可能會用很激烈方式逐出家門，例如：毒打方式。排他性更能強化團體的共同情感和向心力，也讓他們不會揭發男女雙修違背法律與社會規範的宗教信仰，這是他們團體共同的祕密。日本的奧姆真理教也具排他性，當他們受到政府的調查、民間的質疑時，他們採取暴力反擊。

最後，台灣廟宇性侵問題是宗教融入當地社會與文化的產物。廟宇是台灣地方宗教、民間信仰，神明與廟宇到處可見，而神明與廟宇的一個主要目的是使人有所寄託，當人們碰到難阻時會去廟宇，到他們所信奉的神那裡求神問卜，尋求精神寄託。此外，和許多宗教一樣，台灣廟宇也有神，也有鬼。依台灣習俗，人們犯罪、坐牢、憂鬱、發生情緒失控或被害等都視為運勢不佳、卡到陰、碰到鬼魂。然而，台灣這樣的民間信仰卻被一些宗教人士利用，強調說必須透過性行為才能除鬼、消災、化解厄運、改運。台灣廟宇、道士、神棍就是用這種宗教信仰的本質進行性侵，成為台灣宗教性侵的特色，也是台灣社會問題之一。

本章討論了西方新興宗教末世論的集體自殺，也討論東方宗教男女雙修的性侵，以及台灣廟宇的趕鬼改運性侵，都為宗教暴力，結論則對於宗教暴力從符號互動論，以及犯罪學的迷亂理論做了解釋，希望大家認識宗教與暴力的關係。

參考書目

Durkheim, Emile (1912). *The Elementary Forms of Religious Life.*

Durkheim, Emile (1972). *Emile Durkheim: Selected Writings*, translated by A. Giddens. Cambridge University Press.

Girard, Rene (2004). "Violence and Religion: Cause or Effect?" *The Hedgehog Review*, 6(1): 8-21.

Riley-Smith, Jonathan (1987). *The Crusades: A Short History*. Yale University Press.

第十三章

攻擊每個人的恐怖主義

這是對我們所有人的攻擊

「這是對我們所有人的攻擊。」（This was an attack on all of us.）這一句話是美國總統 Obama 在 2016 年佛羅里達州奧蘭多夜店槍擊案（Orlando Nightclub Shooting）後所說的。的確，恐怖主義是對我們每一個人進行攻擊，沒有差別的攻擊。

恐怖主義者用極端、激烈的方式來表達他們的訴求，通常是政治、宗教、族群，或者是意識型態等問題。基本上，恐怖主義者利用人類害怕暴力與殘忍的行為本質，訴諸暴力以達成訴求，影響社會。

恐怖主義的歷史悠久，幾乎所有社會無一倖免。近代歷史較著名的恐怖主義應該是發生在 1790 年代的法國大革命，革命軍用極端恐怖的方法對付他們所反對的人。法國大革命時期著名人物暨領導者 Maximilien Robespierre，他所屬的政黨 Jacobin Party 為多元政治團體組合，也稱 Jacobin Club，他們執行了「恐怖時期」（Reign of Terror）（法語：la Terreur，1793 年 9 月 5 日至 1794 年 7 月 28 日）的任務，對民眾大量執行斷頭台處置，極其殘酷。Maximilien Robespierre 後來自己也死在斷頭台下。

在台灣，1947 年發生的 228 事件也是恐怖主義，國民政府大批逮捕、殺害台灣民眾，這是由國家進行的恐怖主義，讓社會大眾害怕，以達國家控制之目的。

1970 年以降，全球恐怖主義盛行，其中，英國的恐怖主義主要是來

自於北愛爾蘭，北愛爾蘭共和軍（Irish Republic Army）為了爭取獨立，在英國製造爆炸事件，被視為恐怖組織；法國的恐怖主義來自中東及伊斯蘭教組織的攻擊，例如，「伊斯蘭武裝組織」（Armed Islamic Group）和「沙拉斐斯特祈禱及武裝組織」（Salafist Preaching and Combat Group）；西班牙的恐怖主義則是受到 Basque 分離主義者的攻擊。Basque 分離主義者約有 300 萬人，聚集於西班牙北邊、法國西南地區。另外，位於沙烏地阿拉伯南邊的葉門共和國，1994 年 5 月南方領導人宣布獨立，隨即爆發內戰，七日後戰爭結束，再度統一，惟當地分離主義與恐怖主義盛行，隨時有內戰或恐怖主義攻擊的威脅。至於 2023 年 10 月爆發的巴勒斯坦武裝組織對以色列和世界各國猶太人的攻擊，一直是當代最嚴重的暴力恐怖主義。

美國受恐怖主義攻擊較晚，但案件甚多，死傷也最嚴重。2001 年的 911 恐怖攻擊事件最為典型，攻擊者以自殺方式對美國商業中心的紐約，以及政治中心的華盛頓特區進行攻擊，造成象徵美國紐約地標的兩棟大樓北塔與南塔倒塌，以及 2,996 人死亡。

更早之前，1993 年 2 月 26 日，世貿中心北棟遭爆炸攻擊，造成 6 死，超過 1,000 人受傷；1995 年 4 月 19 日的奧克拉荷馬州首府奧克拉荷馬市聯邦大樓造爆炸攻擊，造成 168 人死亡，超過 680 人受傷；1996 年 7 月 27 日，亞特蘭大百年紀念奧運公園遭鋼管炸彈攻擊，造成 2 死 112 傷；1998 年 8 月 7 日，美國駐肯亞、坦尚尼亞大使館遭爆炸攻擊，造成 200 多人死亡，其中美國公民 12 死 7 傷。此外，自 1980 年代以後，世界各國出現許多自殺攻擊，美國也不例外，例如，2000 年 10 月 12 日美國驅逐艦寇爾號在葉門遭小艇自殺爆炸撞擊，造成 16 死 35 傷。

總之，在 1970 年之後的三十年間，恐怖主義相當活躍，方式更趨多元，更有恐怖主義者親自攜帶炸彈，在飛機、汽車、餐廳、購物中心或公共場所引爆自盡。恐怖主義者的目的往往十分複雜，有的在於報復，有的

在於取得獨立國家或占有領土，有的只是要讓世界看到他們的存在，有的則是不知理由地結束自己的生命，而同時也攻擊無數無辜者，同歸於盡。

2001 年 911 恐怖攻擊事件

911 恐怖主義攻擊是近代歷史最為嚴重的事件，攻擊者人數雖不多，但經精心策劃及訓練，他們在同一時間挾持了四架商用廣體客機，發動四個標的物的自殺式攻擊，包括象徵美國經濟成就的紐約世界貿易中心南北兩棟大樓——南塔與北塔，以及鄰近美國政治權力中心華盛頓特區的美國國防部五角大廈，以及一個沒有成功的攻擊，目標應該是美國國會（US Capital）。

根據維基百科，這起攻擊事件英文稱為 Attacks of September 11，又稱為「911 恐怖攻擊事件」或「911 事件」，是 2001 年 9 月 11 日發生在美國本土的一個系列自殺式的恐怖攻擊事件。蓋達組織（Al-Qaeda）承認 911 恐怖攻擊事件是由他們所發動的。

2001 年 9 月 11 日早上，19 名蓋達組織分子劫持了四架民航客機。劫持者故意使其中兩架（American Airlines Flight 11、United Airlines Flight 175，皆由波士頓機場起飛，前往加州洛杉磯）直接衝撞紐約世界貿易中心南北雙塔，造成機上所有人和在建築物中的許多人死亡；兩座建築均在兩小時內倒塌。另外，劫機者亦迫使第三架飛機（American Airlines Flight 77，由維吉尼亞州 Washington Dulles 機場起飛，前往加州洛杉磯）撞向位於維吉尼亞州阿靈頓（Arlington）的五角大廈，此一撞擊地點十分臨近華盛頓特區。

劫機者控制的第四架飛機（United Airlines Flight 93，由紐澤西州的 Newark International Airport 起飛，前往加州舊金山）飛向華盛頓特區，經事後研判，應是準備攻擊美國國會；由於部分乘客和機組人員曾試圖奪回

911 恐怖攻擊事件北塔遭受攻擊燃燒，此時南塔已倒塌（來源：美國國會圖書館；攝影不詳）。

飛機控制權，劫機者無法完全控制該架飛機，第四架飛機最終於賓夕法尼亞州桑莫塞郡（Somerset County）的鄉村地區墜毀。

四架客機的所有人員，包含攻擊者以及乘客，沒有任何人生還。

事件之後，原址計畫新建五座摩天大樓，以及一座受害者紀念館，其中世界貿易中心一號大樓（北棟）於 2014 年 11 月 3 日竣工開放。五號大樓建造計畫預計 2024 年啟動，2029 年完成，六號大樓不重建。至 2020 年 7 月為止，一號大樓、三號大樓、四號大樓及七號大樓皆已重建完成，公共運輸總站也竣工，而達 82 層樓高的二號大樓（南棟），其基礎工程已於 2013 年完成，惟工程至今並無任何進展。

筆者 2016 年走訪紐約，特地參觀一下 911 事件後的實際情況，拍了幾張照片，和大家分享！

紐約世貿中心一號大樓（One World Trade Center）（來源：侯崇文攝影）。

公共運輸總站（Transportation Hub）（來源：侯崇文攝影）。

911 事件紀念館的南池塘，為世貿中心二號大樓（南棟）原址（來源：侯崇文攝影）。

恐怖主義的定義

政治學者、社會學者、犯罪學者皆有提出恐怖主義的定義,其中,《恐怖主義的內情》(*Inside Terrorism*)的作者,美國喬治城大學教授 Bruce Hoffman,做出下列觀察,十分中肯。Hoffman(2006)說,不只是在政府內的個別的人彼此不同意,同時在這領域的專家學者也沒有一個共同的定義。

《政治恐怖主義》(*Political Terrorism: A Research Guide to Concepts, Theories, Data Bases and Literature*)是著名的恐怖主義研究學者 Alex Schmid(1984)的著作,他花了很多時間去檢驗是否有一個被多數人接受的恐怖主義定義,但四年之後的第二版,他還是說,他仍然在尋找恐怖主義的定義。已過世的歷史學者 Walter Laqueur(2001)也曾很失望地說,我們不可能找到共同的定義,他認為這樣的努力沒有必要,也不大可能,是徒勞無功的。

然而,學者 Rhyll Vallis 等人(2006)進行了許多有關恐怖主義定義的研究與調查,他這樣做了結論:多數的恐怖主義定義有一些共同的特性,有一個基本要素——改造政治與社會的變遷的動機,他們使用了暴力或者非法的力量,攻擊民眾,而其目標在於影響社會。

當然,Vallis 等人(2006)辛苦下的定義也是有問題,很多的恐怖主義並沒有定位於改造社會或影響社會。

下面這個結論反映在 Kathleen Blee(2005)的恐怖主義三個要素上:

第一,暴力的行為或者威脅。

第二,暴力行動在於超越個別的受害人,引起廣大民眾對他們的害怕。

第三,攻擊者的目標是政治的、經濟的,或者宗教的目的。

顯然,這樣的定義代表了多數人認知的恐怖主義。但是我們也必須承

認，恐怖主義的目的並不在於政治、經濟或宗教。

確實，恐怖主義的定義並不一致，非常複雜，也容易引起爭議。

恐怖主義定義上的難度，主要是認為恐怖主義是違法的；但是，恐怖主義往往並不定義於各國法律中，何來違法？雖然一些國家宣布恐怖主義是一種犯罪，制定刑法加以規範，例如，美國的恐怖主義是聯邦罪，只是當恐怖主義是由國家發動時，要定罪、要起訴，都變得很困難。況且目前許多政府本身也支持恐怖主義活動，例如，由執政者直接發動，或是他們偽裝在反對勢力下，透過各種團體達到政治目的，特別是推翻現有的政治權力！

基本上，筆者認為，恐怖主義者為了帶給廣大民眾恐懼與害怕，他們經常採取極度戲劇性的暴力，例如：砍頭斬首、劫機、大量射殺、綁架、汽車炸彈，或者炸彈自殺。他們攻擊標的也都是選擇過的，通常是人口多、有政治或社會意義的地標，例如：購物中心、學校、公共汽車、餐廳、夜店或火車站等地點。

據此，恐怖主義和犯罪有關，這似乎非為最重要的議題，但恐怖主義意圖讓一般民眾成為受害者，創造多數人害怕的感覺，這是可以被接受的定義。

恐怖主義的分類

社會科學家曾嘗試對恐怖主義活動分類，例如：用恐怖主義技巧、心理特質、攻擊目標、族群、本國或外國支持、抗議或非抗議等；然而，恐怖主義有很多種類，無法用這些傳統的犯罪學方式給予分類。

對於恐怖主義有一個較為普遍的分類，它找出了三個較為廣義的分項：革命的（Revolutionary）、次革命的（Subrevolutionary）以及國家支持的（Establishment），說明如下。

革命的恐怖主義

這是最為普遍的型態，這類的恐怖主義成員在於尋求建立一個全新的政治或國家實體，同時推翻特定政治系統。義大利的 Red Brigades、德國的 German Red Army Faction，以及伊斯蘭國等都屬革命的恐怖主義。

次革命的恐怖主義

這並非很普遍的型態，其目的並非推翻現存的政權，而只是修改現存的社會政治結構，但其手段是暴力的。因為要改變社會政治結構經常必須透過威脅與暴力，所以次革命的恐怖主義團體有些時候非常難以發現。南非的非洲民族議會黨（African National Congress, ANC）曾經尋求終止種族隔離的運動，是一個次革命的例子；該黨目睹民眾遭政府開槍鎮壓，加以南非政府宣布 ANC 為非法組織，ANC 便決定放棄非暴力的立場，展開武裝反抗，而被視為恐怖主義團體。ANC 在南非廢除種族隔離政策後，從1994 年以來一直都贏得選舉，為執政黨。

國家支持的恐怖主義

這種恐怖主義由政府僱用，多數則是屬於政府的一個部門，在於對抗該政府之人民，或對抗政府部分特定人員，或對抗外國政府的人或團體。這種類型的恐怖主義非常普遍，但很難辨識，主要原因是在國家的支持下，多數是祕密進行。台灣戒嚴時期的警備總部屬於國家支持的恐怖主義，主要目的在於壓制反對蔣家政權的人、言論或出版。

在冷戰時期，蘇聯和其同盟國家廣泛支持了許多的國際恐怖主義。

在 1980 年代，美國支持非洲叛軍，也多次進行恐怖主義活動。

近些年，許多伊斯蘭國家，主要是伊朗、敘利亞，刻意地經濟支持伊斯蘭國革命團體，在於對抗以色列、美國，以及部分的伊斯蘭國家。

　　在近代的民眾抗議事件中可以看到許多政府支持的恐怖活動影子，他們刻意在抗議活動中放火或破壞公物，除讓抗議者害怕外，更要使社會大眾對抗議民眾反感。

　　不過所有國家支持的恐怖主義有一個很重要的特性──祕密，目的是避免政治報復及國際的壓力。

發動 911 攻擊的蓋達組織

　　介紹一下 911 恐怖攻擊事件主謀團體──蓋達組織。

　　奧薩瑪‧賓‧拉登（1957～2011），生於沙烏地阿拉伯，屬伊斯蘭教遜尼派（Sunni Islamic，伊斯蘭教最大宗派）。蓋達組織是由賓‧拉登於1988 年成立，宗旨是消滅任何傷害伊斯蘭世界的力量。

　　蓋達組織為伊斯蘭教遜尼派的好戰團體，世界各國皆存在。成立之初主要在於對抗蘇聯入侵阿富汗（Afghan）。1989 年蘇聯軍隊撤離阿富汗後，賓‧拉登轉向對抗美國，背景如下：1990 年爆發波斯灣戰爭（Gulf War），又稱為沙漠風暴，是指發生於 1990 年 8 月 2 日至 1991 年 2 月 28日的戰爭，以美國為首並由 34 個國家組成的聯軍，他們和伊拉克之間進

蓋達組織創立者奧薩瑪‧賓‧拉登（來源：Hamid Mir）。

行了一場戰爭，導火線是伊拉克入侵位於其南邊的科威特。賓‧拉登反對美軍介入伊斯蘭教國家事務。

1994 年，在美國壓力下，沙烏地阿拉伯政府剝奪賓‧拉登的國籍，自此賓‧拉登成為無國籍人士，賓‧拉登遂前往巴基斯坦擴大組織發展，以對抗美國為其使命。

前面提及，1998 年肯亞、坦尚尼亞美國大使館爆炸案，執行者就是賓‧拉登。

2001 年的 911 恐怖攻擊事件是賓‧拉登對抗美國的另一次攻擊。

2011 年，賓‧拉登遭美國海軍特種部隊擊斃，蓋達組織領導者一職由埃及人 Ayman al-Zawahiri（1951～2022）接替。目前世界各地還有蓋達組織的活動，主要仍集中在中東地區，但中央領導權已經明顯弱化。

中東宗派衝突本質

遜尼派（Sunni）、什葉派（Shia 或 Shiite）、庫德派（Kurdish），這三個伊斯蘭教團體錯綜複雜的歷史與關係，以及他們目前被其他宗派對待的方式，是危機的主要原因。

伊斯蘭國的組成基本上是遜尼派極端主義者，和蓋達團體同出一源。

在敘利亞，遜尼派人口最多，但卻被什葉派的人控制。

在伊拉克，什葉派人口最多，但過去是被遜尼派的海珊控制，推翻海珊政權之後，由什葉派人士 al-Maliki 控制。但是遜尼派的人很快就發現，他們在生活、就業上都遭受二等公民待遇，這加深彼此的敵對。遜尼派人士曾參與 2011 年「阿拉伯之春抗議」（Arab Spring Protest）活動，但 al-Maliki 政府卻放任安全部隊逮捕、拘禁甚至射殺上街頭的民眾。此外，庫德人也不滿意 al-Maliki，他們認為政府想插手庫德族在伊拉克北邊的庫德自治區事務，進一步限縮庫德人自由。

　　「阿拉伯之春抗議」為 2011 年 3 月在敘利亞一系列的動亂中的一環，是來自於對敘利亞政府的不滿意，進而升高到軍事對立與衝突的內戰，直到今天，內戰還在進行中。伊拉克什葉派的 al-Maliki 支持敘利亞 al-Assad 家族的什葉派政府。

　　伊拉克的 Nouri al-Maliki，生於 1950 年，他是 Islamic Dawa Party 的秘書長，他的政治生涯致力於以什葉派人士反對海珊政府，他協助反對海珊的游擊隊，並且建立和伊朗、敘利亞的關係，最後在美國協助之下推翻海珊政權。美國後來於 2011 年底離開伊拉克。

　　這種族群多元與複雜的背景，造成很多不滿的人選擇加入遜尼派極端主義者的伊斯蘭國。

更為極端的伊斯蘭國

　　伊斯蘭國（Islamic State, IS）是敘利亞內戰主要的反政府武裝組織之一，他們占領有伊拉克北部，以及敘利亞中部的部分城市和地區。

　　伊斯蘭國亦稱 ISIS（Islamic State of Iraq and al-Sham）或者 ISIL（Islamic State of Iraq and Levant）。

　　伊斯蘭國，指伊拉克及沙姆地區。沙姆，al-Sham，這是阿拉伯語的稱呼，意思是左路；或稱黎凡特（Levant）；是指太陽升起之處，麥加向東邊看的整個區域稱之。基本上，這是一個歷史模糊地帶，但伊斯蘭國欲建立起一個政教合一的伊斯蘭國家，且是超級大的國家。

　　然，雖伊斯蘭國來自蓋達組織，也欲圖建立強大的伊斯蘭國家，但由於伊斯蘭國過於殘暴，蓋達組織本身不認同，很多伊斯蘭國家也不認同，而現在，伊斯蘭國的活動力已不如過往。

哈瑪斯對以色列的攻擊

2023 年 10 月 7 日清晨，在以色列人放長假的最後一天，許多年輕男女還在狂歡，巴勒斯坦組織哈瑪斯（Hamas）從加薩走廊（Gaza Strip）端攻擊以色列，共發射超過 3,000 顆火箭砲（Rockets），以色列當場死亡者至少 1,300 人，此事件稱為哈瑪斯對以色列的攻擊，也有稱以色列、哈瑪斯戰爭（Israel-Hamas War）。

哈瑪斯團體除發射火箭砲攻擊外，亦破壞環繞加薩走廊高科技監控設施，進入加薩走廊邊界的以色列領土，射殺百姓，擄走近 200 名人質，其目的在於以人質作為談判籌碼，要求交換被擄的巴勒斯坦人。

攻擊事件後，以色列總理納坦雅胡（Benjamin Netanyahu）立刻召回後備軍人，宣布以色列進入戰爭狀況，軍隊進入加薩走廊，並要求北邊 110 萬的巴勒斯坦人往南遷移，要淨空加薩走廊北邊，以利剷除哈瑪斯政權。

在此，筆者從衝突不斷的歷史、對宗教強烈的認同與情感、不對等的地位與資源，以及無所不在的權力控制等層面探討這起恐怖攻擊事件。

衝突不斷的歷史背景

哈瑪斯，這是自 2007 年以來，巴勒斯坦人在位於西奈半島加薩走廊的政府，只是，哈瑪斯的治理權是經以色列嚴格控制下而行使的。

加薩走廊，位於地中海東南海域地區，很狹窄的一塊土地，占地 365 平方公里，面積比台北市大一些。加薩走廊的東邊與北邊臨以色列，南邊則緊臨埃及。《聖經》上說，這是上帝應許給猶太人的流奶與蜜之地，但過去四千年來，這裡被各種統治者、朝代、帝王統治，以及不同族群遷移，可說從不平靜，正確地說，這裡是戰爭不斷，居民流離失所，一個極其苦難的地方。

　　古代，加薩走廊是地中海的貿易與海港，長久以來屬於巴勒斯坦地區的一部分。巴勒斯坦地區乃是指約旦河西岸、加薩走廊、黎巴嫩、埃及北邊的地理區（見圖 13-1）。

　　今日，巴勒斯坦國是指約旦河西岸和加薩走廊這兩塊阿拉伯人聚居的地方，只是，兩個地方都有主權爭端。在約旦河西岸的許多領土上，巴勒斯坦國仍無法完全控制、行使治理權，圖 13-2 斜線地區即是；加薩走廊雖是巴勒斯坦人居住地，但是自 2007 年起已由哈瑪斯組織所控制，他們也不一定聽命於巴勒斯坦國；再者，以色列也控制了加薩走廊的海域、空中運輸，並在加薩走廊築起圍牆，使加薩走廊的進出受到完全管制，巴勒斯坦國也無能為力。以色列則宣稱巴勒斯坦國的領土──約旦河西岸和加薩走廊，都歸他們所有。這是以色列與巴勒斯坦的領土爭議。

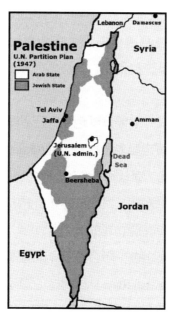

圖 13-1　聯合國規劃的巴勒斯坦國、猶太國（來源：美國中央情報局，1973）

圖 13-2　巴勒斯坦國地圖，深灰色為實際控制者，斜線為其領土（來源：TUBS）

　　另外，在東北角的戈蘭高地，以色列和敘利亞也有爭端。戈蘭高地原本歸屬敘利亞，1967 年以色列發動中東戰爭奪得，敘利亞後來曾發動戰爭，即 1973 年的中東戰爭，欲圖奪回失去的土地，但沒有成功，只有拿回部分土地而已。現在兩國中間設了緩衝地帶，聯合國派和平部隊進駐。戈蘭高地土地原是屬於敘利亞的，這事大家都知道的，只是被以色列占領。

　　前述是領土上的爭議，主要有以色列、巴勒斯坦、敘利亞等國家。

　　歷史來到近代，加薩走廊為鄂圖曼（Ottoman）帝國統治，穆斯林人與阿拉伯基督徒居住於此，帝國時代結束之後，進入第一次世界大戰，此時加薩走廊由英國占領並管轄，與此同時，一些加薩走廊人士嘗試脫離英國，他們參與巴勒斯坦國家獨立運動。

　　第二次世界大戰結束之後，聯合國原本將歷史上的巴勒斯坦地區分為兩個國家——猶太國（Jewish State）及阿拉伯國家（Arab State），但這個計畫並未實現。在英國管轄結束時，1948 年以色列宣布獨立，這讓阿拉

伯世界非常不滿，遂組聯軍對以色列發動戰爭，稱為以阿戰爭，加薩走廊這時為埃及所吞併。

加薩走廊在埃及控制之下，以色列曾轟炸巴勒斯坦地區南部村莊，導致成千上萬的人逃難、北遷至加薩走廊。北遷至加薩走廊的巴勒斯坦人到今天仍留在該地！

1967 年，以色列發動六日戰爭，加薩走廊這時被以色列軍隊所占領。以色列強迫加薩走廊的巴勒斯坦人遷離他們的家園，如同這次巴勒斯坦攻擊以色列事件，以色列要求北邊巴勒斯坦人南遷一樣，同時該地區的電力、食物、水、能源與網絡等也由以色列嚴格控制。

居住在約旦河西岸與加薩走廊的巴勒斯坦人，他們曾於 1987 至 1991 年，以及 2000 至 2005 年，試圖以非暴力方式終止以色列占領，但並未成功，過程中則帶來許多暴力與死亡，如：自殺炸彈。

1988 年，巴勒斯坦國宣布獨立，獲得 138 個聯合國國家的承認，然該國領土仍受以色列不同程度上的軍事占領和控制，尤其在加薩走廊尚受到哈瑪斯組織控制，巴勒斯坦國未能完全指揮。

目前加薩走廊由哈瑪斯，一個巴勒斯坦的軍事團體所控制，該團體成立於 1987 年，主要是對抗以色列占領。他們曾聯合其他力量多次攻擊以色列在加薩地區的設施，或是挾持人質作為談判籌碼，這導致以色列政府於 2005 年時單方面退出加薩走廊，以避免造成更大的衝突！

更早之前，1994 年，以色列已將大部分加薩走廊的自治權交給巴勒斯坦民族權力機構，尋求和平，只是到今天，仍有以色列人反對該項決定，認為問題並未因此獲得解決。

2006 年巴勒斯坦立法選舉，哈瑪斯擊敗對手法塔赫（Fatah）。法塔赫是巴勒斯坦民族解放運動團體，於 1959 年成立，創始人為阿拉法特（Yasser Arafat）；以色列發動戰爭以後，法塔赫成為巴勒斯坦的領導團

體，且持續有相當時間，但後來被認為腐敗、貪污，因而敗給哈瑪斯！

自從 2006 年起，加薩走廊就沒再出現過選舉，但民意顯示，有 45%
的人仍支持哈瑪斯。法塔赫則獲得約有 32% 的支持度。

2007 年 5 月，哈瑪斯與法塔赫之間曾發生過對抗、衝突，之後哈瑪
斯就完全控制加薩走廊了。

目前加薩走廊仍由哈瑪斯團體治理，但在以色列控制下為之，這是聯
合國、美國及世界其他國家政府所認定的！

總之，錯綜複雜的歷史與政治因素，使得歷史上的巴勒斯坦地區不
平靜。

對宗教強烈的認同與情感

以色列與巴勒斯坦之間的暴力與猶太人、阿拉伯人對於宗教強烈的
認同與情感有關。他們彼此對於族群、文化、共同情感的認同遠遠超越
經濟、生活條件，而族群則與土地有關，因為那是塊神所應許給他們的
土地。

《舊約聖經》第一卷書《創世記》第十二章 7 節：「耶和華向亞伯蘭
（亞伯拉罕）顯現，說：我要把這地賜給你的後裔。」這是應許之地，是
上帝應許賜給亞伯拉罕和他的後裔為業之地。這塊應許之地的範圍大概在
今日的以色列、巴勒斯坦，以及黎巴嫩的整個地區。

問題來了，亞伯拉罕的後裔是誰，猶太教徒認為信仰猶太教的猶太人
才是他的後裔。而亞伯拉罕有一個後代，名叫以實瑪利，是亞伯拉罕妻子
撒拉的埃及使女生下來的兒子，以實瑪利被認為是阿拉伯人的祖先。猶太
人與阿拉伯人都說應許之地是他們的，這就有了爭議。

以色列王國於西元前 931 年立國，後來分裂為南國與北國，南國是猶
大王國，北國是以色列國。北國在西元前 722 年被亞述帝國所滅；南國則

於西元前 587 年被新巴比倫帝國所滅。以色列王國滅國以後，猶太人分散到世界各地去，至於原來的以色列王國土地主要是由阿拉伯人遷入居住。如此，應許之地是沒有爭議的。

　　只是，猶太人是一個很特別的民族，在滅國數千年後，這族群一直都存在，並在工業革命後，國際地緣政治發生變化，他們還能回到失去千年的故鄉，復國，建國，因為這民族有一個了不起的資產，他們的神，耶和華！

　　猶太人說，他們是神的子民、神的選民，他們以神為榮，他們要來彰顯神的榮耀，也因此，他們日夜讀經、吟唱、讚頌神的恩典、傳揚神，這是他們唯一的神，他們的信仰。

　　當猶太人流離失所時，他們仍敬畏神，並沒有責怪神，或遺棄神；相反地，他們認為一切不幸是自己的錯，一切苦難是神對人的懲罰與考驗，這是他們的信仰，也是這信仰讓猶太人持續存在，最終能回到自己家園，信仰是他們得以回到那塊神所應許給他們土地的動力。

　　只是，當他們回家時卻發現原來的一切都變了：這時，猶太人認為別的族群都是偶像崇拜者，沒有真正的神，也是基於這個原因，猶太人不與別的族群往來。當然，對別人來說，他們覺得猶太人很可怕，也很可笑，因為猶太人的神跟他們不一樣；另外，猶太人經常把自己關起來，他們不喜歡與其他部落的人往來，如此，以色列與巴勒斯坦人或其他民族的人很難相處，無法合作，衝突因而出現。

　　就巴勒斯坦人來說，他們對宗教的情感、認同也和以色列人一樣，他們也認為應許之地是神賜給他們的！另外，他們都各自堅持自己所信的才是真正的神！如此，兩方的衝突不可避免。

　　人類不知道有多少民族在歷史洪流中消失、滅亡，而以色列則是個例外，他們是個很特別的民族，雖然受到迫害、滅國、流離失所，但以色列

人並沒有失去他們的希望，以及對他們民族的認同，更重要地，他們沒有
遺棄他們的信仰、他們的神——約和華，是這股力量支撐著他們，讓他們
復國，但同時也帶來以色列人與阿拉伯人之間的衝突！

不對等的地位與資源

　　Weber 說，社會地位建基於一個人在市場上的位置，視其擁有多
少財富（Wealth）而定，社會地位也涉及一個人在社會中所擁有的權力
（Power）、聲望（Status）（Waters & Waters, 2015）。權力是影響力，足
以改變一個情況者稱之。聲望則與個人的身分地位有關，是指受到社會尊
敬的程度。Weber 的階級是由財富、地位、權力三個元素構成，且三者息
息相關。

　　另外，個人在社區、組織內的階級、地位關係著人的生活內涵、價值
觀、態度，也與人在社會中被對待的方式有關；階級、地位與人所擁有的
社會資源有關。

　　以色列人與巴勒斯坦人在地位上是極度不對等的，就財富而言，以色
列 2021 年國內生產毛額（GDP）為 4,675 億美元，世界經濟排名第 30 名；
巴勒斯坦為 171 億美元，排名第 118 名，顯然，兩者差異甚大！至於台灣
則是 7,626 億美元，排名 17 名。國際貨幣基金（IMF）統計 2022 年的每
人平均收入，以色列是 53,000 美元，排名第 18 名；巴勒斯坦為 3,200 美
元（2021 年統計），排名第 126 名，雙方生活條件差異懸殊。另外，以
色列的失業率為 4%，巴勒斯坦高達 26.3%，台灣為 3.7%。

　　從經濟數字來看，以色列與巴勒斯坦幾乎是兩個截然不同的世界，而
加薩走廊的經濟情況更糟。由於戰亂，加薩走廊的居民多數住在殘破不堪
的地方，很多更是住在帳篷，沒電、沒水，生活品質極差；居民多數靠走
私及販賣生活必需品維生，小孩接受教育者很少。

　　根據 2023 年巴勒斯坦中央統計局（Palestinian Central Bureau of Statistics）的資料，加薩走廊的居民貧窮率高達 53%，33.7% 居住在極度貧窮環境下。多數加薩走廊居民生活在恐懼之中，因為他們擔心哈瑪斯極端分子的報復、攻擊。基本上，對很多居住在加薩走廊的居民而言，他們資源有限，幾乎是沒有機會。

　　至於約旦河西岸地區，人們的生活比較正常，但也很複雜，西岸地區的城市似乎仍是與世隔絕的，多數人無法自由旅行，主要是因為有許多檢查站，路況也不是很好，過程中還有很多詐騙、貪污，多數情況下，你必須認識人、知道人，才能出門生活、生存。

　　此外，約旦河西岸的年輕人極度挫折，大學畢業生失業率很高，沒有太多工作機會。他們也沒有太多旅行去處，酒吧似乎是他們最常去的地方。經濟上，他們多數依賴外國援助，非政府組織提供生活用品、教育費用。

　　事實上，約旦河西岸地區的人也和加薩走廊一樣生活在恐懼之中，他們盡量不講話，因為擔心受到極端分子報復。

　　這是巴勒斯坦人的生活寫照，害怕以及極度貧窮與挫折，對未來也不抱希望，這樣的環境本不利社會秩序的維持，而這時一些人選擇加入極端恐怖主義團體，用暴力對抗他們周圍的世界，成為暴力與衝突的一個來源。

無所不在的權力控制

　　英國建築師 Wiley Reveley 曾依邊沁圓形監獄的構想，畫了建築設計圖，之後他到美國蓋了東賓州監獄（Eastern State Penitentiary），欲實現邊沁的功利主義（Utilitarianism），只是傅柯（Foucault, 1975）對邊沁的想法做了批判，這寫於本書第一章。

　　傅柯說，邊沁的圓形監獄是全方位控制犯罪人的方式，在監獄中，受刑人不只被監控，並且要不斷地反省，強化自己是犯罪的人的意識。傅柯更進一步地說，圓形監獄在於以暴力達成擁有權力者的政治控制目的。

　　相同者，以色列人也是利用圓形監獄的概念，用全方位控制的方式對待巴勒斯坦人，封鎖加薩走廊，把巴勒斯坦人視為人質暨談判籌碼，以達政治控制目的，但卻造成人道危機，廣受批評，做法如下：

　　第一，加薩走廊海域 1 海里內禁止任何飛行物。1 海里等於 1.852 公里。

　　第二，加薩走廊沿海海域禁止捕魚。

　　第三，加薩走廊陸地部分與以色列的邊界，以及加薩走廊南端與埃及的邊界皆築起圍籬，也裝設電子監控，其中，埃及端設有一道門，以色列端設有六道門，但已經封閉四道門，目前以色列端僅開放北邊一道門、南邊一道門作為商業用途，埃及端則由埃及控制。惟多數時間雙方皆關閉其通道。

　　第四，加薩機場已於 2001 年被以色列炸毀。

　　第五，食物、水、電，以及醫療用品等受到以色列的管制。

　　此外，疾病者，他們應是加薩走廊最弱勢的人，但卻只有不到一半的人可以離開加薩走廊前往其他地方或國外看病；另外，以色列及埃及皆取消加薩走廊的旅行與工作許可證，讓這裡與外界更形隔絕。

　　誠然，加薩走廊已是一個完全封鎖的國度，海運、空運全部停止，人員、食物進出都受到嚴格控制，尤其在 2007 年較為激進的哈瑪斯團體取得政權後，以色列的封鎖更趨緊張，也是後來雙方衝突持續不斷，最終爆發哈瑪斯對以色列攻擊事件的原因。

近代恐怖主義方式

恐怖主義方式可以用行為方式進行分類，其中的飛機爆炸與自殺爆炸在過去半個世紀以來最多，也最受社會矚目。

飛機爆炸

飛機爆炸以 2001 年 911 恐怖主義攻擊事件最具代表性，為自殺式的恐怖攻擊事件，恐怖主義者共挾持四架飛機，分別對四個目標進行獨立的攻擊。

下面是其他幾起飛機爆炸事件，有的是乘客引爆自殺者，有的則是在飛機上裝置炸彈自動引爆者。

1985 年 6 月 23 日印度航空 Air India Flight 182 爆炸案。飛機為大型 Boeing 747 廣體客機，從加拿大 Montreal 飛往倫敦，並繼續飛往印度 Delhi-Mumbai，在高空 9,400 公尺突然爆炸、墜毀，為加拿大 Sikh 恐怖主義者所為，死亡人數 329 人。這是加拿大最大一起大屠殺事件，也是印度航空死亡人數最多的飛航事件。

1988 年 12 月 21 日 Pan Am Flight 103 爆炸案。一架波音 747-121 廣體飛機從德國 Frankfurt 飛往美國 Detroit，中間預定短暫停留倫敦與紐約，該飛機遭裝置炸彈，在飛往倫敦途中被引爆，爆炸地點位於英國蘇格蘭 Lockerbie 上空，共計死亡 243 名乘客及 16 名機組人員，也造成地面 11 人死亡。

Pan Am 波音 747-121 廣體飛機（來源：Ted Quackenbush 攝影）。

　　1994 年 12 月 24 日 Air France Flight 8969 劫機事件。該航班從 Algeria 的首都飛往巴黎，遭四名歹徒劫機，他們殺了三名乘客，以及意圖在巴黎上空引爆飛機，後來遭到反恐人員擊斃。

　　2004 年 8 月 24 日 Siberia Airlines Flight 1047 爆炸案。該航班從莫斯科飛往蘇聯國內的 Sochi，班機遭劫機，後來爆炸、墜毀，死亡 38 名乘客，八名機組員，為一個恐怖主義攻擊，蓋達組織的 al Islambouli Brigades 說是他們做的。

　　2015 年 10 月 31 日 Metrojet Flight 9268 空難事件。一架 Airbus A321 大飛機從埃及 Sharm El Sheikh 國際機場飛往蘇聯聖彼得堡 Pulkovo 機場，約二十三分鐘後飛機爆炸、解體，死亡 217 名乘客，以及七名機組人員。飛機上裝有炸彈，為一起恐怖主義攻擊事件。

自殺炸彈

　　犯罪學強調自殺本質上是非常暴力的，自殺炸彈則更為暴力。依 Durkheim 的理論，有的人因投資失敗，或因另一半另結新歡就結束自己的生命，這是迷亂式的自殺；有的人因為無法承受社會道德規範的壓力而活不下去，這是宿命式的自殺；有的人犧牲自我，成就了家人或成就了國家，這是利他的自殺。有的人雖是利他的自殺，但他（她）自己攜帶炸彈並引爆，其方式除自己自殺外，也傷及無辜，且受害人數有些時候也非常多，往往帶給社會極大的震撼。

　　自殺爆炸的目的在於造成社會最大的傷害與害怕，尤其受害者經常是無差別的攻擊，多數為一般社會大眾；加以，自殺者用自己的手結束自己及他人的生命，行為本質殘忍、暴力，是一個典型的恐怖主義。

　　根據維基百科的自殺爆炸統計，自 1982 至 2015 年間，自殺炸彈攻擊團體以阿富汗塔利班組織最多，共計 665 次；其次是伊斯蘭國，共 424

次，蓋達組織也不少，蓋達（中央）和蓋達（伊拉克）合計 141 次。死亡人數以伊斯蘭國造成的 4,949 人最多，其次是蓋達組織，蓋達（中央）3,391 人，和蓋達（伊拉克）1,541 人，合計 4,932 人。阿富汗塔利班自殺攻擊死亡人數也高達 2,925 人。

對恐怖主義者來說，自殺炸彈有幾個優點：第一，可以隨時移動，使攻擊策略變得非常靈活，既容易規避安全檢查，又可以隨時決定攻擊的標的物；第二，自殺炸彈可以造成最大化的傷害，身體、建築物甚至心理上的害怕恐懼感；第三，可以引起媒體的注意。任何一個自殺炸彈都會是媒體報導的焦點；第四，更為重要者，自殺炸彈不需要太多的專業或技巧，只要攜帶炸彈，只要你（妳）的意願堅定，就可以成功達成任務。不像人質的綁架，需要計畫、訓練，以及各種人力資源的投入。因此，任何想要進行恐怖主義攻擊的組織，自殺炸彈是成本最低但也是最有效的方法。

教堂攻擊

崇拜上帝的地方也經常是恐怖主義攻擊的目標，就以過去十年來看，2012 年 Wisconsin 州 Sikh 教堂、2015 年南卡州 Charleston 城具有悠久歷史的黑人教會、2017 年德州 Sutherland Spring 教堂、2018 年 Pittsburgh 教堂發生的槍擊案皆是美國近代著名的教堂攻擊事件。

2022 年 5 月中旬，一位台灣移民美國的人士周文偉，從 Las Vegas 開車到洛杉磯爾灣市（Irvine）台灣長老會舉行餐會的日內瓦教堂，射殺上教堂的人，造成一死五傷，這也是教堂攻擊的恐怖主義。

周文偉，生於台灣，是外省第二代，早年生長在一個文化衝突的時代，外省次文化與台灣主流文化的對立、衝突，讓他對台灣人產生敵意、不滿，「小時候從 5 歲住眷村起就被欺負」（見鏡週刊，2022-6-1）。更重要地，他在台灣一直沒有穩定的職業，一直流動、漂泊，2005 年還遭

學校解聘。周文偉在台灣找不到對台灣的認同，之後去了美國，也同樣找不到對美國的認同，尤其在美國，他的孩子被同學欺負，他自己則因為與警方爭執被強制送往精神病院。另外，他又遭受他的房客攻擊，到最後，他自己租屋過日，身心、經濟與健康狀況皆不佳。可以說，他和這個世界是疏離的，這種失望與憤怒成為後來他殺人的動機。當然，他的促統會背景讓他對台灣人更為敵意，最後他選擇了以強調台灣主體性的長老教會作為攻擊對象。

　　不管宗教暴力極其兇惡、可恨、不理性、不能原諒，但對西方一些團體，尤其是極右派團體，總是能夠給予宗教暴力合理化，給予寬恕、容忍（Peffley, et al., 2015）。

　　宗教暴力於西方歷史是被允許的，並且是依據宗教原則。十字軍、聖戰，都是主流宗教對於不同宗教信仰的團體（稱為異教徒）進行的戰爭。再者，聖經上也有許多對暴力之敘述，諸如：人類獻祭犧牲、動物獻祭犧牲、種族滅絕等，上帝命令祂的選民去征服應許之地，也下令屠城：每個男人、女人和兒童皆要死於劍下。

　　從宗教信仰上我們看到殘忍、暴力，宗教信仰從過去到現在也一直伴隨著暴力。

恐怖主義著名案例

1995 年奧克拉荷馬市爆炸案

　　奧克拉荷馬市是美國奧克拉荷馬州的首府，1995 年 4 月 19 日發生一起恐怖主義的卡車爆炸案，爆炸地點是聯邦政府大樓——Alfred P. Murrah 大樓，由兩位反政府極端主義者 Timothy McVeigh 與 Terry Nichols 執行這起攻擊事件。事件發生的時間是上午 9 時 2 分，正值上班的高峰時間，總

1995 年奧克拉荷馬市爆炸案（來源：政府官員中士 Preston Chasteen）。

共死亡 168 人，超過 680 人受傷，建築物毀了三分之一，必須全部拆除重蓋。爆炸時，附近的 258 棟建築物也受創，86 輛車子燒毀，造成的損失高達 6 億 6,000 萬美元。奧克拉荷馬市爆炸案是美國歷史上很嚴重的本土恐怖主義攻擊事件。

爆炸九十分鐘後，McVeigh 遭到高速公路警察 Charlie Hanger 逮捕，因為他開車沒有牌照，並攜帶違法的武器。現場犯罪證據很快就發現這起爆炸攻擊案和 McVeigh、Nichols 有關聯，後來也逮捕了 Nichols；兩個人都遭到起訴。警方又找到了兩個共犯 Michael Fortier 與 Lori Fortier 這對夫妻。Michael Fortier 後來認罪，並且供出爆炸案的細節，被判刑十二年，於服刑滿 85%時（2006 年 1 月 21 日）出獄。

McVeigh 是波斯灣戰爭的退伍軍人，他同情美國國民軍的運動。他在一部租來的卡車裝滿爆裂物，將車子停放於聯邦大樓前面的停車場，並引爆。McVeigh 不滿美國聯邦政府，也不滿聯邦政府處理的兩個事件：第一，1992 年美國法警及聯邦調查局人員與民眾對峙十一天的紅寶石山脊事件（Ruby Ridge Incident）；第二，1993 年的 Waco 圍城事件。至於另一個共犯 Nichols，他負責準備炸彈。而這起卡車爆炸案的做案時間與德州 Waco 圍城一致，都是 4 月 19 日。

1998 年北愛爾蘭 Omagh 爆炸案

1998 年 8 月 15 日北愛爾蘭 Northern Ireland 的 Tyrone 郡縣的小鎮 Omagh 發生一起汽車爆炸案。爆炸是由一個自稱是真正的愛爾蘭共和軍（Real Irish Republican Army）的團體造成的，他們反對愛爾蘭共和軍停火，以及簽訂《耶穌受難日協議》（*Good Friday Agreement*），該協議是目前北愛爾蘭自治政府、愛爾蘭政府和英國政府達成和平的基礎。這起汽車爆炸案造成 29 人死亡、220 人受傷，為北愛爾蘭最為嚴重的死亡攻擊事件。攻擊者在爆炸前四十分鐘有打電話警告，但警察疏忽，未疏散群眾，造成這起不幸事件。

這個恐怖主義的攻擊為自己國家內不同立場的人之間的衝突造成的，嘗試要另一方放棄他們的政治主張或作為。

2011 年挪威恐怖主義攻擊事件

這是兩起連續攻擊，由單獨一個人做案，對政府及對一般民眾，尤其是年輕工人團的成員，很殘忍地進行攻擊，共造成高達 77 人死亡的恐怖攻擊事件。

第一次攻擊的地點位於挪威首都 Oslo 的政府行政中心，於 7 月 22 日

2011 年 7 月 22 日爆炸後的挪威首都 Oslo 景象（來源：N. Andersen）。

下午 3 時 25 分，採用汽車爆炸的攻擊方式，炸彈由肥料和燃燒的油混和而成，置放於汽車後部；汽車炸彈置放於首相辦公室前面，這起爆炸共計死亡人數 8 人，受傷 209 人。

第二次是對 Utoya 島進行的攻擊。在第一次攻擊發生兩個小時之後，攻擊者對正在 Utoya 島上進行夏令營活動的人射殺，共造成 69 位青少年死亡，60 位受傷。

夏令營乃由挪威執政黨的挪威勞工黨青年部負責，攻擊者當時穿著自己做的警察制服進入 Utoya 島。上岸後立即對參與夏令營活動者展開大屠殺。死者中有一些是國務院總理 Jens Stoltenberg（任期：2000 至 2001 年；2005 至 2013 年）的私人朋友，也有一個是挪威梅特・瑪麗特王儲妃（Mette-Marit，挪威哈康王儲的妻子）的家人。這是挪威在第二次世界大戰之後最為嚴重的死亡攻擊事件。根據調查，有四分之一的挪威人，他們認識這次攻擊事件受到影響的人。

攻擊者是挪威人 Anders Behring Breivik，生於 1979 年 2 月 13 日，恐怖攻擊時他 32 歲。他是挪威右翼的極端分子，參加政黨。Breivik 被法院

判了二十一年監禁，如果將來他還有攻擊威脅的可能時，可以再關五年。

　　Breivik 是否有精神失常（Psychopath）的問題或特徵？他自己表示沒有，如果說有，則是對他的羞辱。只是，Breivik 在庭上表示，如果有機會，他還是會再次發起攻擊行動，他對受害者完全沒有一絲憐憫之情。沒有同情心，這是精神失常的一個特徵。

　　在攻擊後隔天上午的記者會，國務院總理（等同於我們的行政院院長）Jens Stoltenberg 與司法部部長對全國講話，他們稱這是一次國家的災難，是自從第二次大戰以來最嚴重的悲劇。

　　總理說，這樣的攻擊不會傷害挪威民主，且他說，更多民主、開放，這才是解決暴力的方法，而不是我們的無知。

　　後來在 2011 年 7 月 24 日追思會裡，國務院總理 Jens Stoltenberg 提出面對問題的看法。他說，有一個接受 CNN 訪問的女孩講得很好，這位女孩說：「如果一個人對我們社會表現出如此的憤怒，我們應該想一想，我們大家能夠站在一起，給這個憤怒的人多少的愛。」

　　事件後，Breivik 曾以其在監獄中遭受不人道待遇為由，向政府提出告訴。挪威法院宣判 Breivik 勝訴，並須賠償其約 136 萬台幣的訴訟費用。

　　據《路透社》報導，Breivik 在 2016 年 3 月 15 日抵達法庭時，高舉右臂行納粹式敬禮。法官當庭說，希望他不要再有這樣的動作。

2016 年奧蘭多恐怖攻擊事件

　　911 事件之後，美國又發生一起恐怖主義攻擊。2016 年 6 月 12 日，佛羅里達州的奧蘭多（Orlando）的 Pulse Night Club 遭 Omar Mateen 槍擊，包含攻擊者，共 50 人死亡。Omar Mateen 自稱是伊斯蘭國的忠心者，響應伊斯蘭聖戰號召；伊斯蘭國亦發表聲明對此事件負責。

奧蘭多Pulse Night Club遭攻擊當時，警察局暫時關閉道路（來源：奧蘭多警局）。

Omar Mateen，29 歲，美國出生，在 6 月 12 日清晨 2 時對一個同性戀夜店進行攻擊；這起事件被認為是 911 事件後最為嚴重的一次死亡攻擊事件。事實上，FBI 在 2013 年及 2014 年都調查、訪問過 Mateen，但並沒有發現任何安全威脅。一份敘利亞報紙說，軍隊團體和伊斯蘭國緊密結合，造成了這次的攻擊。時任總統 Barack Obama 說：「這是對我們所有人的攻擊。這攻擊了任何的美國人，不管是哪個種族、宗教、性別，也攻擊了我們的公正、尊嚴，這些建立起我們國家的基本價值。」

Pulse Night Club 為一同性戀夜店，當晚舉辦拉丁派對，導致拉丁裔受害人高達 23 位，此事件因為是對夜店進行攻擊，所以亦被稱為奧蘭多夜店槍擊案。

Mateen 於 2009 年有過一段婚姻，僅維持幾個月，他的前妻形容 Mateen 說：「他心理非常不穩定，他有心理疾病，他很明顯地很不正常，身心受創傷；他是一個施虐者，長期使用類固醇藥物。」

Mateen 曾經在 Facebook 上貼文表示，他誓言要為美國空襲伊拉克、敘利亞報仇。Mateen 自己也打了 9-1-1 電話，說他是報復行為，抗議美國在伊拉克、敘利亞的殺人。

奧蘭多夜店槍擊案給了犯罪學幾個思考：第一，Mateen 來自移民家庭，他生活環境中面對許多文化差異的問題；第二，Mateen 個人社會適應問題甚多，學校表現差，長大後又無固定工作，這是他挫折與不滿的來源；第三，Mateen 不愉快的成長背景，很可能被伊斯蘭國吸收；第四，Mateen 要傷害社會，製造大眾害怕，在於效忠伊斯蘭國，也讓大家看到伊斯蘭國的存在，這符合伊斯蘭國恐怖主義精神：「你到那裡，那裡就看得見炸彈」，「接受伊斯蘭信仰，否則就得死亡」，更有助於強化伊斯蘭國支持者的凝聚力。

結論

本章我們對恐怖主義的定義、特性做了介紹，也呈現國際間幾起重大的恐怖主義，可以幫助讀者了解恐怖主義的本質，以及其出現的各種文化、經濟、社會、宗教或是族群的背景因素。

恐怖主義真實存在於我們世界裡，恐怖主義者毫不留情地攻擊人、捷運、飛機或建築物，引起多數民眾的害怕。恐怖主義的攻擊往往是經過一個詳細的計畫，很多時候恐怖主義者也必須經過訓練，是一個縝密而理性的決定。我們認為，恐怖主義團體不是魔鬼，他們本質不是生下來就邪惡、生下來就是個殺人魔，恐怖主義有一個社會科學的原因，多數是社會情境的產物。

社會科學家要去尋求一個人為何用人類最極端的方式去殺人，製造恐怖，讓很多人成為受害者，讓更廣大的社會大眾感到害怕；這問題的答案應該是要回到根據 Durkheim 的社會事實來解釋。恐怖主義來自於這個社會本身，更正確地說來自於迷亂、社會制度的效能不彰、整體社會控制力削弱，恐怖主義在這環境下出現，一些人用暴力對抗這個他們感到疏離與沒有連結的社會。

　　本章所介紹的 911 事件、北愛爾蘭 Omagh 爆炸案、奧克拉荷馬市爆炸案、挪威恐怖攻擊、奧蘭多恐怖攻擊，以及美國台裔周文偉的教會射殺事件等，可以看到恐怖主義者內心的不滿，對制度感到不公平，他們對自己在社會中被對待的方式、他們的職業及社會階級感到憤怒與挫折，這就是他們用人類最極端的方式對抗這個世界的原因。

　　恐怖主義也有其歷史與文化差異所引起的衝突因素，雖然都屬於伊斯蘭教，彼此曾是兄弟，但不同的宗派之間有文化差異，各族群的生活條件不盡相同，貧窮與階級問題造成對立，加以過去他們有過彼此衝突與被壓迫的歷史，更加深彼此的對立、仇恨，這使族群衝突到今天一直沒有解決，也成為暴力源頭。

　　除了伊斯蘭教徒不同宗派的差異衝突以外，伊斯蘭世界與西方世界，尤其是與猶太教的衝突也一直存在著。回顧過去歷史，伊斯蘭人和這世界是和平相處的，沒有仇恨，然而近代因為領土的爭議，尤其是猶太教與伊斯蘭教的聖地與宗教中心耶路薩冷，導致彼此之間產生極大敵意；加上各自對聖經的解釋不同，成為那片土地上衝突不斷的導因。

　　總之，宗教信仰因素應該不是伊斯蘭教和這世界許多人發生衝突的根本，我們應該從社會科學的文化差異、政治權力與資源、政治上被對待的方式等角度來了解。

　　製造恐怖、讓人害怕，歷史以來就有，很多是國家、領導人或是國王他們主導的，拷刑、暗殺政敵、放逐、滅族、滅村，這些我們稱為國家暴力。國家製造恐怖，讓敵人、讓多數民眾感到害怕，這在法國大革命的斷頭台，或者更早之前的十字軍東征把敵人的頭顱高掛在矛上，或者中國皇帝的抄家滅族，都可看到領導人用極端的恐怖攻擊作為工具，傷害無辜。

　　恐怖主義也有用殘忍手段對抗特定政府者，使用方式甚多，有汽車炸彈，有大屠殺，也有放毒氣，其中飛機爆炸曾經是 911 恐怖主義攻擊時

使用的方式。本章列舉介紹者只是眾多恐怖主義活動中較為知名的少數幾起案件，世界上發生過的恐怖主義甚多，這是一個極其嚴重也很嚴肅的問題。

　　社會科學家過去曾嘗試要找到恐怖主義定義的共識，但都沒有成功，原因是恐怖主義有其本質上的多元與複雜性，很難用單獨的動機、活動大小或宗教性等定義之。據此，學術界沒有必要去找出恐怖主義的統一定義，我們認為，學術界應該探討恐怖主義的幾個重要的特色，例如：暴力犯罪模式、無辜的受害人、帶來的社會害怕與恐懼等；另外就是探討造成極其殘忍犯罪行為的社會科學背景因素。

　　恐怖主義者有的有心理失序、精神疾病問題，有的沒有；恐怖主義者有的來自貧苦的環境，有的來自很富裕的家庭；恐怖主義者有來自伊斯蘭教者，有的來自基督教或者其他宗教。似乎這些都不是恐怖主義主要的特性。恐怖主義基本上是要表達一個符號，可以是一個思想、一個概念，或者一個政治、經濟或社會的訴求。我們知道，早年德州大學校園發生塔樓隨機射殺事件，殺人者自己也說不出他為何會有想要殺人的念頭，他還留下字條要把身體給研究單位研究他為何要殺人。只是要去殺人，這不是恐怖主義。恐怖主義一定會有他們要表達的一個符號意義，可能是宗教，可能是族群，可能是政治，可能是對這社會的不滿。不管如何，恐怖主義者要給社會，給這個世界一個訊息、一個訴求，這是一種符號的語言。

　　911 事件之後，學術界出現許多恐怖主義研究，也嘗試建立獨立學門，但皆未竟成功，學者們批評指出，多數研究視恐怖主義為微觀的行為、個人心理的問題，是瘋子般的行為；然，恐怖主義者用暴力建立起個人自我與他人領域的區隔，有其社會學的原因，與個人的階級、文化、族群、在社會結構中被對待的情形有關；此外，恐怖主義者也從對抗他們周遭日常化的敵意環境，以得到個人存在感之價值與持續。總之，從個人在

文化、生活資源與環境適應的差異性比較，才能了解恐怖主義一再出現的原因。

此外，學術界應該可以探討恐怖主義的差異性，例如：國際間的恐怖主義和國內本土的、地方性的恐怖主義、伊斯蘭教徒和基督教徒的恐怖主義，如果我們能夠有足夠的案例做分析與比較，或許我們可以找到了解恐怖主義的社會科學理論。

最後，在深入了解恐怖主義上，或許研究法可以採用小團體的參與觀察法，以德國社會學家 Simmel（1950）的兩人團體（Dyad）、三人團體（Triad）為理論架構，忠實記錄這些恐怖主義者單獨一個人時的態度、行為，兩個人互動時的態度、行為，或者在大團體裡他如何和人互動，尤其我們看到多數恐怖主義活動為一個人或少數人的行為，小團體似乎更容易發展出恐怖攻擊的態度與價值。總之，從人與人的互動過程中，我們可以更清楚地看到這些恐怖主義分子如何取得或發展出他們的攻擊觀念與想法，而又如何把這些觀念與想法策劃出來，進而導致後來他們真正實現攻擊行動，這些都是值得去探討的。

參考書目

Blee, Kathleen (2005). "Women and Organized Racial Terrorism in the United States," *Studies in Conflict & Terrorism*, 28(4): 421-433.

Foucault, Michel (1975). *Discipline and Punishment*. Pantheon Books.

Hoffman, Bruce (2006). *Inside Terrorism*, 2nd ed. Columbia University Press.

Laqueur, Walter (2001). *A History of Terrorism*. Transaction Publishers.

Peffley, M., Hutchison, M., & Shamir, M. (2015). "The Impact of Persistent Terrorism on Political Tolerance: Israel, 1980-2111," *American Political Science Review*, 109(4): 1-16.

Schmid, Alex (1984). *Political Terrorism: A Research Guide to Concepts, Theories, Data Bases and Literature*. Transaction Publishers.

Sedgwick, Mark (2004). "Al-Qaeda and the Nature of Religious Terrorism," *Terrorism and Political Violence*, 16(4): 795-814.

Simmel, Georg (1950). *The Sociology of Georg Simmel*. Simon & Schuster.

Vallis, R., Yang, Y., & Abbass, H. (2006). "Disciplinary Approaches to Terrorism: A Survey," Defence and Security Applications Research Center (DSA), Canberra, Australia: University of New South Wales.

Waters, T. & Waters, D. (2015). "The Distribution of Power with the Gemeinschaft: Classes, Stände, Parties," in Tony Waters & Dagmar Waters (Eds.), *Weber's Rationalism and Modern Society: New Translations on Politics, Bureaucracy and Social Stratification* (pp. 37-58). Palgrave MacMillan.

第十四章
衝突學派的國家暴力

政治過程的犯罪

犯罪學從古典學派開始，進入歐洲進化論生物學派，及至美國社會學派犯罪學出現，都沒有看到國家暴力的討論。直到上個世紀的 1960 年代，衝突學派興起，強調政治過程本身是一種犯罪，犯罪是政治的結果，犯罪與個人的階級、個人體型或者個人自我等無關，暴力由國家為之，很多更是不人道與犯罪的，這種犯罪稱為國家犯罪，其解釋稱為衝突學派犯罪學。

人為地利用國家機器，導致人民傷害、社會危機，這是國家暴力。國家本身是犯罪製造者，2022 年 2 月 24 日俄羅斯入侵烏克蘭，發動國與國的戰爭（A State Again Other States），造成眾多軍民死亡，是嚴重的國家暴力；我們也看到過去有許多人死於對抗自己的國家，這也是國家暴力；有的人死於飢餓，國家放任不管，這也是國家暴力。

國與國最主要的暴力就是戰爭，大規模者稱為世界大戰，有許多國家介入，死亡人數也多，第二次世界大戰估計參戰國就達 44 國，死亡人數高達 6,000 萬人；小規模者為兩國之間的戰爭或是區域性的戰爭，如 1948 年阿拉伯與以色列的戰爭，1967 年以色列與幾個阿拉伯國家的六年戰爭；1955 至 1975 年越南、寮國、柬埔寨間的衝突所引發的越戰；1962 年中國與印度的邊境戰爭。這種區域型的或是國與國的戰爭至今仍持續不斷，較著名的是：2014 年以來的葉門內戰、2020 年中印邊境衝突、2020

年衣索比亞與蘇丹衝突（Ethiopian Sudanese Clashes）、2021 年緬甸政變（Myanmar Insurgency）[1]、2022 年 2 月 24 日蘇聯入侵烏克蘭的戰爭等，這些戰爭至今仍未平息。

國家暴力，廣義地說，範圍從政治暴力、司法暴力、大屠殺，到飢餓死亡，甚至國家對人民的完全監控，尤其是新興科技的監控等都屬之。有些政府對於特別的性別、族群甚至小孩進行暴力攻擊、消滅，這也是國家暴力。

再者，任何國家及其附屬單位、組織，例如：警察、情治人員、軍隊所發動的暴力都稱為國家暴力。台灣警察對民眾使用暴力，過去曾發生多次，228 事件、國防部情報局派竹聯幫分子暗殺華裔美籍作家劉宜良，此外，2014 年 3 月 24 日晚間，警察以武器攻擊抗議中國海協會代表陳雲林來台並要求與台灣政府簽署各項協定的學生，這些都為近代發生於台灣的國家暴力事件。

世界很多國家都有對人民施展暴力，例如：蘇聯、智利、印度、塞爾維亞（前南斯拉夫的地區）。中國的天安門事件是國家暴力；1990 年代中國政府對新疆少數民族的反對人士進行暴力控制，這也是國家暴力。離台灣較近的香港、緬甸也都發生國家暴力，政府用暴力對抗抗議的民眾。以色列每年都拷問（Interrogate）3,000 至 4,000 位巴勒斯坦人，他們後來幾乎都被定罪，過程中也使用暴力。

今日北韓、中國、越南、伊朗，以及中南美很多國家，限制記者報導自由，這是國家暴力。緬甸軍方在 2021 年 2 月發動政變，軍政府直接用槍對付反對軍事政變的示威者，導致眾多民眾死亡，這是國家暴力。

---

[1] 指 2021 年 2 月 1 日緬甸軍方對民選政府發動政變，領袖翁山蘇姬與多名領袖均遭突襲與拘禁至今。

　　暴力百科全書給了國家暴力簡單的定義：政府合法權威使用，但卻帶來對團體、個人，以及國家不必要的傷害者稱之（Renzetti & Edleson, 2008）。

　　國家暴力是一個日趨嚴重的問題，衝擊著政府結構與運作，以及人民的生活方式，影響著社區結構變化等，是犯罪學必須認識與認真正視的課題。

國家暴力的壟斷

　　「暴力是每一個國家的基礎。」這是德國社會學家 Max Weber 在其著作《政治為一職業》（*Politics as Vocation*）著名的一句話（Waters & Waters, 2015）。國家壟斷了暴力，國家可以合法地擁有暴力的使用權，這是當代刑事司法的特性，也是政治哲學重要的論述，更是當代政治秩序的基礎。

　　事實上，Weber 對於國家暴力壟斷簡單的定義來自啟蒙學者 Thomas Hobbes。我們知道 Hobbes 是古典學派犯罪學者，他寫了《利維坦》（*Leviathan*），提出自然狀況的主張。他說，人類在自然狀況下社會秩序是混亂的，另外，在教會的權威下也是無法解決社會秩序的問題。Hobbes（1651）認為，宗教必須屈服於國家之下，只有建立世俗的國家制度，社會秩序才能夠獲得解決。

　　依據 Hobbes 的自然狀態論點，在一個無政府的狀態，每一個人自己是法官、執法者，因為人類每一個人都想要獨自擁有自己最多的暴力控制。只是社會是人的集合體，要每一個人都擁有暴力控制，獨自占有暴力控制權，這是很困難的，大家都擁有的結果就是人類進入永無停止的戰爭。這時，人類沒有法律，也沒有任何秩序可言，人們掠奪，搶食物，殺人，為了生存。總之，在無政府的情況下，人類的慾望、攻擊本能是無法

得到控制的。

　　也因為太多人主張要擁有暴力，要使用暴力，解決的方法就是暴力使用獨占化，暴力使用權交給特定人，如此才能帶來社會秩序。事實上，這也是社會契約的觀念，人們放棄他們對他人使用暴力的權力，把這樣的權力交給國家，換取得自己能得到和平、秩序、穩定生活，不再害怕遭受暴力攻擊。

　　因為暴力確定了這個世界的秩序，暴力定義了這個世界，所以世界上的暴力是永遠不會消失的。我們只是將我們每一個人的暴力使用權轉移到單一的權威、單一的來源，這裡自然是指國家。依據 Weber 的論點，人們放棄自己是法官、執法者，讓國家成為法官、執法者，國家可以實行暴力，發動戰爭，這即是暴力合法性的問題，也在於終止人類彼此永不停止的戰爭。Weber 也說，國家獨自擁有暴力使用權，用力量對付其領土下之居民，必須經過立法過程，取得暴力使用的合法性、正當性。

國家暴力的政治經濟基礎

　　英國著名社會學家 Anthony Giddens（1990）分析當代社會時特別強調四個主要的特性：其一，資本主義（Capitalism）；其二，工業化（Industrialism）；其三，透過監控形成的行政權威（Coordinated Administrative Power Focused through Surveillance）；其四，軍事權力（Military Power）。四個特性構成當代社會，也影響政治經濟運作與分工模式。

　　依據馬克思的唯物論觀點，資本主義的主要目的是生產，這是資本主義最核心的概念。馬克思說，人類歷史的第一個行動就是生產，在於滿足人類吃、喝、居住，以及穿衣服上面的需求，而人類往往是藉著組織，利用生產模式，以及生產關係進行生產，尤其是物質生活方面需要的生產，

例如：工廠。

　　工業化也是當代社會特性，持續發生，從沒停止。人類生產技巧不斷創新，帶來新的生產模式與分工，影響都市區位型態，如：出現豪宅區、工人區，也帶來貧窮問題。工業化在今日數位時代（Digital Ages），生產技巧轉為自動化，只需要特定專業人員，沒有工人角色，自然擴大階級差異，也帶來許多失業人口。

　　民族國家（Nation State）的出現，這也是當代社會的特色。國家的重要性超過工業化，超過族群，神與社會傳統的重要性削弱，國家角色提升，國家控制所有人的活動，國家訂定各種法律與規範管制人類，但國家也提供民主機會，讓個人在複雜的社會上享有自由的生活空間，這成為當代社會最大特性。

　　與當代社會和民族國家發展有關的則是軍事權力，軍事權力的擴張、發展，影響了資本社會及階級的衝突。當代民族國家必須依賴軍事權力才能成立，靠軍事成就資本主義，也建立了當代的階級特色與階級衝突。

　　國家暴力在前述四個面向特性下出現。民族國家主導今日的國際政治經濟走向，獨立國家快速出現，個人主義消失，傳統工作分工不再，企業生產模式走向自動化；這時，很多國家經濟下滑，人民收入減少，階級不平等問題嚴重，這些人加入戰爭團體，挑戰政權，嘗試建立自己的國度，在此背景下，國家內出現緊張、衝突，政府則用軍事控制，因而易於帶來人民傷亡，國家暴力在此背景下成為今日社會的特性。

　　Giddens 認為，民族國家和軍事權力脣齒相依，相互緊靠，民族國家必須靠軍事權力以維持國家免於被併吞，其結果，國際社會許多的鄰國無不爭相致力於擴大軍備，發展軍事力量。顯然，我們今天生活在一個軍事國度的社會裡，人類在軍事威脅下生活。

　　的確，民族國家快速增加，1900 年世界上國家總數是 77 國；到了 1950 年，增加到 102 國；2022 年，世界的國家數達 195 國，這包含沒有被多數國家承認的台灣。顯然，世界各民族無不追求自己的國度，依據 Giddens 的說法，這樣發展是資本主義、工業化，以及世界政治經濟過程的結果。

　　另外，國家軍事競爭有增無減，下面是三個軍事預算最高的國家：美國、中國、蘇聯。美國最高，中國年年成長，蘇聯最少；美國 2020 年軍事預算達 7,215 億美元，中國 2,500 億美元，蘇聯 610 億美元。各國無不用軍事作為其政治經濟的基礎，這是不爭的事實，但卻直接威脅地區穩定性，也增加國家暴力機會。

　　台灣軍事預算 2011 年是 2,860 億元台幣，2021 年增加到 3,668 億元台幣（126 億美元），增幅甚大，全球化軍事權力擴張及政經體系發展，台灣不能倖免，自然成為國際軍事競爭架構的一環，主要在於面對台海區域軍事情勢及強大中國軍事的威脅，但人民則擔心戰爭爆發可能帶來的生命安全威脅。

國家暴力的方法

　　國家暴力的方式，以國家對抗政治立場不同的人民或團體者，最為普遍。美國學者 Christian Davenport（2007）服務於 Kroc 機構（Kroc Institute），為和平研究教授，他稱國家暴力為「國家鎮壓」，指民眾威脅到統治者的權力，國家使用暴力鎮壓民眾。國家鎮壓乃政府與人民間之衝突，存在著權力不平衡的關係。Davenport 稱，「國家鎮壓」有兩種主要類型：對「人身（格）的侵犯」以及對「公民自由的限制」。

人身（格）的侵犯

　　指國家機關及其工作人員對公民、法人及其他組織者的身體或財產權造成侵害者，折磨、逮捕、拷打、集體殺人、種族滅絕等皆屬於人身侵犯。

公民自由的限制

　　指國家機關及其工作人員用其權力干擾其公民自由的做法，例如：禁止回國、限制居住自由等；強迫墮胎、強迫學習特定語言、強迫與特定族群結婚也是；另外，監控行動亦是公民自由的限制方式。

　　台灣在戒嚴時期實施的黑名單政策是國家侵犯人民權利和自由的做法。黑名單由國安局負責，政府派駐國外的單位，包括國安局、國防部情報局、調查局，教育部等，也有些是獲得國民黨中山獎學金的留學生，他們蒐集海外台獨活動或反蔣家政權的政治異議人士情資，並向上級報告。被列黑名單者其護照到期後失效，且無法取得返台簽證，這些人變成無國籍人士，流浪異鄉。黑名單在 1992 年解嚴後不久即告終止。

　　以下介紹幾個重要的國家暴力類型：

種族滅絕

　　種族滅絕（Genocide）是國家暴力中最為暴力的方式，是擁有權力者對特定族群成員及其文化，蓄意讓他們消失者。根據 1948 年聯合國種族滅絕會議做成之決議，聯合國種族滅絕的定義如下：

　　　　用下列五個方法中的任何一個，包括：殺害該特定團體成員，造成該團體成員在身體或心理遭受嚴重傷害，強制使該團體處於某種的生活情境以摧毀其團體，隔絕生育，強制轉移該

團體小孩至另一團體等，其目的在於消滅全部或局部的某個國家、族群、種族，或宗教團體者稱之。

2022 年 4 月 12 日，美國總統拜登控訴俄國總統普丁，說普丁派出在烏克蘭的軍隊犯下種族滅絕罪行。拜登說：

> 是的，我稱之為種族滅絕是因為我們越來越清楚普丁一直設法要滅絕烏克蘭人，這樣的證據是很多的。

俄國在烏克蘭的 Bucha 集體屠殺平民事件，有 500 具以上平民的屍體被尋獲。另外，俄國用炮打火車站，以及在 Mariupol 城進行長期地圍攻、折磨，平民死傷慘重。

近代歷史最嚴重的一次種族滅絕事件發生於第二次世界大戰時的歐洲，大量猶太人遭受屠殺，肇因於第一次世界大戰戰敗的德國帝國（德意志帝國）滅亡，希特勒以及許多戰敗的軍人歸咎於猶太人及左翼人士，認為這些人在背後捅了自己國家一刀。

戰敗後的德國，從 1920 至 1930 年間，經濟一直沒有起色，納粹黨，正式名稱為國家社會主義德國工人黨（National Socialist German Workers' Party），就建議驅逐猶太人作為解決問題的方法，成為主流民意。1932 年，希特勒贏得政權，這時他所帶領的納粹黨（領導期間從 1921 至 1945 年），除立法外，也訂定許多驅逐猶太人的政策，最終則是導致第二次世界大戰的悲劇——大屠殺，英文稱之為 Holocaust！當時總共有 600 萬猶太人遭德國及其同盟國，即軸心國殺害，占整個歐洲三分之二猶太人人口，這顯然是種族滅絕的大屠殺。

台灣的種族滅絕事件應該是發生於 1947 年的 228 事件，是擁有權力

者對於其權力抗議者的屠殺。種族滅絕經常是整個村落，整個家族或整個族群，228 事件是蔣家欲除去那些挑戰其在台灣治理權力的人或團體。

中國歷史上的種族滅絕很多，抄家滅族造成罹難人數有百人、上萬人者，都屬種族滅絕。發生於 1393 年，明朝太祖登基，屠殺有功的大臣及其親屬，受害人數達 1 萬 5,000 人，史學家稱藍玉案。

殺家族是中國古代的一種刑罰，當家中有人犯重罪，例如：通敵叛國、欺君犯上、密謀造反等，皇帝為了要免除後患，便執行殺家族的刑罰，稱為族誅。歷史上，滅族刑罰最早的雛型是在商朝，到了秦始皇發展成「夷三族」，包括父族、母族與妻族（有另說是父母、兄弟、妻子三族），像是著名秦朝政治家李斯不但死前經歷了五刑[2]，最後被腰斬，他的家族也不可倖免地被夷三族，根據《史記》記載，所有家族成員都先被在臉上刺青，再割去鼻子、砍下左右臂，用鞭子抽死再砍下頭顱，最後殘破的屍體就隨便丟在街邊，實在非常殘忍。不過，有的朝代規定這類「滿門抄斬」的刑罰只殺成年男性，婦女、未成年者則是流放或被貶為奴隸。

1894 年一份西方報紙登載日軍在甲午戰爭中執行旅順大屠殺殘害中國人的素描，據考據，約有 2,500 到 2,600 名平民被殺。

目前中國政府在新疆所做的事情，被美國政府、加拿大政府，以及西方很多國家稱為種族滅絕。2021 年美國國務院的《國家人權施行報告》（*The 2021 Country Reports on Human Rights Practices*）指稱，有超過 100 萬名維吾爾人和少數民族遭到中國政府的拘留，有 200 萬人被迫送往再教育營或監獄，強迫學習漢語文字，強制孩童與父母分離，以及強制維吾爾族婦女實施生育控制；這也被批評是種族滅絕的做法。

2　五刑指：1. 墨，在受刑者面上或額頭刺青，並染上墨；2. 劓，割去受刑者的鼻子；3. 刖，斬掉受罰者左腳、右腳或雙腳；4. 宮，割去受罰者的生殖器；5. 大辟，即死刑。

西方報紙有關 1894 年清朝旅順大屠殺的素描（來源：J. C. Fireman 繪製）。

槍決

　　槍決的英文是 Death Penalty（死刑），但正式用法是 Capital Punishment，是古代國家懲罰人民犯罪的做法。Capital 指頭、首，來自拉丁文，故稱「斬首」。槍決多數是公開執行的。

　　槍決乃指國家在對一位觸犯法律的人判定死刑確定後，實際執行者稱之。只是，國家的暴力中，很多時候並未經由法律程序，而是由擁有權力者直接下達執行槍決的命令。

　　歷史上，執行死刑的方式都很殘酷，在舊約中，依法判決為死刑者，皆以「丟石頭」處死，是槍決的一種方式，雖然今天已經很少採用，但在部分伊斯蘭國家仍有保留這種刑罰方式。中世紀的絞刑、法國的斷頭台、美國的電椅都是死刑執行殘酷的方式；現在西方則有槍斃或用靜脈注射的方法執行死刑。

　　台灣依據《執行死刑規則》，可以先施以麻醉劑後再執行死刑。通常執行死刑者會先給死刑犯注射麻藥，之後在他的左後背畫一個圓圈，標示開槍位置，再由法警開三槍，讓死刑犯死亡，伏法。麻醉劑的做法較為人

道，但槍斃則是殘酷的。

國家執行槍決是殘酷的，所以一直以來都有廢除死刑的聲音。犯罪學古典學派學者貝加利亞就說，死刑違反人的自然權，因此在社會契約的原則下無法立法成立。他說，契約原本是由自然人自己願意讓渡出來給國家的，但生命權則是不能讓渡的，所以死刑不正當。

今日所有歐盟成員國都禁止死刑，澳洲、加拿大也廢除死刑。美國曾在 1967 年由聯邦最高法院宣布死刑殘酷與不尋常（Cruel and Unusual），故違憲，但十年後，1977 年聯邦最高法院再度恢復死刑。

台灣最近執行死刑是 2018 年及 2020 年，各為一人，2021 年、2022 年、2023 年皆未執行死刑，算是法律上保留死刑，但事實上很少執行，屬半凍結的情況，到 2023 年 1 月止，尚待執行者計有 38 人。

國家執行槍決一直有反對的意見，死刑存廢是個高度爭議的問題，尤其在江國慶案發生以後。江國慶是一位受義務役召集的軍人，因為其服務營區發生 5 歲女童遭強姦身亡事件，他被認定是涉案人，在不到一年時間，軍方快速審理、宣判，並槍決，然其父母不認為自己小孩會犯下這樣的行為，因而請求平反。2011 年，北部軍事法院進行再審，宣判江國慶無罪。江的家屬後來獲得 9,282 萬元的國家賠償。這是國家錯殺一個無罪者的案例，被害人已死，不可復活，造成之錯誤無法彌補。

廢除死刑者也主張，死刑沒有嚇阻作用，死刑只是人類暴力文化的符號反應，解決不了犯罪問題；事實上，有研究更指出，死刑反而增加殺人犯罪率。另外，死刑對受害者的家庭、家屬可能造成更大傷害，進而讓社會付出更高成本。

不過，多數國家民意顯示，支持死刑者超過廢除死刑，美國 Gallups 於 2018 年的資料便顯示，自 2000 年以來，支持死刑的比例都高於廢除死刑，2000 年，51% 支持死刑，41% 反對；2009 年，57% 支持死刑，34%

反對；2018 年，49% 支持，45% 反對。當然美國民意也看出，支持死刑的比例有下降的趨勢。台灣社會支持死刑的比例高達 92%，這是 2019 年的民調結果，台灣民眾支持死刑的高比例是讓台灣政府持續維持死刑的重要因素，過去一位法務部部長王清峰，因為她高調主張廢除死刑，公開表示：「任內絕對不會批准死刑」，這引發輿論抗議，民眾反彈，她在 2010 年 3 月時被迫辭去部長職務。

死刑是否廢除是政治問題，也是每個社會要面對的問題，它已經不是科學問題，或二選一的是非題了。

在探討死刑判決的國家暴力時，我們必須關注影響死刑判決的因素，是哪些法官做成判決的？哪些因素影響法官的決定？政治力量或是民意，或者甚至是法官本人的偏見，這是值得思考的問題，因為涉及司法公平、正義。犯罪學家相信，超越法律的因素（Extra-Legal Factor）在死刑判決中扮演重要的角色；嫌疑犯家庭社會身分地位低、經濟弱勢，最容易被判死刑；相反地，高教育程度者，法官會給予自新機會，這些都威脅國家社會公平正義價值，更是國家暴力源頭。

依據現代刑罰的概念，沒有法律就沒有懲罰（No Punishment without the Law），是法定刑的刑罰概念。然而，我們看到世界各地有許多未經審判而直接槍決者，這是國家暴力。

發生在台灣的 228 事件，陳澄波兒子陳重光曾回憶說，他父親在 1947 年 3 月 25 日那天，未經公開審判，即在嘉義火車站前遭公開槍決。另外，228 事件受害人潘木枝的兒子潘信行也同樣表示，他父親未經公開審判，和陳澄波、柯麟、盧鈵欽等人於嘉義火車站前遭槍決。228 事件中，還有很多人同樣是未經軍法審判而遭槍決的，而如經審判，雖有法律程序，但後來的調查也發現許多刑求、自我定罪的過程，這是國家暴力。

美國無人機殺人

這是近代國家暴力的方式，可說是國家暴力進化的模式，放棄過去政府用人進行攻擊與殺人，而採用科技的技術，由無人機去攻擊、去殺人（Drone Killings），或稱無人機戰爭（Drone Warfare）。

無人機攻擊是當代的做法，殺人時完全不需要人直接面對面進行，由人在機器設備上遠端操作、遙控，被害人看不到殺他的人是誰，殺人者通常也看不到被害人。

美國在巴基斯坦多次使用無人機對抗恐怖主義，時間從 2004 年 6 月開始，直到 2016 年，使用無人機的原因在於減少恐怖主義組織對人民生命的傷害，同時遙控無人機可以減少地面人員死亡損失的威脅。

依據維基百科，美國政府從 2005 至 2018 年在巴基斯坦的無人機攻擊，包括美國使用無人機攻擊發生的件數和死傷統計，總計有 333 個事件，死亡人數 2,857，受傷 355 人以上。顯然，無人機帶來死亡的機率相當高。

很多人以為美國在他國的領土攻擊會造成受攻擊國家的公民死亡、財產損失，一定造成他國人民的不滿，但是西方研究指出，由於巴基斯坦的貧窮、教育水準，以及基礎建設停滯等問題，人民很少接觸媒體，所以對於這種新興無人機攻擊並沒有太多的認知，也沒有反映他們的不滿（Johnston & Sarbahi, 2016）。

美國在美軍退出阿富汗時，對首都喀布爾（Kabul）進行多次無人機攻擊，主要是針對伊斯蘭國恐怖主義組織，但 2021 年 8 月 29 日的一次攻擊卻誤殺 10 位平民，其中七位為小孩。這是國家暴力，無人機容易殺害無辜，只是美國五角大廈認為他們沒有違法。

無人機殺人事件越來越多，死亡人數也有增無減，多數的事件發生在國際衝突上，是否會擴展到更大層面的攻擊規模，例如：人民攻擊政府，

人民攻擊人民，目前不得而知，但卻是值得憂心的問題。此外，大家只看到科技攻擊標的物的效率，卻忽略無人機帶給人類的傷害、人類的死亡、建築物的破壞，以及人類可能的報復行動等，其真正的受害可能是無法計算的。

阿富汗塔利班的違反人權

根據人權觀察組織（Human Rights Watch）的報告，自從 2021 年塔利班取得阿富汗政權後，該政府破壞文化紀念碑，歧視特定的宗教和少數族群，拒絕提供聯合國食物給饑餓的人，強迫婦女在公共場合須全身包起來，稱為「罩袍」（Burqa），禁止婦女接受教育及工作，婦女須有男人陪同才能旅行，媒體需接受檢查，言論受到嚴格控制，反對派人士被殺或被消失等，這些都被批評是違反人權與種族滅絕的行動。

警察暴力

警察暴力（Police Brutality）是指警察向公民使用暴力，或過度使用武力或不適當使用武力的執法，包括有：假逮捕、肢體或語言騷擾、身體傷害、精神傷害，甚至致命攻擊。

2012 年 11 月 11 日，香港計程車司機陳輝旺因車資與乘客糾紛，他被捕時遭警員林偉榮箍頸帶上警車，導致他頸椎移位，其後死亡，這是警察暴力。

發生於 2019 年香港的時代革命，我們看到更多的警察暴力，其中 8 月衝突高升時，警方更為暴力，直接把民眾按在地上，鎖上手銬，拘捕；警員包圍民眾，拳打腳踢身體，民眾被打至額頭腫起、流血。衝突最高點時，警察更施放胡椒噴霧對抗民眾；在港鐵站內，警察則發射催淚彈及橡膠子彈對抗示威者。這些都是警察暴力。

　　台灣警察使用暴力非常謹慎，必須依據《警察職權行使法》，不得逾越所欲達成執行目的之必要限度，且應以對人民權益侵害最少之適當方法為之。在該法律下，台灣警察過度使用暴力的執行，鮮少被民眾提出檢討，這和美國不同。

　　2016 年 6 月 6 日，黑人 Philando Castile，32 歲，被 St. Anthony 的警察射殺致死，過程被受害人的女友錄影下來，並在臉書流傳，很快帶來民眾的抗議。

　　2020 年 5 月 25 日，美國明尼蘇達州一位黑人 George Floyd，遭到白人警察 Derek Michael Chauvin 單膝跪在 Floyd 脖頸處超過八分鐘，Floyd 在被跪壓期間失去知覺，並在急救室被宣告死亡。這起案子有四個警察涉入並被起訴，包括：德里克・蕭文，二級謀殺和二級過失殺人罪；杜滔、湯瑪斯・萊恩、J・亞歷山大・金等，協助與教唆二級謀殺罪。

　　依據美國司法統計的資料，2003 至 2009 年至少有 4,813 位民眾死於警察手中（Bureau of Justice Statistics, 2011）。美國警察暴力觀察網站揭示，2020 年就有 1,127 人遭到警察殺死，96% 死於槍殺，其他為電擊槍（Tasers），或用警察身體的力量或警車，其中只有 16 起個案警察遭到起訴，而只有八起留有執法的攝影資料。

　　目前美國聯邦政府暨多數州政府皆已立法限制警察致死武器之使用，依法除非警察個人或其他的人，其生命受到威脅，才足以構成槍枝使用的正當理由（Probable Cause）。美國也有部分州限制警察執法工作內涵，例如他們不能任意執行交通執法，不能因為車況問題，如車燈壞了、超速 1 公里，或是車子老舊，而介入執法、搜身，這做法已受到地方的歡迎，皆認為可以避免或減少警察暴力。

　　其他國家也是一樣，2012 年，澳洲警察對雪梨（Sydney）大學抗議的學生過度使用暴力；當時學生反對學校刪減工作機會與預算，在抗議群

眾要求有一個抗議的地點且能坐下來時爆發警察暴力，許多學生受傷以及被捕，從報導中能夠看到學生被送進醫院時痛苦的樣子。

警察暴力的解釋

法律規範不足、族群的歧視、社會衝突、犯罪者無法定罪的現象，都是警察暴力發生的影響因素。

如果政府貪腐嚴重，政府踐踏人權，這時對於言論自由、和平的示威活動，這些政府通常都較容忍警察使用暴力，這些政府也很少進行違法調查或者審判，使得警察經常使用武器與暴力，警察機關也默許員警對民眾使用暴力。

當然，社會動盪大、社會情境迷亂，以及抗議民眾團結，這些也會增強警察暴力的使用。

依據犯罪學家 Jerome Herbert Skolnick（1966）的說法，在處理社會中失序的問題時，一些警察會逐漸發展出特有的工作態度與人格，他們相信用暴力是解決民眾不斷抗議的最佳模式；他們也相信，他們必須超越法律才能控制整合衝突的情境。暴力是警察工作特有的人格特質，Skolnick 稱為警察工作人格（Working Personality），警察要面對違法者、抗議者，經常會遇挫折以及無力感，久而久之，便發展出這種以非法律的方式處理問題，也就是暴力的方式。

也有社會學家從次文化角度討論警察暴力，基本上，學者認為，警察有一個屬於自己特有的文化，警察相互支持這樣的文化，我們較常看到的次文化有：忠誠、權威、英勇等，而同時，警察也有一套對違反法律者使用暴力的次文化，但警察們都不會講出來，彼此相互保護，支持這樣的次文化。另外，社會學家也看到僵硬的警察科層體制，尤其是低階員警的執法，他們沒有太多自己工作上的裁量，在沒有太多彈性選擇時便容易訴諸

暴力。

基本上，警察暴力是警察工作本質使然。

台灣警察暴力事件

1977 年中壢事件與 1979 年美麗島事件是台灣民主發展史上兩起重要事件，前者開啟民主抗爭運動，後者開啟國民黨解除黨禁，台灣社會走向民主、自由與人權，同時帶來人民參政權利意識抬頭，惟兩事件皆涉及警察暴力，屬國家暴力。

1977 年中壢事件

中壢事件發生於 1977 年冬天，時值台灣辦理縣市長選舉，投票當日，有證人指控中壢國小投開票所監選主任范姜新林作票舞弊，將投給許信良的票壓成廢票，檢察官後來將證人移送警察局，反而讓被指控的主任繼續執行勤務。消息傳出後，上百名民眾前往投開票所抗議，並與前來支援的警察發生衝突。警方後來將范姜新林帶往中壢分局保護，這時民眾也轉往中壢分局，並很快聚集了 1 萬多名民眾，下午 3 時 40 分中壢分局的玻璃遭石頭砸破，檢察官考量生命安全，帶著范姜新林從後門離去。

到了傍晚，更多群眾聚集，並推倒警車，也掀翻二輛鎮暴車，警察則棄車逃走，民眾又將後面趕來的白色憲兵車掀翻。入夜以後，民眾與執法人員對峙加劇，附近警車幾乎都被掀翻，部分民眾則進入分局搗毀器具，警方這時撤往附近消防隊。

晚間 7 時，警方開始朝著民眾發射催淚瓦斯，群眾逃散，但很快地民眾又再重回現場。黑暗中，警方開槍射擊民眾，造成國立中央大學學生江文國頭部中槍不治，另一名 19 歲的張治平也身亡。其後，警民衝突擴大，民眾放火燒車，分局也遭縱火，火勢甚大，延燒至宿舍與消防隊。此

時中壢的外圍已被軍憲警封鎖，車輛不能進入，群眾則持續抗爭到深夜3時。

中壢事件乃由於國民黨在桃園縣縣長選舉投票過程中作票，引起市民不滿、憤怒，群眾遂包圍警察局，進而搗毀並火燒警察局，這是台灣歷史從未有者。警方在壓力下開始使用暴力，先發射催淚瓦斯，後來更開槍打死兩位年輕人。中壢事件被認為是台灣民眾第一次大規模上街頭抗議之事件，開啟後來台灣社會更多「街頭抗爭運動」。

1979 年美麗島事件

美麗島事件，也稱高雄事件，是台灣歷史上一個重要的民眾抗爭事件，伴隨國家暴力，但帶來台灣政治勢力變化，也讓台灣社會逐漸走向民主、人權、多元。

1979 年 12 月 10 日國際人權日，美麗島雜誌社成員，當時被稱為黨外人士，號召一次群眾示威遊行，主要是為了爭取民主與自由。執政的國民黨政府對於該活動早已知情，便試圖制止，於 12 月 9 日晚上透過電視宣布高雄市將舉辦冬令宵禁演習，並禁止 10 日的示威遊行活動。

12 月 10 日活動當天中午，檢察、警察、調查等單位已經全面動員，以南部警備司令部為指揮中心，鎮暴部隊占據高雄市各主要道路口，進行交通管制，並封鎖舉辦集會的預定地扶輪公園。

晚上 6 時，遊行隊伍出發，立法委員黃信介與南部地區警備司令常持琇將軍，也是活動指揮官，進行交涉，但遭常將軍拒絕，扶輪公園不予出借。遊行隊伍便臨時改變集會地點，由施明德、姚嘉文等人率領數百名民眾，從美麗島雜誌社出發，前往今新興分局前中山一路與中正四路路口的大圓環，同時民眾手持「火把」，象徵普世人權光環。

遊行隊伍抵達大圓環後，由黃信介在宣傳車上發表演講，但很快整個

大圓環就被鎮暴部隊、憲兵、警察等包圍。演講完畢，黃信介會同總指揮施明德與姚嘉文出面與警方談判，要求警方允許他們在現有地點集會到晚上 11 時，並要求撤回鎮暴部隊，但經副司令張墨林請示，談判要求全部遭駁回。

晚上 8 時 30 分，鎮暴警察開始在遊行現場施放催淚瓦斯，民眾開始騷動，並由大圓環移往中正四路，但在南台路口的封鎖線與憲兵、警察爆發嚴重衝突，雙方均受傷。後來民眾衝破第一道封鎖線，雖然指揮官施明德要求群眾退回服務處，但現場已完全失去控制，群眾繼續衝撞高雄市第一分局，當時群眾人數估計約達 10 萬人。

後來民眾退回服務處，現場氣氛稍微平息，台灣省議會議員也是《美麗島》雜誌總編輯張俊宏站上宣傳車要求迅速解散，但眾人不聽仍留於現場聽演講。晚間 10 時許，裝甲車及警察再度釋放催淚瓦斯，鎮暴部隊同時手持盾牌配合鎮暴車逼近遊行隊伍，在場民眾以石塊及棍棒還以攻擊，雙方發生大規模衝突，多人受傷，抗議民眾直至半夜才逐漸解散。

美麗島事件是國民黨政府自 228 事件後規模最大的一次政府與民眾衝突事件，國民黨政府稱此事件為高雄暴力事件叛亂案。事件發生後的隔日，國安局和警備總部開會決議逮捕黨外人士，13 日清晨 6 時，軍警與情治人員展開逮捕，施明德於 1980 年 1 月 8 日落網，他是最後一位遭逮捕者。警備總部立即公布「美麗島事件」涉案人數共計 152 人。

事件後隔年，1980 年 3 月 18 日軍事法庭開始審理，共九天，很快地，4 月 18 日軍事法庭就做出最終判決：施明德無期徒刑，黃信介十四年有期徒刑，其餘林義雄、呂秀蓮、張俊宏、陳菊、姚嘉文、林弘宣等六人各判十二年有期徒刑，幫助施明德逃亡的張溫鷹被判刑二年，高俊明牧師被判刑七年。

國民黨為了控制政權，動用國家機器的軍警攻擊民眾，造成暴力

流血，此為國家暴力，但美麗島事件幫助台灣走向開放、民主，並帶來1987年解嚴，讓台灣社會在政治、文化上產生劇烈變動與影響。

台灣國家暴力事件

發生在台灣的國家暴力事件，依時間順序如下：

1947 年 228 事件

1947 年 2 月 27 日，專賣局查緝員在台北市天馬茶房前查緝私菸，因不當使用公權力造成民眾一死一傷，成為事件的導火線。隔天，大批民眾前往重慶南路的專賣局台北分行抗議，一部分民眾則前往行政長官公署前廣場示威請願，但遭台灣省行政長官公署當時最高首長之衛兵開槍掃射，使原先請願運動轉變成為反抗政府行動，很快各地發生軍民衝突。到了 3 月 6 日已蔓延到全台灣，惟除澎湖外，外省人亦受到波及，遭台灣民眾攻擊，傷亡人數依警備總司令部統計，死亡 52 人；而依監察委員楊亮功的《228 事件調查報告》則指出，外省人死亡人數為 147 人。事件期間，各

1947 年 2 月 28 日大批抗議民眾圍著專賣局台北分局（攝影不詳）。

地民兵組織進行武裝抗爭，以台中謝雪紅等人領導的二七部隊較具規模，雖有地方仕紳組成的 228 事件處理委員會與台灣省行政長官陳儀進行協商談判，緩和衝突，但陳儀仍請求時任國民政府主席蔣中正自中國大陸調派軍隊增援，增援軍隊於 3 月 8 日起陸續抵達台灣，並於各地展開武力鎮壓，隨後更實施清鄉。根據行政院公布的《228 事件研究報告》，總計死亡人數有 1 萬 8,000 至 2 萬 8,000 人左右，死亡民眾甚多。

1952 年鹿窟事件

1952 年底，在白色恐怖的初期，發生於台灣的最大一起政治案件。1952 年 12 月 29 日，台北縣石碇鄉鹿窟村（今光明里）因保密局判斷台北縣石碇鄉有中共武裝基地及中共地下工作人員，而前往尋找，結果 35 名遭槍決，1 名當場射殺。總共傷亡：死亡 36 人，逮捕 400 多人，都為石碇、瑞芳、汐止等地的農民和礦工。

張炎憲（1998）在《鹿窟事件調查研究》中指出，此事件中有些人是懷抱社會主義的理想而入山區，有些是無辜村民，加入共產黨就可分土地，但國民政府將全村抓起來，且不具武裝基地規模就槍決，這是國家暴力。

1980 年林義雄家血案

林宅血案為 1980 年 2 月 28 日發生於台灣省議會議員、美麗島事件被告林義雄位在台北市住家的一起震驚國內外的兇殺案件。林義雄 60 歲的母親游阿妹及 7 歲雙胞胎女兒林亮均、林亭均遭刺殺身亡，9 歲長女林奐均受重傷，此案至今仍未偵破，已成懸案。

2020 年 2 月在林家血案四十週年的促轉會上公布調查報告，其中兇手案發後曾使用林宅電話，該通話監聽錄音帶事後遭銷毀，當時國民黨政府有直接涉入該案之嫌疑，該案為國家暴力的可能性是有的。

林義雄家血案現為基督教長老教會義光教會（來源：MiNe）。

1981 年陳文成事件

　　陳文成命案發生於 1981 年，死亡地點在台灣大學校園內，真相至今未明，但一般皆認為與戒嚴時期負責情報治安的警備總部有關。

　　陳文成生於 1950 年，台大數學系畢業，於 1978 年取得美國密西根大學數學博士學位，隨即任教於卡內基美隆大學統計學系。

　　1981 年 5 月 20 日，陳文成全家由美國返台探親，7 月 2 日他遭三名警備總部人員帶走、約談，隔日清晨被人發現陳屍於台大研究生圖書館旁，疑似遭警備總部謀殺。

　　國民黨政府聲稱陳文成是畏罪自殺，但陳的家人與朋友則指控是遭政府謀殺。另外，前來台灣參與驗屍的美國法醫生理學家及卡內基美隆大學教授也認為這是一起他殺案件。

　　此事件的原因是早年白色恐怖時期，國民黨派有特務學生至美國各大學校園專門蒐集反對蔣經國政府的台灣學生，稱為黑名單。陳文成因於任教期間捐助台灣民主運動人士，尤其捐助《美麗島》雜誌，而成為黑名單，遭約談，後遭殺害、棄屍。陳文成命案迫使國民黨政府同意開放海外異議人士回到台灣，在台灣民主化運動中有著重要與深遠的意義。

台大校園內的陳文成事件紀念廣場（來源：Yu tptw）。

2015 年台大校務會議通過陳文成於台大陳屍地點命名為《陳文成事件紀念廣場》，碑文上面寫著：「紀念一位堅持抵抗國家暴力的勇者。」

1984 年劉宜良遭黑幫陳啓禮暗殺事件

劉宜良遭黑幫暗殺事件又稱江南案，這是中華民國國防部情報局主導的刺殺行動，為典型的國家暴力。

1983 年，汪希苓以海軍少將職等擔任國防部情報局局長。1984 年 8 月，他批准國防部情報局上校副處長陳虎門簽呈之「鋤奸計畫」，下令訓練並派遣竹聯幫幫主陳啟禮前往美國暗殺作家劉宜良（筆名江南）。劉宜良擁有美國籍。根據汪希苓的說法，江南是「三面諜」，從美中台都得到好處，當時又想撰寫《宋美齡傳》，以詆毀蔣中正與蔣宋美齡，所以他才進行刺殺。

刺殺行動發生於 1984 年 10 月 15 日上午，作家劉宜良在美國加州住處遭竹聯幫分子陳啟禮、吳敦、董桂森等三人槍殺身亡。事件曝光後，台灣政府方面雖承認江南案主使者為情報局官員，但仍強調本案並非由總統

蔣經國所授意。後來蔣經國下令逮捕情報局局長汪希苓、副局長胡儀敏、第三處副處長陳虎門等三人。軍法判處汪希苓無期徒刑，但為了他特別設立環境良好的景美監獄別墅專區，並有返家特權。後經兩次減刑，汪希苓於 1991 年 1 月 21 日獲假釋出獄。胡儀敏也是在監獄六年後減刑出獄。陳虎門被判二年六個月，1987 年 5 月出獄，其後化名，晉升少將，服務於國防部軍情局直至退休。

　　至於參與刺殺案的竹聯幫成員，董桂森逃亡，在巴西被捕，後來在美國聯邦監獄服刑，並在一次鬥毆事件中遭刺殺。陳啟禮與吳敦於事件後回台灣，法院判兩人無期徒刑，在監獄六年後即被減刑出獄。

1989 年鄭南榕自焚案

　　鄭南榕自焚案也是國家暴力，國家運用其權力干擾其公民之言論自由。

　　鄭南榕生於 1947 年，為外省第二代。大學讀輔仁大學，其後於 1968 年轉學台灣大學哲學系，畢業後於 1972 年與輔大認識的葉菊蘭結婚。1980 年女兒鄭竹梅出生，鄭竹梅長大後就讀台北大學社會學與法律學雙主修。鄭竹梅赴美國威斯康辛大學 Madison 分校攻讀法律碩士前，葉菊蘭、鄭竹梅母女曾到學校與筆者見面告別。

　　1981 年起鄭南榕替《深耕》、《政治家》等雜誌撰稿，1984 年 3 月與李敖、陳水扁、林世煜等人創辦黨外雜誌《自由時代周刊》。1986 年 5 月 19 日推動「519 綠色行動」抗議台灣戒嚴三十九週年，同年 6 月 2 日遭黨外社會運動人士暨台北市市議員張德銘律師控告違反《動員戡亂時期公職人員選舉罷免法》而被判刑，入獄八個月，原因是他的雜誌內容意圖使人不當選。1987 年 4 月 18 日，鄭南榕在台北市金華國中演講，公開主張台灣獨立。1988 年 11 月 16 日與「台灣政治受難者聯誼總會」共

公開主張台灣獨立的鄭南榕（來源：鄭南榕基金會；邱萬興攝影）。

同推動「新國家運動」，並於同年 12 月 10 日《自由時代周刊》第 254 期刊登「台灣共和國新憲法草案」。1989 年 1 月 21 日，鄭南榕收到高檢處「涉嫌叛亂」傳票，鄭南榕留下遺書，說：「國民黨不能逮捕到我，只能夠抓到我的屍體。」1989 年 1 月 26 日，鄭南榕開始自囚於雜誌社內，4月 7 日台北市警察進行拘捕，鄭南榕反鎖於雜誌社房間內自焚身亡，得年41 歲。

　　以上為發生於台灣的國家暴力事件。國民政府治台初期為掌握國家權力，用槍枝暴力對抗反抗民眾，以取得統治權，當時軍方與情治單位為主要執行國家暴力的機構，造成死亡之人數甚多，隨著統治權力逐漸穩定，國家暴力規模轉為特定個人或團體，傷亡人數明顯減少，顯然，這是執政政府與反抗者之間勉強的平衡與妥協。但是，三十八年的戒嚴，國家暴力一直都存在，有用對人的監控，更多則是限制台灣人的人身與言論自由，尤其是「黑名單」禁止海外異議人士回到他們出生與成長的台灣，這些都是國家暴力。台灣國家暴力是掌權者試圖以國家之名為掌握統治權的結果。

　　解嚴後，軍人與情治人員已退出國家暴力之執行單位，轉由警察為

之，明顯溫和很多，暴力之使用亦十分謹慎，2014 年陳雲林來台學生抗議事件，以及同年的太陽花學運，不只抗爭者受傷，警察也同樣受傷，更重要者，兩事件警方都沒有動用槍枝武器，沒有民眾死亡。不過警方運用強力水柱攻擊抗議者和用警棍攻擊頭部等暴力行為，以及強制驅離的做法仍被批評是國家暴力。

　　從 Giddens（1990）的理論來看，暴力衝突都是政治經濟的產物，一方要維持既有的政治權力，抗議一方要取得新的政治型態或權力，暴力則是一個手段、一個過程，也往往是一個結果。

制度？權力？國家暴力？

　　隨著工業革命，人民生活大幅改善，但國家控制人民的力道則是有增無減，國家擁有更好的武器、更好的科技可以對抗民眾，也導致國家暴力一直在世界各地出現，沒有消失。

　　台灣政府介入暴力的原因，來自於政治結構性因素，與國民黨在台灣進行政治控制有關，主要在於清除或減少反對力量，或者在於利用政治事件帶來民眾的恐懼、害怕，進而降低反抗國民政府的力量，達到控制政權的目的，誠如 Max Weber 所言，「暴力是每一個國家的基礎」。如此，國家使用暴力則只是國家控制過程一個附帶產物而已，也因而很難找出受害人士特定的背景，也造成許多無辜與冤枉。

　　國際上，暴力犯罪已下降很多，但許多國家由於內政政策錯誤、貧窮，以及族群間對立嚴重，出現國家暴力，尤其是發展落後國家更為嚴重；而一些已開發國家，雖然法律與秩序較上軌道，國家暴力較少，但貧富差距擴大，遊民到處都可見，政府也束手無策，放任不管，很多人更是無法取得醫療資源，貧病交迫，處境堪憐，這類人數遠超過自然災難，成為這時代的國家暴力受害人。

最近民主陣營與中國的對立，很多人擔心會發展成為一個新型態的國家暴力，如果真的發生了戰爭，國家與國家之間發動武力攻擊，民眾則難以倖免，戰爭引起的死亡與傷害會遠超過我們所能想像的。這種國家與國家對立的發展趨勢，以及對未來可能帶來的衝突與暴力，是實質的國家暴力，值得大家關注。

適來，犯罪學者提出修復式正義的衝突處理策略，運用對話、溝通、協商，以避免戰爭，甚至帶來較長久的和平，這是深具意義的衝突處理策略，值得推廣。

國家暴力的出現，走向民主是否可以穩定政治體系及維持社會秩序，這是很多人所相信的，但是除政治民主的方法之外，經濟也是很重要的角色。國家經濟落後、階級不平等、貧窮人口眾多，衝突與暴力也相對多，兩者關係密切。經濟發展、階級平等是減少國家暴力的基本條件。

另外，政治不平等，少數人控制政治機器，這似乎也容易發展成為國家暴力，如限制人民的自由、軍警鎮壓、拷打、強制驅離，甚至被消失，造成社會不安、動盪，這也是值得關注的課題。

最後，經濟與政治的不平等能否確保和平、國家暴力不發生？筆者相信教育普及化、中低所得低稅化、福利制度推行，以及健康醫療資源可及性等，才是任何國家要走的路，也可減少國家暴力的發生。

參考書目

張炎憲（1998）。**鹿窟事件調查研究**。台北縣立文化中心。

Davenport, Christian (2007). "State Repression and Political Order," *Annual Review of Political Science*, 10(1): 1-23.

Giddens, Anthony (1990). *The Consequences of Modernity*. Polity Press.

Hobbes, Thomas (1651). *Leviathan*. Oxford University Press.

Johnston, Patrick B. & Sarbahi, Anoop K. (2016). "The Impact of US Drone Strikes on Terrorism in Pakistan," *International Studies Quarterly*, 60(2): 203-219.

Renzetti, Claire & Edleson, Jeffrey (2008). "State Violence," in *Encyclopedia of Interpersonal Violence* (pp. 689-690). Sage Publications, Inc.

Skolnick, Jerome H. (1966). *Justice without Trial: Law Enforcement in Democratic Society*. Wiley.

Waters, T. & Waters, D. (2015). "Politics as Vocation," in Tony Waters & Dagmar Waters (Eds.), *Weber's Rationalism and Modern Society: New Translations on Politics, Bureaucracy, and Social Stratification* (pp. 129-198). Palgrave Macmillan.

結語
犯罪學工作的實踐

本書《暴力犯罪解析》共 14 章，由社會學、反社會人格，以及思覺失調的理論解釋開始，接著討論幾種較受矚目的暴力犯罪，最後以犯罪學工作的實踐結束這本書。

介紹的暴力計有：黑幫少年、校園霸凌、殺人、黑幫暴力、自殺、強姦、親密關係暴力、情殺、宗教暴力、恐怖主義，以及國家暴力等，當然，這些是無法涵蓋所有的暴力。

暴力犯罪在犯罪學、社會偏差領域是主要議題，大學在討論課程設計時，教授們每個人都說暴力很重要，一定要排進去；只是，誰來上？誰喜歡上？因此，這門課在台北大學多年來一直是沒開的，沒人上，真的很可惜！

我卸任校長後，依規定要回教室上課，那時候我就挑戰自己，開個暴力犯罪的課，總是認為犯罪學研究所應該要有這樣的課，讓學生可以認識暴力，去想些暴力預防的方法，在這背景下，我開了這門課，也開始蒐集資料、整理資料、寫上課的 PowerPoint，以及給學生的講稿。

2022 年，我生病無法進教室上課，暴力犯罪這門課就停開。2023 年 2 月，台北大學犯罪學研究所周愫嫻教授來探訪我，她鼓勵我將講稿整理出來，放在部落格上給大家看。這也是療癒我生病的一種方法，因而我接受了周教授的建議，開始一篇篇整理，也放在部落格上，讓大家認識暴力，更重要地，認識我的學術工作。爾後，因為有好幾位學校同仁建議我直接出版，剛開始時我是有點猶豫，因為這偏離我當初的本意。巧合的

是，我的部落格在各章上架一段時間後，臉書以刊登內容涉及暴力，違反社群守則，直接下架，刪除連結。顯然，學術文章以上網方式出現似乎是行不通的。幾經思考，還是決定出版，也留個學術資產給台灣犯罪學界！

歸納這本書幾個重要的科學論點：

第一，這本書讓我們看到暴力犯罪問題多數源於社會自身！筆者的論點是很批判的，因為在台灣，犯罪學家很少從社會學看犯罪！多數是從犯罪學，特別是古典學派理性選擇的論點！

從社會層面的分析，我們看到這個社會是不完美的，有貧窮，有家庭生活的衝突，有住家附近的髒亂與解組，有人與人之間的排斥，還有失業，被父母遺棄，甚至犯罪受害，還有更多結構性壓力的問題，這些都和人類生活情境有關，而很多更是自己無法掌握的，但往往卻是一個人被逼走向暴力的主因。畢竟，社會具有自成一格的特性，我們不容易去撼動它。

第二，這本書也讓我們看到暴力者確實特有的犯罪人格，我們稱之為反社會人格。綁票殺人，逃亡期間到處強姦婦女的陳進興是典型的例子，他對別人的權利無所謂，經常表現道德意識低落或良心低落。本書其他許多案例也都可以看到暴力犯罪者的反社會人格特質，這絕對是犯罪學探討關注的焦點。

第三，台灣因思覺失調、精神失常而帶來的暴力事件一直都有，惟我們無從解釋問題發生的原因，因此我們仍要從醫學角度來了解與解決思覺失調引發的暴力，並特別重視預防工作，尤其，患者的家人，甚至我們整個社會，應多予關心，和患者往來、互動，而不是遠離他們、拒絕他們；更為重要地，要留意患者是否遵守醫生的指示吃藥，畢竟思覺失調者是個生病的人。

第四，在暴力犯罪的討論中，一直很關鍵的是犯罪者對於暴力給予

自己的主觀詮釋（Subjective Interpretation），即犯罪者對於暴力有他們自己的符號意義（Symbolic Meanings），這在暴力發展過程中具催化作用，我們在恐怖主義、情殺、宗教暴力、宗教性侵等，都看到犯罪者定義了他們自己的暴力；更正確地說，加害者正向看待暴力，合理化暴力的使用，這成為暴力發展過程中不可或缺的過程與結果，相信這種符號語言如何發展，是暴力研究很值得進一步探討的。

第五，我們看到暴力行為中存在著權力（Power）的元素。黑幫暴力、強姦、家暴、宗教暴力、國家暴力，甚至小孩子的校園霸凌，施暴者往往利用暴力達到控制對方的目的，讓我們看到以暴力可以得到權力的控制情境；隨著科技的進化，社會分工的複雜化，暴力形式則轉趨多樣化、細緻化，致使許多人動彈不得，他們完全被監控，無力反抗，處境十分艱難！這是當代的暴力新型態，是任何犯罪學家必須面對與思考的課題。

本書暴力類型重點

本書各類型暴力重點扼要說明如下：

第一，筆者從機會與次文化角度分析台灣黑幫少年的暴力，少年必須滿足黑幫的期待，才能生存，才有黑幫角色。在這個理論思考下，筆者提出了三種次文化：暴力次文化、犯罪次文化，以及毒品次文化，這也清楚說明台灣黑幫少年現況。

第二，霸凌，這是保護小孩觀念興起的產物，它是社會過程諸多因素造成的結果，但不能置之不顧，因為會對成長中的孩子帶來負面影響。筆者指出，霸凌是社會情境因素造成的，迷亂、自我價值、學校的挫折、標籤，都是霸凌出現的原因。

第三，台灣黑社會雖然因為族群與地域而出現不同組織，但黑幫暴力本質是相同的，基本上都與黑幫利益有關，也就是與地盤的爭奪有關。筆

者指出，黑幫地盤具有利益性、地域性與排他性，這正也是黑幫暴力的主要原因。

第四，筆者以 Durkheim 的迷亂理論為基礎，說明台灣的四個自殺類型，利他、自我、迷亂，以及宿命型等。當然，台灣許多自殺是混合型的。筆者也指出，台灣自殺情況一直沒有減緩，自殺人數也多。此外，筆者發現，自殺者的遺書嘗試要表達他們的指控、抗議，以及負面情緒；有些時候，自殺在於表達歉疚，只是這時他們往往只以簡單幾個字來表達。

第五，台灣性侵害者基本上智商不高，成就需求也低，他們有較高的自私、無情、冷酷等特性，他們多數來自問題家庭。另外，性侵害者經常出入色情場所，他們對於自己的犯罪行為也沒有太明顯的罪惡感。筆者也說明強姦的分類，其中，美國聯邦調查局的分類最被接受，權力再保證、剝削、憤怒，以及虐待型等。筆者同時介紹美國強姦的法律控制——《梅根法》，其中以身分登記制度最為著名，台灣也有實施。

第六，筆者介紹台灣家暴政策發展的歷史，由民間開始推動，之後地方政府參與，最後則由中央介入，三條平行線，共同建構家暴防治體系。另外，台灣多數社工人員使用家族治療方法預防家暴，此方法強調諮商者的關鍵角色，筆者在書中也做了說明。

第七，台灣的宗教暴力都屬個別事件，這與西方不同。性侵是台灣宗教暴力最主要的特性，加害人通常會讓性侵成為一個宗教符號，使信徒接受，以達成犯罪的目的。

第八，穆斯林教徒一直被和恐怖主義畫下等號，穆斯林社會的恐怖主義活動特別多，筆者從宗教因素、族群因素，以及社會學因素層面分析之。筆者認為，宗教信仰因素應該不是伊斯蘭教和這世界許多人發生衝突的根本，我們應該從社會科學的文化差異、政治權力與資源、政治上被對待的方式等角度來了解。

　　第九，國家暴力任何社會都有，台灣也不例外，主要原因是國家壟斷暴力，並透過暴力影響政治運作模式，以建構當代社會，其中軍事權力更是重要手段。筆者也介紹國家暴力的方式，包括有：種族滅絕、槍決、無人機殺人、警察暴力等，相信國家暴力仍會持續進行，不會停止，且會是當代社會最顯著的暴力！

理論不足處

　　無論是台灣研究暴力的犯罪學家，還是其他國家的學者，都經常忽略一個行為科學的重要概念——互動形式（Forms of Interactions），人與人因為互動方式而引發的衝突與暴力。我們看到，兩個人的衝突情境、三個人的衝突情境，結果往往是不一樣的，例如，情殺多數在兩個人的情境下發生；校園霸凌則多數在三人以上的情境下發生，也有旁觀者；我們同時也看到，一方持續地激怒另一方、羞辱另一方，也容易帶來暴力。

　　人與人之間的互動形式，在暴力事件中扮演極其關鍵的角色，並左右事件結果，可以讓衝突消失，也可以惡化衝突結果，是值得深入探討的問題。但筆者這裡必須承認，這是很多犯罪學家所忽略的，也是這本書最大的弱點，是作為一個犯罪學者最大的遺憾。我們總是待在研究室裡對問題做專業評論，但缺少暴力實際發生過程的觀察，這是非常可惜的。相信，如果我們能夠多一點實際地觀察，或近距離地接觸、訪問，並進一步分析，可以深入了解互動形式與暴力犯罪的關係，突破現有暴力犯罪的了解與發現。

　　互動形式是德國社會學家 Georg Simmel（1950）的理論傳統，但是卻被許多犯罪學家所遺忘了，筆者在本書最後再度提出，也是呼籲希望犯罪學能從 Simmel 理論中更深入一層地認識暴力。Simmel 的社會學分析是微觀的，兩個人互動的關係，爭吵、衝突、恨、溝通不良、被羞辱，其行為

本質其實是很複雜的，往往也因而出現暴力死亡結果；如果在衝突過程中，一方尋求妥協，或有第三者介入，或許暴力與死亡可以避免。

本書第二個缺失，也是社會學背景的我的反省。本書在探討暴力者的結構性壓力時，並未區分個人層面的或是社會、社區層面的；然相信，每一個暴力皆有個人的與社會的結構壓力，例如：分屍案，有個人的結構適應問題，同時也有社會適應的問題。簡單地說，殺人事件中的個人結構適應與社會的結構適應是混在一起的，有個人層面的適應問題，同時也有社會層面的適應問題。

個人層次的結構適應帶來的壓力，我們稱之為緊張（Strain），社會層次的結構適應帶來的壓力，我們稱之為迷亂（Anomie）。殺情人、少年暴力、自殺，很多時候是個人緊張造成的；大地震後的自殺、經濟不景氣的暴力、集體自殺或者是恐怖主義攻擊等暴力，很多時候是社會層次迷亂造成的。

誠然，暴力分析可以從個人或社會層次的結構適應得到更加深入的了解，而同時，我們也看到不同層次的結構適應解釋了許多不同類型的暴力犯罪。相信，犯罪學區分個人層面的結構適應與社區、社會層面的結構適應，可以更清楚認識暴力。

筆者寫這本書還有第三個缺失，欠缺一個有系統的科學研究方法。當初教這門課，寫上課講稿，只是想拋磚引玉，希望在台灣的大學裡能有認識暴力問題的課程，更希望暴力犯罪成為犯罪學一個顯著議題，也因此筆者僅對各議題做基本介紹，並沒有進行研究方法與分析，這是筆者寫本書深感遺憾之處。當然，如果是一本暴力專書，筆者必須花很多時間，可能是好多年，去訪問、去蒐集資料、去找歷史文件，甚至去犯罪現場看看，但以目前我的身體狀況，這實在是不切實際，所以希望犯罪學界後續有人繼續接棒，呈現更多暴力犯罪研究成果給大家。

犯罪學工作的實踐

記得 2012 年夏日，我應邀到成大演講，我講的題目是〈犯罪學家工作的實踐〉（Criminologist at Work），意思是，犯罪學家如何用犯罪學來做事，如何把犯罪學的知識應用在工作崗位上。以我來說，作為一位犯罪學者，又曾身為校長，擔任過副市長，我如何運用犯罪知識、理論、觀點處理問題。

首先，我是教育工作者。傳授專業知識，改變人的價值觀念、態度，讓一個人對自己有信心，可以走自己的路，走入社會，適應社會，這是我最主要的工作！此外，我擔任校長以及副市長的時候，我扮演的是社會工作者角色，接受抱怨、諮商輔導、給資源，以及安慰很多學生、家長、老師！這也是教授的一個工作角色。

事實上，我還有一個更重要的工作，也是我非常喜歡的工作，就是協調者的角色。召開協調會，透過溝通、對話，使大家願意和解，遞出橄欖枝，避免衝突與對立，更可預防暴力的發生。

這種協調者的工作角色，在犯罪學上稱之為修復式正義，是一個近代犯罪學的學術發現。用和解的方式處理衝突問題，是犯罪學工作的實踐，也是結束本書之前給讀者的鼓勵。

今日修復式正義普遍地被用來處理因犯罪引發的暴力與衝突問題，其強調和解、寬恕、接納、關係恢復等工作原則，稱之為修復實踐（Restorative Justice Practices），即確實去做、去實現，是犯罪學家的一個重要工作角色。

筆者舉一個自己實際行動的例子，對象是一位國中中輟生。我當時擔任副市長，為了把這位中輟生找回來，便主動邀集進行修復式對話。這時，我請了那位中輟學生的監護人——他的舅舅，以及導師、班上兩位同

學（一位是好朋友，一位是模範生），校長也出席會議。我先請這位離家的同學講話，她沒有講太多，只是低下頭，眼淚一直掉。之後，我請和她最好的同學講話，她說很想念她；我也請模範生講話，她說會幫忙她把功課補上來。我也請家長、導師講話。總之，透過實際行動與對話，過程中，中輟生知道對錯，更找到支持的力量，願意來改變自己。

後來得知，這位同學在學校表現不錯，代表學校參加運動比賽，也進入國立高中繼續升學，如果我當時沒有採取行動，就沒有見面與對話，就看不到這位中輟生的改變。

2012 年初，筆者與台北大學犯罪學研究所周愫嫻、林育聖等教授，在校園中導入犯罪學修復式正義的概念，成立了「橄欖枝中心」，這是作為犯罪學者的工作角色。「橄欖枝中心」鼓勵因為霸凌引發衝突的當事人見面，相互溝通和對話，尋求和解。橄欖枝是和平的象徵，這典故來自《舊約聖經》挪亞方舟的故事（侯崇文、周愫嫻、林育聖，2015）。

修復式正義理論是社會學的，強調無論是犯罪者的矯正，或被害者受傷的彌補、療癒，都必須建立在人與人、人與團體關係的恢復與整合之上，「人與社區的整合」和「人受到社會支持」是不犯罪的力量的基礎；如果人與社會失去連結，人與社區無法有效整合，人守法的意願就會低落，這時就會增加暴力的可能。修復式正義理論以澳洲大學社會系學者 John Braithwaite（1989）最著名，享譽世界，其重要著作寫於 1989 年的《犯罪、恥感與再整合》（*Crime, Shame and Reintegration*）。

在《犯罪、恥感與再整合》一書中，Braithwaite 強調，一個犯罪者在犯罪之後出現了遵守社會規範的恥感，但如果犯罪者所生活的環境是一個排斥、標籤、羞辱的，這時候恥感是無法產生抑制犯罪的作用；相反地，如果犯罪者有了恥感，且他生活的環境是寬容、了解與接納的，這時恥感則產生抑制犯罪的作用，犯罪者提高遵守規範意願，遠離犯罪。可知，人

2013 年 John Braithwaite 與筆者攝於金門修復式正義研討會（來源：侯崇文）。

與社會的連結非常重要，破壞的關係必須修復才能確保人們遵從法律的意願。

修復式正義強調實踐，強調理論必須屈服於行動，只有實際地採取行動，人類犯罪帶來的衝突與社會秩序的影響才有改善的可能。如此，修復式正義是一種行動、一種實作、一種實踐，需要實際行動，用計畫與方法來改變犯罪對社會所帶來的傷害，包括：加害人、被害人，以及犯罪所傷害的社區或團體，才能達成目的。

修復實踐是一個犯罪學家工作的概念，鼓勵讀犯罪學的人能以實際行動走入社會，和犯罪的人、受害的人見面、溝通，甚至尋求他們的對話與和解，激發他們的恥感，有羞惡之心，讓他們不再犯罪，這可以減少暴力，減少犯罪受害，是犯罪預防上極具意義的工作！

參考書目

侯崇文、周愫嫻、林育聖（2015）。一吋橄欖枝——校園霸凌及其防制對策。商鼎數位出版。

Braithwaite, John (1989). *Crime, Shame and Reintegration.* Cambridge University Press.

Simmel, Georg (1950). *The Sociology of Georg Simmel.* Simon & Schuster.

國家圖書館出版品預行編目資料

暴力犯罪解析／侯崇文著. －－初版.－－
　臺北市：五南圖書出版股份有限公司，
　2024.02
　面；　公分
　ISBN 978-626-393-012-4（平裝）

1.CST: 暴力犯罪

548.547　　　　　　　　　113000733

1V32

暴力犯罪解析

作　　　者 ― 侯崇文（451.6）

發 行 人 ― 楊榮川

總 經 理 ― 楊士清

總 編 輯 ― 楊秀麗

副總編輯 ― 劉靜芬

責任編輯 ― 黃郁婷、劉燕樺、許珍珍

封面設計 ― 姚孝慈

出 版 者 ― 五南圖書出版股份有限公司

地　　　址：106台北市大安區和平東路二段339號4樓

電　　　話：(02)2705-5066　　傳　　真：(02)2706-6100

網　　　址：https://www.wunan.com.tw

電子郵件：wunan@wunan.com.tw

劃撥帳號：01068953

戶　　　名：五南圖書出版股份有限公司

法律顧問　林勝安律師

出版日期　2024年2月初版一刷

定　　　價　新臺幣480元

經典永恆・名著常在

五十週年的獻禮——經典名著文庫

五南，五十年了，半個世紀，人生旅程的一大半，走過來了。
思索著，邁向百年的未來歷程，能為知識界、文化學術界作些什麼？
在速食文化的生態下，有什麼值得讓人雋永品味的？

歷代經典・當今名著，經過時間的洗禮，千錘百鍊，流傳至今，光芒耀人；
不僅使我們能領悟前人的智慧，同時也增深加廣我們思考的深度與視野。
我們決心投入巨資，有計畫的系統梳選，成立「經典名著文庫」，
希望收入古今中外思想性的、充滿睿智與獨見的經典、名著。
這是一項理想性的、永續性的巨大出版工程。
不在意讀者的眾寡，只考慮它的學術價值，力求完整展現先哲思想的軌跡；
為知識界開啟一片智慧之窗，營造一座百花綻放的世界文明公園，
任君遨遊、取菁吸蜜、嘉惠學子！